AF558666

MARA HAMMAMI

TUNESIEN
Kochbuch

Email: info@edition-lunerion.de
www.edition-lunerion.de

Psiana eCom UG
Berumer Str. 44
26844 Jemgum

Vorwort

Orientalisches Basartreiben aus 1001 Nacht, atemberaubende historische Stätten und endlose Sandstrände: Das nordafrikanische Land präsentiert sich als Urlaubstraum pur und punktet dazu mit einzigartiger Küche, die das Erlebnis perfekt abrundet. Und wenn Sie den Geschmack Tunesiens kennenlernen möchten, müssen Sie nicht einmal in den Flieger steigen – denn dieses Kochbuch bringt Ihnen die Aromenvielfalt ganz einfach auf den Teller!

Berber, Franzosen, Juden, Türken oder Araber: Tunesien hat im Laufe seiner Geschichte Migration aus den verschiedensten Teilen der Welt er-lebt und diese hat zahlreiche Spuren in der Speisetradition hinterlassen. Dazu liefert der Ozean Fisch und Meeresfrüchte, fruchtbare Landstriche bringen Oliven, Hülsenfrüchte und Gemüse hervor, Hammel, Rind und Geflügel gibt es reichlich und zusammen mit komplexer Würzkunst entsteht ein Geschmackskunstwerk, bei dem für jeden etwas dabei ist. Von leichten Suppen und Salaten über deftige Eintöpfe, Fleisch- und Fischgerichte bis hin zu Leckerbissen für Veggie-Fans und Naschkatzen finden Sie in dieser Rezeptsammlung eine Riesenauswahl an Köstlichkeiten für alle Gelegenheiten und Geschmäcker.

Sahalikum! Guten Appetit!

INHALT

Wissenswertes

Die tunesische Küche ist geprägt von den Einwanderungswellen, die das Land über die Jahrhunderte erlebte. So sind eindeutige Einflüsse der Berber, der Franzosen, der Italiener, der Araber, der Juden und der Türken auch heute noch erkennbar.

Die Grundnahrungsmittel Tunesiens bestehen aus Getreide wie Weizen. So sind Brot, Nudeln und Grieß immer auf dem Tisch zu finden. Einheimische Gemüsesorten ergänzen das Nahrungsangebot. In Tunesien gedeihen Tomaten, Oliven, Kartoffeln, Bohnen, Kichererbsen und Möhren. In den Küstengebieten sind Fisch und Meeresfrüchte vorherrschend, ansonsten gibt es Rind- oder Hammelfleisch. Auch Geflügel wird gerne verzehrt.

Die tunesische Küche wird auch als „rote Küche" bezeichnet. Dies liegt in der häufigen Verwendung von Tomaten und Paprika. Diese Zutaten werden in anderen arabischen Ländern weniger benutzt. Käse und Nudeln sind ebenfalls häufig vorhanden, was für ein arabisches Land eher ungewöhnlich ist. Dem Alkohol ist der Tunesier ebenfalls nicht abgeneigt. Es wird im Land ein eigenes Bier gebraut und Wein angebaut. Aus Datteln wird ein Likör und aus Feigen ein Schnaps hergestellt. Ein generelles Alkoholverbot, wie es in vielen muslimischen Ländern üblich ist, gibt es in Tunesien nicht.

Die Esskultur Tunesiens unterscheidet sich natürlich erheblich von der europäischen. Sie werden zum Beispiel kein typisch tunesisches Frühstück finden. Deshalb finden Sie in diesem Kochbuch keine speziellen Frühstücksrezepte.

Am Vormittag kommt alles Mögliche auf den Tisch. So sind auch Pommes keine Seltenheit zum Frühstück. Was auf keinen Fall fehlen darf, ist „Harissa". Dieser Dip wird zu jeder Mahlzeit serviert. Ansonsten finden Sie auf einem morgendlich gedeckten Tisch Salate, Brote und verschiedene Aufstriche. Obst und Gemüse sind ebenso immer dabei. Die Lebensmittel werden mittig auf dem Tisch platziert und jeder nimmt sich, in der Regel mit den Händen, was er möchte.

Wenn mit den Händen gegessen wird, benutzt der Tunesier nur die rechte Hand, die linke gilt als unrein und hat an den Nahrungsmitteln nichts zu suchen.

Auch Nachspeisen sind eher untypisch für Tunesien. Einige Rezepte, die als Dessert dienlich sein könnten, sind dennoch in diesem Kochbuch zu finden. Dafür gibt es das „Zwischendurch-Essen". Einige Fingerfood-Rezepte mit herzhaften und süßen Speisen werden in diesem Buch vorgestellt.

Vegetarische Gerichte sind für einen Tunesier kaum vorstellbar. Einige Speisen, wie das tunesische Rührei, sind zwar fleischlos, aber in der Regel gibt es keine Rezepte ohne Fleisch. Selbst Speisen, die als vegetarisch deklariert sind, enthalten meist eine Fleischbrühe als Basis.

Ansonsten wird in Tunesien üppig und deftig gespeist. Das gemeinsame Essen mit der Familie ist ein sozialer Höhepunkt am Tag. Meist wird auf dem Boden an einem niedrigen Tisch gesessen. Das gereichte Brot dient als „Löffel", es werden in der Regel die Hände benutzt und gemeinsam aus einer Schüssel gegessen. Die Speisen sind mittig auf dem Tisch angerichtet, sodass jeder herankommt.

In Restaurants werden Sie diese Art zu speisen nicht vorfinden. Hier können Sie davon ausgehen, einen eigenen Teller und Besteck zu erhalten.

EINKAUFSLISTE

Chorbanudeln

Merguez scharf gewürzte Hackfleischbratwurst

Salça türkisches Tomatenmark

Filoteig dünne Teigblätter, in gut sortierten Supermärkten erhältlich

Droo-Pulver Sorghum, in arabischen Lebensmittelgeschäften erhältlich

Kokosblütenzucker

Nuwasser Grießblättchen, in türkischen oder arabischen Supermärkten erhältlich

Salate

SALADE MECHOUIA (TUNESISCHER SALAT MIT GEGRILLTEM GEMÜSE)

6 Port.

45 Min.

Leicht

Zutaten

300 g Feta
2 Knoblauchzehen
4 Tomaten
1 Paprika, süß
1 Paprika, scharf
1 Dose Thunfisch
3 Zwiebeln
Minze, nach Belieben
Oliven, nach Belieben
1 Prise Salz

Nährwerte p. P.

218 kcal
7 g Kohlenhydrate
15 g Fett
15 g Eiweiß

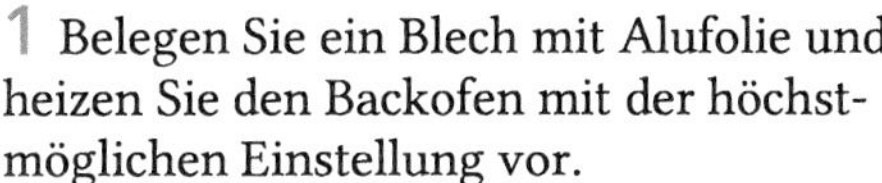

1 Belegen Sie ein Blech mit Alufolie und heizen Sie den Backofen mit der höchstmöglichen Einstellung vor.

2 Pellen Sie die Zwiebeln und schneiden Sie sie in zwei Hälften. Legen Sie diese mit der Schnittfläche nach unten sowie die Paprika und die Tomaten auf das Blech. Backen Sie alles, bis eine dunkle Färbung entsteht.

3 Entfernen Sie die Schale vom Knoblauch und schneiden Sie ihn in grobe Stücke. Füllen Sie den Thunfisch zum Abtropfen in ein Sieb und schneiden Sie den Feta in Würfel.

4 Holen Sie das Gemüse aus dem Backofen und entfernen die Kerne aus den Paprikaschoten. Schneiden Sie alles in grobe Stücke und geben Sie diese mit dem Knoblauch in eine Schüssel. Vermischen Sie alle Zutaten miteinander und würzen Sie sie mit dem Salz.

5 Zum Servieren richten Sie das Gemüse auf einem Teller an. Verteilen Sie den Thunfisch, die Oliven, den Feta und die Minze darauf.

TUNESISCHER TOMATEN-PAPRIKA-SALAT

4 Port.

45 Min.

Leicht

Zutaten

2 Paprika, gelb
1 Zwiebel
2 Tomaten
2 Äpfel
6 EL Olivenöl
½ Bund Petersilie
1 Prise Salz
1 Prise Pfeffer

Nährwerte p. 100 g

285 kcal
52 g Kohlenhydrate
3 g Fett
11 g Eiweiß

1 Pellen Sie die Zwiebel und schneiden Sie sie in kleine Würfel. Säubern Sie die Tomaten und die Paprika und schneiden Sie sie in kleine Würfel. Schälen Sie die Äpfel und schneiden Sie sie in kleine Würfel. Spülen Sie die Petersilie ab und hacken Sie sie in feine Stücke.

2 Geben Sie das geschnittene Obst und Gemüse in eine Schüssel und vermischen Sie alle Zutaten miteinander. Schmecken Sie den Salat mit Pfeffer und Salz ab. Geben Sie das Olivenöl dazu und rühren Sie es darunter.

Tipp: Stellen Sie den Salat über Nacht in den Kühlschrank, der Geschmack entfaltet sich dann besser. Sie können den Salat auch mit Thunfisch aus der Dose ergänzen.

SLATA TUNISIA (TUNESISCHER BUNTER SALAT)

 4 Port.

 45 Min.

 Leicht

Zutaten

2 Paprika
4 Tomaten
1 Salatgurke
1 Peperoni
1 Zwiebel
etwas Minze, frisch oder getrocknet
einige Kapern
6 EL Olivenöl
2 EL Essig
1 Prise Salz
1 Prise Pfeffer

Nährwerte p. P.

262 kcal
9 g Kohlenhydrate
23 g Fett
2 g Eiweiß

1 Füllen Sie das Olivenöl und den Essig in eine Schüssel und vermischen Sie die Flüssigkeiten miteinander. Würzen Sie die Marinade mit dem Salz und dem Pfeffer und fügen Sie nach Belieben etwas frische oder getrocknete Minze hinzu.

2 Pellen Sie die Zwiebel und schneiden Sie sie in kleine Stücke. Schälen Sie die Gurke und schneiden Sie sie in Würfel. Säubern Sie die Tomaten, die Paprika und die Peperoni und schneiden Sie alles in Würfel.

3 Geben Sie das geschnittene Gemüse in eine Servierschüssel. Wenn Sie mögen, mischen Sie noch etwas Minze dazu. Gießen Sie die Marinade über den Salat und mischen Sie alle Zutaten gut durch.

4 Zum Servieren garnieren Sie den Salat nach Belieben mit den Kapern.

Tipp: Sie können auch gekochte Eier und Oliven zum Garnieren verwenden.

TUNESISCHER KICHERERBSEN-SALAT

4 Port. | 20 Min. + 60 Min. Ruhezeit | Leicht

Zutaten

1 Bund Petersilie
3 Zwiebeln
1 Dose Kichererbsen
3 EL Essig
4 EL Olivenöl
3 Knoblauchzehen
1 Prise Salz
1 Prise Pfeffer
Harissa, nach Bedarf (Rezept in diesem Kochbuch)

Nährwerte p. P.

209 kcal
18 g Kohlenhydrate
12 g Fett
6 g Eiweiß

1 Entfernen Sie die Schale der Zwiebeln und des Knoblauchs. Schneiden Sie die Zwiebeln in kleine Würfel und pressen Sie den Knoblauch in eine Schale. Spülen Sie die Petersilie ab und schütteln Sie sie etwas ab. Schneiden Sie sie in feine Stücke.

2 Mischen Sie die Zwiebeln und den Knoblauch in einer Rührschüssel zusammen. Füllen Sie den Essig und das Öl hinzu und verrühren Sie alles miteinander. Nun heben Sie die Petersilie unter die Zutaten und rühren vorsichtig die abgetropften Kichererbsen dazu.

3 Schmecken Sie den Salat mit Salz und Pfeffer ab. Mögen Sie die Speise etwas schärfer, würzen Sie ihn jetzt mit etwas Harissa.

4 Stellen Sie den Salat zum Ziehen für 1 Stunde beiseite.

TABOULE (TUNESISCHER COUSCOUS-SALAT)

3 Port.

30 Min.

Leicht

Zutaten

1 Paprika
400 g Tomaten
15 Oliven
6 Frühlingszwiebeln
1 Dose Thunfisch in Öl
2 Chilischoten
1 Knoblauchzehe
1 EL Kapern
1 EL Zitronensaft
2 EL Olivenöl
2 EL Rotweinessig
1 Bund Petersilie
4 Sardellenfilets in Öl
2 Eier
1 Prise Kreuzkümmel
1 Prise Pfeffer
1 Prise Salz

Nährwerte p. 100 g

22 kcal
3 g Kohlenhydrate
1 g Fett
1 g Eiweiß

1 Zunächst kochen Sie die Eier, bis sie hart sind. Geben Sie den Thunfisch und die Sardellen zum Abtropfen in ein Sieb.

2 Säubern Sie die Tomaten und schneiden Sie sie in kleine Würfel. Waschen und entkernen Sie die Paprika und schneiden Sie sie in kleine Würfel. Pellen Sie die Zwiebeln und schneiden Sie sie in kleine Würfel. Entfernen Sie die Schale des Knoblauchs und hacken Sie ihn in feine Stücke. Schneiden Sie die Chilischote und die Sardellen in kleine Stücke. Halbieren Sie die Oliven und entfernen Sie gegebenenfalls den Kern. Geben Sie alle Zutaten in eine Schüssel und vermengen Sie sie mit dem Thunfisch und den Kapern.

3 Füllen Sie das Olivenöl, den Zitronensaft, den Rotweinessig und die Gewürze in eine Rührschüssel und vermischen Sie alles gut miteinander. Spülen Sie die Petersilie ab und hacken Sie sie in feine Stücke.

4 Geben Sie die Marinade und die Petersilie über den Salat und vermischen Sie alles miteinander. Stellen Sie den Salat für 2 Stunden zum Ziehen in den Kühlschrank.

5 Schneiden Sie die gekochten Eier in Scheiben und garnieren Sie damit den Salat.

TUNESISCHER THUNFISCHSALAT

4 Port. | 30 Min. + 120 Min. Ziehzeit | Leicht

Zutaten

400 g Feuerbohnen, aus der Dose (Abtropfgewicht 240 g)
1 Spitzpaprika
1 Chilischote
5 Tomaten
1 Avocado
1 Zwiebel
4 Eier
4 Tortillas
3 EL Olivenöl
2 TL Zitronensaft
½ TL Kreuzkümmel
2 Stängel Koriander
1 Prise Rohrzucker
Salz, Pfeffer

Nährwerte p. 100 g

397 kcal
40 g Kohlenhydrate
23 g Fett
17 g Eiweiß

1 Gießen Sie die Bohnen ab. Zerdrücken Sie die Bohnen grob mit einer Gabel und schmecken Sie sie mit Salz und Pfeffer ab. Halbieren Sie die Avocado und entfernen Sie den Kern. Schneiden Sie das Fruchtfleisch mit einem Messer noch in der Schale vorsichtig in Streifen. Beträufeln Sie jede Avocadohälfte mit jeweils einem halben Teelöffel Zitronensaft. Waschen Sie die Spitzpaprika und die Chilischote und tupfen Sie sie trocken. Schneiden Sie beides in Scheiben. Waschen Sie auch die Tomaten und würfeln Sie sie, wobei Sie den Strunk entfernen. Schälen Sie die Zwiebel und würfeln Sie sie fein.

2 Heizen Sie den Backofen auf 200 °C Ober- und Unterhitze vor. Geben Sie 2 EL Olivenöl in eine Pfanne und schwitzen Sie darin die Zwiebeln an. Geben Sie dann die Spitzpaprika, die Chili und die Tomaten in die Pfanne. Braten Sie sie kurz mit. Streuen Sie den Zucker und den Kreuzkümmel in die Pfanne. Geben Sie den restlichen Zitronensaft dazu und schmecken Sie mit Salz und Pfeffer ab. Lassen Sie die Mischung noch zehn Minuten köcheln.

3 Erhitzen Sie das restliche Olivenöl in einer weiteren Pfanne. Schlagen Sie die Eier in die Pfanne und braten Sie sie. Bestreuen Sie sie mit Salz und Pfeffer.

4 Belegen Sie ein Backblech mit Backpapier und legen Sie die Tortillas darauf. Erwärmen Sie sie für drei Minuten im Ofen. Waschen Sie in der Zwischenzeit den Koriander kalt ab und tupfen Sie ihn mit Küchenpapier trocken. Zupfen Sie die Blättchen ab.

5 Holen Sie die Tortillas aus dem Ofen und verteilen Sie sie auf Tellern. Bestreichen Sie sie mit Bohnenmus. Verteilen Sie die Paprikamischung darauf. Legen Sie dann jeweils ein Spiegelei auf jeden Tortilla-Fladen. Heben Sie die Avocado mit einem Löffel aus der Schale und verteilen Sie sie. Servieren Sie die Huevos Rancheros mit Koriander bestreut.

Tipp: Baked Feuer-Beans auf Toast Diese Eier nach Bauernart sind ein mexikanischer Klassiker, der zum Frühstück, aber auch zum Brunch oder Mittagessen super ist.

SLATA MASMOUTA (ZERDRÜCKTER SALAT)

 4 Port.  60 Min.  Leicht

Zutaten

300 g Möhren
500 g Kartoffeln, festkochend
200 g Rote Bete, gekocht
200 g TK-Erbsen
1 Zitrone
½ Bund Petersilie
150 g Thunfisch in Öl
4 Eier
1 EL Olivenöl
½ TL Koriander, gemahlen
½ TL Kreuzkümmel
1 Prise Salz
1 Prise Pfeffer

Nährwerte p. P.

343 kcal
36 g Kohlenhydrate
10 g Fett
23 g Eiweiß

1 Kochen Sie die Eier, bis sie hart sind. Anschließend schneiden Sie sie in Viertel. Schneiden Sie die Rote Bete in Würfel. Geben Sie den Thunfisch zum Abtropfen in ein Sieb. Spülen Sie die Petersilie ab und hacken Sie sie in feine Stücke. Pressen Sie die Zitrone aus und stellen Sie den Saft beiseite.

2 Kochen Sie die Kartoffeln mit Schale in Salzwasser gar. Anschließend pellen Sie die Schale ab und schneiden sie in Würfel. Säubern Sie die Möhren und kochen Sie sie in Salzwasser, bis sie gar sind. Schneiden Sie sie danach in Würfel. Garen Sie die Erbsen in Salzwasser, gießen Sie sie in ein Sieb und stellen Sie sie anschließend zum Abkühlen beiseite.

3 Geben Sie das klein geschnittene Gemüse in eine Schüssel. Geben Sie das Öl und den Zitronensaft darüber und vermischen Sie alles miteinander. Nun geben Sie die Gewürze und die Petersilie dazu und mischen diese unter den Salat.

4 Richten Sie den Salat in einer Servierschüssel an und garnieren Sie ihn mit den Eierspalten und dem Thunfisch.

FETA-GURKEN-SALAT

4 Port. 60 Min. Leicht

Zutaten

1 ½ Salatgurken
120 g Fetakäse
2 EL Dill, gehackt
1 Zwiebel, rot
2 EL Minze, gehackt
½ EL Zitronensaft
1 EL Olivenöl
1 Prise Salz
1 Prise Pfeffer

Nährwerte p. P.

1238 kcal
95 g Kohlenhydrate
71 g Fett
48 g Eiweiß

1 Säubern Sie die Salatgurken und schneiden Sie die Enden ab. Halbieren Sie sie in der Länge und entfernen Sie die Kerne. Schneiden Sie die Gurken in Würfel. Pellen Sie die Zwiebel und schneiden Sie sie in dünne Ringe.

2 Bröckeln Sie den Fetakäse in eine Schüssel. Geben Sie die Zwiebelringe, den Dill und die Minze sowie die Gurkenwürfel dazu und vermischen Sie alles miteinander.

3 Füllen Sie das Olivenöl und den Zitronensaft in ein kleines Schälchen. Würzen Sie mit Salz und Pfeffer und vermengen Sie die Zutaten zu einer Marinade. Geben Sie sie über den Salat und mischen Sie sie vorsichtig darunter.

Tipp: Sie können zu diesem Salat ein tunesisches Brot servieren.

Suppen

CHORBA TUNISIENNE (TUNESISCHE HÜHNERSUPPE)

2 Port.

45 Min.

Leicht

Zutaten

250 g Hähnchenfleisch
1 Handvoll Chorbanudeln oder Suppennudeln
1 Zwiebel
2 EL Tomatenmark
1 Bund Petersilie
2 EL Olivenöl
1 Prise Salz
1 Prise Pfeffer
etwas Wasser

Nährwerte p. P.

411 kcal
24 g Kohlenhydrate
20 g Fett
33 g Eiweiß

1 Pellen Sie die Zwiebel und hacken Sie sie in kleine Stücke. Spülen Sie die Petersilie ab, schleudern Sie sie etwas trocken und schneiden Sie sie in feine Stücke. Zerteilen Sie das Hähnchenfleisch in kleine Stücke.

2 Geben Sie das Olivenöl in einen Topf und erhitzen Sie es. Braten Sie die Zwiebel darin an und fügen Sie anschließend das Tomatenmark dazu. Schmecken Sie mit Pfeffer und Salz ab und schmoren Sie die Zutaten für wenige Minuten.

3 Nun geben Sie das Fleisch in den Topf und braten es kurz mit an. Füllen Sie etwas Wasser auf, bis eine cremige Soße entsteht. Köcheln Sie die Zutaten bei niedriger Temperatur für etwa 15 Minuten.

4 Danach fügen Sie die Nudeln dazu und füllen gegebenenfalls noch etwas Wasser hinein. Köcheln Sie die Suppe, bis die Nudeln gar sind.

5 Zum Servieren füllen Sie die Suppe in eine Terrine und mischen die Petersilie darunter.

TUNESISCHE GEMÜSESUPPE

3 Port. 60 Min. Leicht

Zutaten

50 g Kichererbsen aus der Dose
100 g Blattspinat, TK-Ware
100 g Suppennudeln
1 Möhre
½ TL Harissa (Rezept in diesem Kochbuch)
1 EL Tomatenmark
250 ml Wasser
500 ml Wasser
etwas Öl

Nährwerte p. P.

411 kcal
24 g Kohlenhydrate
20 g Fett
33 g Eiweiß

1 Säubern Sie die Möhre und schneiden Sie sie in Scheiben.

2 Geben Sie die Möhrenscheiben mit den Kichererbsen und dem Spinat in einen Topf. Fügen Sie etwas Öl hinzu und braten Sie die Zutaten kurz an.

3 Füllen Sie das Harissa und das Tomatenmark in eine Schüssel und verrühren Sie beides mit 250 ml Wasser. Geben Sie es in den Topf zu den Kichererbsen.

4 Füllen Sie 500 ml Wasser in den Topf, legen Sie einen Deckel auf und dünsten Sie die Zutaten für etwa 30 Minuten.

5 Anschließend geben Sie die Suppennudeln dazu. Köcheln Sie die Suppe, bis die Nudeln gar sind.

TUNESISCHE LINSENSUPPE

4 Port. 40 Min. Leicht

Zutaten

150 g Linsen
1 Bund Suppengrün
1 Knoblauchzehe
1 Zwiebel
1 TL Paprikapulver
1 EL Butter
1 ½ l Wasser
1 Prise Pfeffer
1 Prise Salz
2 EL Joghurt
2 TL Zitronensaft

Nährwerte p. P.

183 kcal
26 g Kohlenhydrate
3 g Fett
12 g Eiweiß

1 Pellen Sie die Zwiebel und den Knoblauch und schneiden Sie beides in feine Stücke. Säubern Sie das Suppengrün und schneiden Sie es in grobe Stücke.

2 Erhitzen Sie die Butter in einem Topf und dünsten Sie darin die Zwiebeln, den Knoblauch und das Suppengrün an. Fügen Sie die Linsen und das Paprikapulver hinzu.

3 Füllen Sie das Wasser in den Topf und köcheln Sie die Suppe für etwa 15 Minuten. Nach der Kochzeit pürieren Sie alle Zutaten mit einem Pürierstab. Würzen Sie die Suppe mit Salz und Pfeffer.

4 Verrühren Sie in einer Schüssel den Joghurt mit dem Zitronensaft.

5 Zum Servieren füllen Sie die Suppe in tiefe Teller und geben je einen Klecks der Joghurtmischung darauf.

TUNESISCHE ERBSENSUPPE

 4 Port.

 45 Min.

 Leicht

Zutaten

1 Staudensellerie
1 Zwiebel
1 Paprika, gelb
400 ml passierte Tomaten
500 ml Gemüsebrühe
1 Glas große Bohnen
150 g Spätzle
1 Dose Kichererbsen
150 g TK-Erbsen
½ Zitrone, den Saft davon
4 EL Olivenöl
1 TL Paprikapulver, rosenscharf
2 EL Tomatenmark
1 Prise Zucker
1 Prise Salz

Nährwerte p. P.

428 kcal
58 g Kohlenhydrate
12 g Fett
21 g Eiweiß

1 Pellen Sie die Zwiebel und schneiden Sie sie in kleine Würfel. Säubern Sie die Paprika und den Sellerie und schneiden Sie beides in kleine Stücke. Legen Sie das Selleriegrün beiseite. Geben Sie die Bohnen und die Kichererbsen zum Abtropfen in ein Sieb. Pressen Sie eine halbe Zitrone aus und stellen Sie den Saft beiseite.

2 Erhitzen Sie das Öl in einem ausreichend großen Topf und dünsten Sie darin die Zwiebelwürfel an. Geben Sie das Tomatenmark und das Paprikapulver dazu und verrühren Sie alles miteinander. Löschen Sie die Suppe mit 250 ml Gemüsebrühe ab und geben Sie dann die Bohnen, die Kichererbsen und die TK-Erbsen hinein. Kochen Sie die Speise kurz auf.

3 Anschließend füllen Sie den Rest der Gemüsebrühe hinzu und geben die passierten Tomaten hinein. Verrühren Sie alle Zutaten miteinander und köcheln Sie die Suppe mit Deckel bei niedriger Temperatur für etwa 15 Minuten.

4 In der Zwischenzeit garen Sie die Spätzle nach Packungsanweisung. Würzen Sie die Suppe mit dem Zucker, dem Zitronensaft und dem Salz.

5 Zum Servieren richten Sie die Suppe und die Spätzle auf einem tiefen Teller an und garnieren sie mit etwas Selleriegrün.

TUNESISCHE GERSTENSUPPE

4 Port.

30 Min.

Leicht

Zutaten

2 Zwiebeln
1 Tomate
200 g Kalbsfleisch
1 Knollensellerie
1 Dose Tomatenmark
1 Zitrone
1 Tasse Gerstenkörner
1 l Wasser
1 Prise Salz
1 Prise Pfeffer
1 EL Olivenöl

Nährwerte p. 100 g.

161 kcal
14 g Kohlenhydrate
7 g Fett
9 g Eiweiß

1 Pellen Sie die Zwiebel und schneiden Sie sie in feine Stücke. Entfernen Sie die Haut der Tomate und schneiden Sie sie in kleine Stücke. Schälen Sie den Sellerie. Pressen Sie die Zitrone aus.

2 Erhitzen Sie das Öl in einem ausreichend großen Topf und braten Sie darin das Fleisch an. Geben Sie die Zwiebel, die Tomate und das Tomatenmark hinzu. Verrühren Sie alle Zutaten miteinander.

3 Gießen Sie 1 Liter Wasser auf und köcheln Sie die Suppe bei niedriger Temperatur.

4 Währenddessen reiben Sie den Sellerie direkt in den Topf und geben anschließend die Gerstenkörner und den Zitronensaft hinein.

5 Kochen Sie die Suppe einmal auf.

CHORBA BIL ALLOUCH

(GRAUPENSUPPE MIT LAMM)

4 Port. 90 Min. Leicht

Zutaten

300 g Lammfleisch, Nacken (alternativ Rindfleisch)
3 EL Tomatenmark
3 Knoblauchzehen
1 Zwiebel
¼ Tasse Olivenöl
1 TL Harissa (Rezept in diesem Kochbuch)
100 g Kichererbsen aus der Dose
½ Stange Staudensellerie
1 Zitrone
1,5 l Wasser
100 g Graupen (alternativ Reisnudeln)
1 Stiel Petersilie
½ TL Kümmel, gemahlen
½ TL Koriander, gemahlen
1 TL Paprikapulver, edelsüß
1 TL Salz

Nährwerte p. P.

346 kcal
27 g Kohlenhydrate
17 g Fett
20 g Eiweiß

1 Pellen Sie die Zwiebel und den Knoblauch. Schneiden Sie beides in feine Stücke. Säubern Sie den Sellerie und schneiden Sie ihn ebenfalls in kleine Stücke. Spülen Sie die Petersilie ab und hacken Sie sie in feine Stücke. Geben Sie die Kichererbsen zum Abtropfen in ein Sieb. Schneiden Sie das Fleisch in mundgerechte Stücke. Schneiden Sie die Zitrone in Spalten.

2 Erhitzen Sie das Olivenöl in einem ausreichend großen Topf. Geben Sie das Fleisch, die Zwiebeln, den Knoblauch, das Harissa, das Tomatenmark und alle Gewürze (außer Petersilie) hinein. Braten Sie die Zutaten bei mittlerer Hitze an. Anschließend füllen Sie das Wasser auf und rühren alles gut um. Nun fügen Sie die Graupen und den Sellerie dazu. Legen Sie einen Deckel auf den Topf und köcheln Sie die Suppe bei niedriger Temperatur für etwa 1 Stunde. Rühren Sie zwischendurch um, damit die Graupen nicht ansetzen.

3 Nach der halben Kochzeit geben Sie die Kichererbsen in den Topf. Nach etwa 50 Minuten Kochzeit fügen Sie die Petersilie dazu.

Tipp: Wenn Sie Reisnudeln verwenden, geben Sie diese erst 10 Minuten vor Ende der Kochzeit in den Topf.

CHORBA FRIK (RINDFLEISCHSUPPE)

6 Port.

90 Min.

Leicht

Zutaten

600 g Rindersuppen-fleisch
1 EL Öl
3 Zwiebeln
3 Knoblauchzehen
4 TL Tabil (Rezept in diesem Kochbuch)
250 ml passierte Tomaten
1.200 ml Wasser
200 g Bulgur
6 Stangen Staudensellerie
1 Dose Kichererbsen, 800 ml
5 Möhren
1 TL Zitronensaft
einige Safranfäden
Salz, nach Belieben

Nährwerte p. P.

536 kcal
53 g Kohlenhydrate
18 g Fett
33 g Eiweiß

1 Schneiden Sie das Fleisch in kleine Stücke. Pellen Sie die Zwiebeln und den Knoblauch und schneiden Sie beides in kleine Stücke. Säubern Sie die Selleriestangen und schneiden Sie sie in kleine Stücke. Geben Sie die Kichererbsen zum Abtropfen in ein Sieb. Waschen Sie die Möhren und schneiden Sie sie in kleine Würfel.

2 Erhitzen Sie das Öl in einem ausreichend großen Topf und braten Sie darin das Fleisch rundherum an. Geben Sie die Zwiebeln und den Knoblauch hinzu und braten Sie alles für ein paar Minuten.

3 Würzen Sie die Zutaten mit der Gewürzmischung Tabil und füllen Sie die passierten Tomaten in den Topf. Geben Sie das Wasser hinzu, würzen Sie mit etwas Salz und legen Sie einen Deckel auf. Garen Sie die Speise bei mittlerer Temperatur für etwa 45 Minuten.

4 Nach der Kochzeit geben Sie den Bulgur, den Sellerie, die Möhren und die Kichererbsen in den Topf. Mischen Sie die Zutaten gut durch und rühren Sie dann einige Safranfäden darunter. Köcheln Sie die Suppe für weitere 30 Minuten.

5 Verfeinern Sie die Speise mit Zitronensaft und würzen Sie gegebenenfalls noch einmal mit Salz und Tabil nach.

6 Zum Servieren garnieren Sie die Suppe mit klein geschnittenem Selleriegrün.

Brote

KESRA (TUNESISCHES GRIEẞBROT)

Mehrere kleine Fladen

45 Min.

Leicht

Zutaten

1 kg Grieß
400 ml Wasser, warm
200 ml Olivenöl
1 Pck. Hefe
1 TL Salz

Nährwerte p. 100 g

428 kcal
57 g Kohlenhydrate
17 g Fett
8 g Eiweiß

1 Mischen Sie den Grieß, das Öl und das Salz in einer Rührschüssel zusammen, bis eine klumpige Masse entsteht.

2 Geben Sie die Hefe hinein und füllen Sie dann nach und nach das Wasser dazu. Kneten Sie mit einem Mixer mit Knethaken den Teig so lange, bis er zu einer glatten Masse geworden ist.

3 Zerteilen Sie nun den Teig in gleichmäßige Kugeln. Stellen Sie diese zum Ruhen für 15 Minuten an einen warmen Ort.

4 Nach der Ruhezeit drücken Sie mit der flachen Hand jede Kugel zu einem flachen Fladen. Stellen Sie sie noch einmal für 5 Minuten beiseite.

5 Geben Sie die Fladen in eine erhitzte Pfanne und backen Sie sie pro Seite für 5 bis 10 Minuten.

CHOBS TAJINE (TUNESISCHES PFANNENBROT)

Mehrere kleine Fladen

90 Min.

Mittel

Zutaten

120 ml Olivenöl
300 ml Wasser, lauwarm
400 g Mehl
1 Prise Zucker
1 TL Salz
2 Pck. Trockenhefe

Nährwerte p. Brot

2.500 kcal
286 g Kohlenhydrate
125 g Fett
49 g Eiweiß

1 Geben Sie alle Zutaten in eine Schüssel und stellen Sie daraus einen Hefeteig her. Dieser wird eine sehr feuchte Konsistenz bekommen, daher empfiehlt sich die Verwendung eines Mixers mit Knethaken. Decken Sie die Schüssel ab und stellen Sie sie für 1 Stunde an einen warmen Ort.

2 Erhitzen Sie eine Pfanne mit hoher Temperatur.

3 Ölen Sie sich die Hände etwas ein. Entnehmen Sie Teigstücke in Größe eines Untertellers. Ziehen Sie das Teigstück vorsichtig auseinander. Wahrscheinlich gelingt es Ihnen das erste Mal nicht ganz gleichmäßig, aber auch solche Pfannenbrote gelingen.

4 Legen Sie den Teigfladen in die heiße Pfanne und braten Sie ihn von beiden Seiten, bis sich braune Punkte bilden. Stellen Sie gegebenenfalls die Temperatur etwas herunter. Halten Sie den fertigen Brotfladen im Backofen warm.

5 Verfahren Sie mit dem Rest des Teiges ebenso, bis er aufgebraucht ist.

Tipp: Dieses Brot kann zu soßenreichen Speisen gereicht werden.

TABOUNA (BROT DER PHÖNIZIER)

4 à 400 g

120 Min.

Leicht

Zutaten

500 g Mehl
500 g Grieß
1 EL Salz
1 EL Zucker
2 Pck. Trockenhefe
4 EL Olivenöl
2 EL Butter, weich
etwas Wasser, lauwarm
Sesamkörner, geröstet, nach Belieben
1 Ei

Nährwerte p. P.

1.094 kcal
180 g Kohlenhydrate
26 g Fett
29 g Eiweiß

1 Geben Sie das Mehl, den Grieß, das Salz, den Zucker und die Trockenhefe in eine Rührschüssel und vermischen Sie alles miteinander.

2 Füllen Sie nach und nach lauwarmes Wasser, das Olivenöl und die Butter hinzu. Kneten Sie den Teig, bis er eine glatte Konsistenz erreicht. Decken Sie die Schüssel ab und stellen Sie sie für 1 Stunde an einen warmen Ort.

3 Formen Sie aus dem Teig 4 gleich große Stücke in runder Form und legen Sie sie auf ein mit Backpapier belegtes Blech. Stellen Sie es für 15 Minuten zum Ruhen beiseite.

4 In der Zwischenzeit heizen Sie den Backofen auf 200 °C mit Ober- und Unterhitze vor. Schlagen Sie das Ei in eine kleine Schüssel und verquirlen Sie es.

5 Bestreichen Sie die Teiglinge mit dem Ei und schneiden Sie sie gitterförmig ein. Streuen Sie die Sesamkörner darüber.

6 Backen Sie die Brote auf der unteren Schiene für etwa 20 bis 25 Minuten. Nach der Backzeit stellen Sie das Blech zum Abkühlen beiseite.

Tipp: Sie können diese Brote einfrieren. Vor dem Verzehr backen Sie sie kurz im Backofen auf.

BOULOU (TUNESISCHES BROT)

4 Port.

70 Min.

Leicht

Zutaten

150 g Zucker
500 g Mehl
1 Pck. Backpulver
1 Handvoll Rosinen
2 Eier
1 Eigelb
1 TL Wasser
1 Orange, unbehandelt (Schale und Saft wird benötigt)
100 ml Erdnussöl
2 TL Anissamen
50 g Sesamkörner (alternativ Mandelsplitter)

Nährwerte p. 100 g

444 kcal
57 g Kohlenhydrate
20 g Fett
9 g Eiweiß

1 Säubern Sie die Orange, raspeln Sie die Schale ab und hacken Sie sie in kleine Stücke. Anschließend pressen Sie den Saft aus der Frucht. Sie brauchen etwa die Hälfte des Saftes für dieses Rezept. Heizen Sie den Backofen auf 180 °C mit Umluftfunktion vor.

2 Geben Sie das Mehl, den Zucker sowie das Backpulver in eine Rührschüssel und vermischen Sie alles miteinander. Fügen Sie die 2 Eier und das Öl hinzu und verkneten Sie die Zutaten mit den Händen. Nun geben Sie die Rosinen, die Orangenschale, die Anissamen und den Orangensaft dazu. Kneten Sie alle Zutaten für etwa 10 Minuten gut durch.

3 Formen Sie einen ovalen Laib aus dem Teig. Sollte er zu weich geworden sein, geben Sie ihn in eine Backform, ansonsten setzen Sie den Brotlaib auf ein mit Backpapier ausgelegtes Blech. Verquirlen Sie das Eigelb, verdünnen Sie es mit dem Wasser und bestreichen Sie den Teig damit. Anschließend streuen Sie den Sesam darüber.

4 Backen Sie das Brot für etwa 40 Minuten im Backofen. Das Brot ist gar, wenn Sie ein eingestochenes Messer ohne Rückstände wieder herausziehen.

Tipp: Mit diesem Brot wird ein traditionelles 25-stündiges Fasten gebrochen. Serviert wird es dann meist mit Quittenmarmelade zum Kaffee. Sie können es aber auch mit Butter bestreichen und genießen.

Hauptgerichte mit Fleisch & Geflügel

JILBÄNÄ (TUNESISCHER ERBSENEINTOPF)

4 Port.

90 Min.

Leicht

Zutaten

500 g Fleisch (Rind, Lamm, Geflügel)
3 Kartoffeln, groß
2 Paprika
2 Tomaten
2 Zwiebeln
1 Dose Erbsen, kleine Konserve
2 TL Harissa (Rezept in diesem Kochbuch)
2 TL Salz
1 TL Kreuzkümmel
3 EL Tomatenmark
1 TL Koriander
½ TL Chilipulver, scharf
etwas Petersilie
etwas Olivenöl

Nährwerte p. P.

293 kcal
22 g Kohlenhydrate
7 g Fett
33 g Eiweiß

1 Waschen und entkernen Sie die Paprika und schneiden Sie sie in feine Streifen. Brühen Sie die Tomaten in heißem Wasser und entfernen Sie die Haut. Geben Sie sie in eine Schüssel und pürieren Sie die Tomaten mit einem Pürierstab. Entfernen Sie die Schale der Zwiebeln und schneiden Sie sie in kleine Würfel. Schälen Sie die Kartoffeln und schneiden Sie sie ebenfalls in Würfel.

2 Erhitzen Sie das Öl in einem ausreichend großen Topf. Braten Sie darin das Fleisch und die Zwiebeln an. Geben Sie die Kartoffeln, die Paprika sowie das Tomatenpüree dazu und füllen Sie anschließend so viel Wasser in den Topf, bis alle Zutaten bedeckt sind. Fügen Sie die Gewürze, außer das Harissa, dazu und köcheln Sie die Speise für etwa 45 Minuten bei niedriger Temperatur.

3 Anschließend geben Sie die Erbsen und das Tomatenmark zum Eintopf und köcheln die Speise für weitere 15 Minuten. Würzen Sie den Eintopf gegebenenfalls noch einmal nach.

4 Nun würzen Sie den Eintopf nach Ihrem Geschmack mit etwas Harissa. Nehmen Sie das Fleisch heraus und zerteilen Sie es in mundgerechte Stücke.

5 Streuen Sie zum Servieren etwas Petersilie über den Eintopf.

OJJA (TUNESISCHE WURSTPFANNE)

3 Port. 60 Min. Leicht

Zutaten

6 Stück Merguez (alternativ Nürnberger Rostbratwurst)
6 Tomaten
1 Paprika, rot
1 Paprika, gelb
2 Knoblauchzehen
2 Zwiebeln
4 Eier
2 EL Olivenöl
1 TL Harissa (Rezept in diesem Kochbuch)
1 TL Kreuzkümmel, gemahlen
1 Prise Kümmelpulver
1 Prise Zucker
1 Prise Pfeffer
1 Prise Salz

Nährwerte p. P.

1.134 kcal
19 g Kohlenhydrate
96 g Fett
46 g Eiweiß

1 Säubern Sie die Tomaten und schneiden Sie sie in nicht zu kleine Würfel. Geben Sie sie in eine Pfanne mit hohem Rand und fügen Sie 1 Esslöffel Olivenöl, das Harissa und eine Prise Kümmel dazu. Braten Sie die Zutaten zuerst scharf an und schmoren Sie sie anschließend bei mittlerer Temperatur, bis die Tomaten weich sind.

2 In der Zwischenzeit schneiden Sie die Wurst in Scheiben. Geben Sie sie in eine zweite Pfanne (auch mit hohem Rand und Deckel) und fügen Sie das restliche Olivenöl dazu. Braten Sie die Wurst darin rundherum an.

3 Entfernen Sie die Schale vom Knoblauch und von den Zwiebeln. Schneiden Sie die Zwiebeln in zwei Hälften und anschließend in Scheiben. Hacken Sie den Knoblauch in feine Stücke. Säubern Sie die Paprika und schneiden Sie sie in Streifen. Verquirlen Sie die Eier in einer Schüssel.

4 Würzen Sie zwischendurch die Tomaten mit dem Zucker, dem Kreuzkümmel und dem Salz. Schmoren Sie die Zutaten bei niedriger Temperatur weiter.

5 Geben Sie die Paprika, die Zwiebeln und den Knoblauch in die Wurstpfanne und rühren Sie alles einmal durch. Braten Sie die Zutaten unter Rühren, bis alles weich wird.

6 Füllen Sie die Tomaten in die Wurstpfanne und verrühren Sie sie mit den übrigen Zutaten. Geben Sie die verquirlten Eier dazu und würzen Sie alles mit Salz und Pfeffer. Stellen Sie die Temperatur herab und legen Sie den Deckel auf die Pfanne. Köcheln Sie die Speise für etwa 15 Minuten, bis das Ei stockt.

7 Anschließend rühren Sie das Ei vorsichtig unter und würzen gegebenenfalls noch mal mit Salz, Pfeffer und Harissa nach.

KEFTA IN TOMATENSOẞE (TUNESISCHE HACKBÄLLCHEN)

4 Port.

45 Min.

Leicht

Zutaten

1 Pck. passierte Tomaten (500 ml)
1 EL Tomatenmark
3 Tomaten
2 Zwiebeln, rot
½ Bund Petersilie
500 g Hackfleisch (Rind)
5 Knoblauchzehen
2 EL Öl
1 Ei
1 Msp. Chiliflocken
1 Prise Muskatnuss
1 Prise Ingwer, gemahlen
2 Prisen Kreuzkümmel, gemahlen
2 Prisen Paprikapulver, edelsüß
2 Prisen Pfeffer
2 Prisen Salz

Nährwerte p. P.

462 kcal
17 g Kohlenhydrate
31 g Fett
28 g Eiweiß

1 Pellen Sie die Zwiebeln und den Knoblauch. Schneiden Sie die Zwiebeln in kleine Würfel und pressen Sie 3 Knoblauchzehen in eine Rührschüssel. Spülen Sie die Petersilie ab und hacken Sie sie in feine Stücke.

2 Vermischen Sie den gepressten Knoblauch mit dem Hackfleisch, einer Zwiebel, dem Ei und der Petersilie zu einem geschmeidigen Teig. Würzen Sie die Fleischmasse mit dem Ingwer, einer Prise Kreuzkümmel, der Muskatnuss und je einer Prise Salz, Pfeffer und Paprikapulver. Formen Sie kleine Hackbällchen aus dem Teig.

3 Erhitzen Sie das Öl in einer Pfanne und braten Sie die Hackbällchen von allen Seiten gut an. Anschließend nehmen Sie die Fleischstücke aus der Pfanne und stellen beides beiseite.

4 Entfernen Sie die Haut und die Kerne der Tomaten und schneiden Sie sie in Würfel. Schneiden Sie die übrigen 2 Knoblauchzehen in kleine Stücke. Erhitzen Sie die Pfanne mit dem Bratensatz und braten Sie darin die Zwiebel und den Knoblauch an. Fügen Sie anschließend das Tomatenmark hinzu. Nun geben Sie die Tomatenwürfel dazu und rühren alle Zutaten gut durch.

5 Gießen Sie die passierten Tomaten in die Pfanne und schmecken Sie die Soße mit den übrigen Gewürzen ab. Geben Sie die Hackbällchen wieder in die Pfanne. Reduzieren Sie die Temperatur auf die niedrigste Stufe und lassen die Fleischstücke für etwa 20 Minuten ziehen.

TAJINE BIL DJEJ (TUNESISCHER AUFLAUF)

6 Port.

90 Min.

Leicht

Zutaten

200 g Käse, gerieben
200 ml Sahne
600 g Hähnchenfleisch
600 g Kartoffeln
1 Bund Petersilie
6 Eier
etwas Paniermehl
etwas Olivenöl
1 TL Kurkuma
1 Prise Pfeffer
1 Prise Salz

Nährwerte p. P.

482 kcal
24 g Kohlenhydrate
25 g Fett
39 g Eiweiß

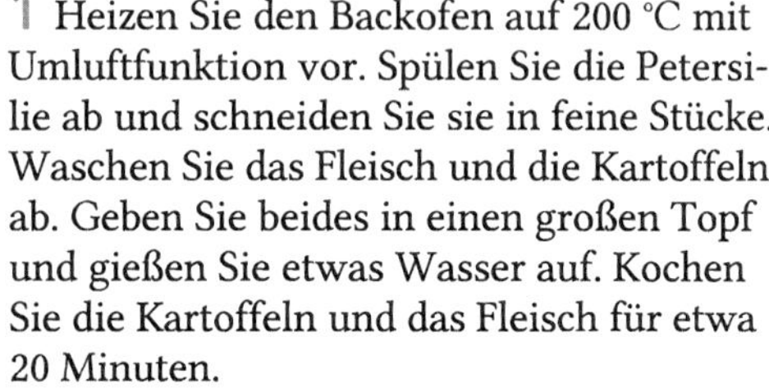

1 Heizen Sie den Backofen auf 200 °C mit Umluftfunktion vor. Spülen Sie die Petersilie ab und schneiden Sie sie in feine Stücke. Waschen Sie das Fleisch und die Kartoffeln ab. Geben Sie beides in einen großen Topf und gießen Sie etwas Wasser auf. Kochen Sie die Kartoffeln und das Fleisch für etwa 20 Minuten.

2 In der Zwischenzeit geben Sie den geriebenen Käse, die Eier und die Sahne in eine Rührschüssel. Fügen Sie etwas Paniermehl hinzu und stellen Sie die Schüssel vorerst beiseite.

3 Nach der Garzeit rupfen Sie das Hähnchenfleisch in kleine Stücke. Es soll in etwa wie der Reibekäse aussehen. Nehmen Sie die Kartoffeln heraus und pellen Sie sie ab. Anschließend schneiden Sie sie in kleine Würfel.

4 Geben Sie nun das Fleisch und die Kartoffelwürfel in die Rührschüssel und vermischen Sie alle Zutaten gründlich miteinander. Würzen Sie mit Kurkuma, dem Salz und dem Pfeffer. Geben Sie etwas von der gehackten Petersilie dazu und rühren Sie sie darunter.

5 Fetten Sie eine Auflaufform mit dem Öl ein und füllen Sie die Mischung hinein. Backen Sie den Auflauf im Backofen, bis er eine goldbraune Farbe angenommen hat.

6 Zum Servieren richten Sie den Auflauf auf einem flachen Teller an.

MAKROUNA BIL SANSA

(MAKKARONI MIT SOßE)

6 Port.

90 Min.

Mittel

Zutaten

400 g Rindfleisch
500 g Nudeln
4 Kartoffeln
1 kleine Dose Kichererbsen
5 Knoblauchzehen
Peperoni, grün, nach Belieben
2 Zwiebeln
3 EL Salça
Harissa, nach Belieben (Rezept in diesem Kochbuch)
Lorbeerblätter, nach Belieben
1 Prise Pfeffer
1 Prise Salz
1 Prise Ras el Hanout (Rezept in diesem Kochbuch)
1 EL Öl

Nährwerte p. 100 g

82 kcal
16 g Kohlenhydrate
0 g Fett
4 g Eiweiß

1 Schälen Sie die Kartoffeln und schneiden Sie sie in Viertel. Füllen Sie die Kichererbsen zum Abtropfen in ein Sieb. Pellen Sie die Zwiebeln und den Knoblauch. Schneiden Sie die Zwiebeln in feine Würfel. Schneiden Sie das Fleisch in mundgerechte Stücke.

2 Erhitzen Sie das Öl in einem ausreichend großen Topf. Dünsten Sie darin die Zwiebeln an und geben Sie das Fleisch dazu. Braten Sie es rundherum gut an.

3 Anschließend fügen Sie das Harissa und das Tomatenmark dazu und verrühren es mit dem Fleisch. Pressen Sie die Knoblauchzehen hinein und füllen Sie eine kleine Menge Wasser hinzu, damit nichts ansetzt.

4 Würzen Sie die Speise mit Salz, Pfeffer und der tunesischen Gewürzmischung. Sobald das Fleisch zart wird, füllen Sie noch etwas Wasser hinzu und geben die Kartoffeln und einige Lorbeerblätter hinein. Köcheln Sie die Zutaten bei niedriger Temperatur, bis das Fleisch gar ist.

5 Währenddessen kochen Sie in einem zweiten Topf die Nudeln al dente. Sie garen später in der Soße weiter nach. Säubern Sie die Peperoni und braten Sie sie in etwas Öl, bis sie weich werden.

6 Wenn das Fleisch und die Kartoffeln gar sind, fügen Sie die Kichererbsen hinzu. Köcheln Sie sie kurz mit, bevor Sie das Fleisch, die Kartoffeln und die Lorbeerblätter herausholen.

7 Geben Sie die Nudeln in die Soße und verrühren Sie sie.

8 Zum Servieren geben Sie eine gewünschte Menge Nudeln mit Soße auf einen Teller. Füllen Sie einige Stücke Kartoffeln und Fleisch darauf und garnieren die Speise mit einer gebratenen Peperoni.

MARKET KHODHRA (TUNESISCHER EINTOPF)

4 Port.

90 Min.

Mittel

Zutaten

500 g Mangold
½ Bund Petersilie
250 g Spinat
2 Zwiebeln
100 g Kichererbsen aus der Dose
500 g Fleisch (Kalb oder Hammel)
1 TL Harissa (Rezept in diesem Kochbuch)
1 TL Pfeffer, rot, gemahlen
1 TL Koriander, gemahlen
2 TL Tomatenmark
1 Prise Salz
1 Prise Pfeffer, schwarz
1 EL Olivenöl

Nährwerte p. P.

352 kcal
14 g Kohlenhydrate
17 g Fett
32 g Eiweiß

1 Schneiden Sie das Fleisch in 4 gleich große Stücke. Spülen Sie den Spinat, den Mangold und die Petersilie ab. Schneiden Sie alles in feine Stücke. Pellen Sie die Zwiebeln und schneiden Sie sie in kleine Würfel.

2 Erhitzen Sie das Olivenöl in einem ausreichend großen Topf und braten Sie darin die Zwiebeln an. Geben Sie das Fleisch, den Koriander, Salz, Pfeffer, die Kichererbsen und den roten Pfeffer dazu. Braten Sie alle Zutaten an.

3 Anschließend geben Sie den Spinat, den Mangold und die Petersilie in den Topf. Köcheln Sie die Speise zugedeckt für etwa 30 Minuten bei mäßiger Temperatur.

4 Nach der Kochzeit füllen Sie das Tomatenmark und das Harissa in den Topf. Köcheln Sie die Speise für weitere 30 bis 45 Minuten, bis das Fleisch gar ist. Füllen Sie gegebenenfalls etwas Wasser hinzu.

5 Wenn Sie den Eintopf etwas erweitern möchten, können Sie nun ein paar Möhren und/oder Rüben hineingeben. Kochen Sie den Eintopf dann weiter, bis diese gar sind.

TUNESISCHE BLUMENKOHLFRIKADELLEN

4 Port.

60 Min.

Einfach

Zutaten

500 g Blumenkohl
250 g Hackfleisch, Rind
250 g Hackfleisch, Lamm
1 Bund Petersilie
1 Ei
1 TL Harissa
100 g Parmesan, gerieben
1 Prise Paprikapulver, rosenscharf
1 Prise Salz
1 Prise Pfeffer
1 EL Öl zum Braten
etwas Mehl zum Bestäuben

Nährwerte p. P.

363 kcal
4 g Kohlenhydrate
22 g Fett
37 g Eiweiß

1 Teilen Sie den Blumenkohl in Röschen und kochen Sie ihn gar. Spülen Sie die Petersilie ab und hacken Sie die Blätter in feine Stücke.

2 Geben Sie beide Sorten Hackfleisch in eine Rührschüssel und vermischen Sie es gut miteinander. Fügen Sie den gekochten Blumenkohl, den Parmesankäse, das Ei, die Petersilie und das Harissa dazu und vermengen Sie alle Zutaten miteinander. Würzen Sie den Hackteig mit Salz, Paprika und Pfeffer.

3 Formen Sie aus dem Hackteig Frikadellen nach Ihrer Wunschgröße und bestäuben Sie sie mit etwas Mehl.

4 Erhitzen Sie das Öl in einer Pfanne und braten Sie die Frikadellen rundherum bei mittlerer Temperatur, bis sie gar sind.

TUNESISCHE HACKRÖLLCHEN

4 Port.

90 Min.

Einfach

Zutaten

750 g Hackfleisch, Lamm (alternativ Rinderhackfleisch)
2 Knoblauchzehen
1 Zwiebel
1 TL Harissa (Rezept in diesem Kochbuch)
1 Bund Petersilie
2 EL Olivenöl
1 TL Kreuzkümmel, gemahlen
½ TL Zimt
1 TL Koriander, gemahlen
1 Prise Salz
1 Prise Pfeffer

Nährwerte p. 100 g

103 kcal
5 g Kohlenhydrate
6 g Fett
7 g Eiweiß

1 Pellen Sie die Zwiebel und den Knoblauch und hacken Sie beides in feine Stücke. Spülen Sie die Petersilie ab und hacken Sie die Blätter in kleine Stücke.

2 Erhitzen Sie das Olivenöl in einer Pfanne und braten Sie darin die Zwiebeln, den Knoblauch und die Hälfte der Petersilie glasig an.

3 Geben Sie das Hackfleisch in eine Rührschüssel. Mischen Sie die Gewürze, die übrige Petersilie und die Zwiebeln aus der Pfanne dazu. Formen Sie kleine Röllchen aus dem Hackfleischteig und stellen Sie sie für 1 Stunde in den Kühlschrank.

4 Erhitzen Sie eine Grillpfanne ohne Fett und braten Sie die Hackfleischröllchen darin von allen Seiten, bis sie gar sind.

LAMM-AUBERGINEN-TAJINE

4 Port. 180 Min. Einfach

Zutaten

500 g Lammschulter
1 Zwiebel
400 g Aubergine
½ Bund Petersilie
200 g Käse, gerieben
1 TL Harissa (Rezept in diesem Kochbuch)
100 ml Olivenöl
8 Eier
1 Prise Salz
1 Prise Pfeffer
1 Prise Kurkuma
etwas Wasser

Nährwerte p. P.

661 kcal
8 g Kohlenhydrate
48 g Fett
48 g Eiweiß

1 Säubern Sie die Aubergine und schneiden Sie sie in dünne Scheiben. Geben Sie die Scheiben in ein Küchensieb und streuen Sie reichlich Salz darüber. Stellen Sie das Sieb für 30 Minuten beiseite.

2 In der Zwischenzeit pellen Sie die Zwiebel und schneiden Sie sie in kleine Stücke. Lösen Sie einen eventuell vorhandenen Knochen aus der Lammschulter und schneiden Sie das Fleisch in mundgerechte Stücke. Spülen Sie die Petersilie ab und hacken Sie sie in feine Stücke. Schlagen Sie die Eier in eine Schüssel und verquirlen Sie sie.

3 Spülen Sie die Auberginenscheiben gründlich ab und tupfen Sie sie trocken. Erhitzen Sie 1 EL Olivenöl in einer Pfanne und braten Sie darin die Auberginenscheiben rundherum an.

4 Erhitzen Sie in einem Topf das restliche Olivenöl. Schwitzen Sie darin die Zwiebelwürfel an und geben Sie anschließend die Fleischwürfel dazu. Braten Sie es kurz an, dann gießen Sie etwas Wasser auf, bis die Zutaten bedeckt sind. Legen Sie einen Deckel auf den Topf und köcheln Sie die Speise bei mittlerer Temperatur für etwa 45 Minuten, bis das Fleisch zart wird. Anschließend fügen Sie die Gewürze, das Harissa und die Petersilie hinzu. Stellen Sie den Topf zum Abkühlen beiseite.

5 Heizen Sie den Backofen auf 180 °C mit Umluftfunktion vor. Nun geben Sie die Eier, die Auberginenscheiben und 150 g des geriebenen Käses in den Topf und verrühren die Zutaten miteinander.

6 Fetten Sie eine Auflaufform ein (wenn Sie eine Tajine besitzen, verwenden Sie diese) und füllen die Speise hinein. Streuen Sie den restlichen Käse darüber.

7 Decken Sie die Auflaufform ab (bei Verwendung einer Tajine verschließen Sie diese). Garen Sie die Speise für etwa 30 Minuten im Backofen.

8 Zum Servieren schneiden Sie die Speise in Stücke.

KAMOUNIA (RINDFLEISCH-LEBER-EINTOPF)

4 Port. 90 Min. Einfach

Zutaten

500 g Hammelleber (alternativ Kalbs- oder Rinderleber)
500 g Rindfleisch
3 Knoblauchzehen
1 EL Harissa (Rezept in diesem Kochbuch)
4 EL Olivenöl
1 EL passierte Tomaten
1 TL Kurkuma
1 TL Pfeffer, rot
½ TL Pfeffer, schwarz
2 TL Kreuzkümmel, gemahlen
1 Prise Salz

Nährwerte p. P.

629 kcal
14 g Kohlenhydrate
40 g Fett
52 g Eiweiß

1 Schneiden Sie zunächst das Rindfleisch in mundgerechte Stücke und anschließend die Leber. Pellen Sie den Knoblauch und schneiden Sie ihn in feine Stücke.

2 Erhitzen Sie das Olivenöl in einem Topf. Braten Sie darin das Fleisch und die Leber rundherum an. Geben Sie die passierten Tomaten und das Harissa dazu und rühren Sie die Zutaten durch.

3 Nun würzen Sie das Fleisch mit Kreuzkümmel, Kurkuma, Salz sowie dem roten und dem schwarzen Pfeffer. Fügen Sie so viel Wasser hinzu, bis Sie die gewünschte Konsistenz erreichen und verrühren Sie alle Zutaten miteinander. Kochen Sie die Speise bei mittlerer Temperatur für etwa 40 Minuten.

4 Wenn das Fleisch zart geworden ist, geben Sie den Knoblauch dazu und kochen die Speise für weitere 10 Minuten.

Tipp: Sie können zu diesem traditionellen Eintopf ein tunesisches Brot und/oder Reis servieren.

MOSLI FIL KOUCHA (OFENFLEISCH MIT ZUCCHINI)

4 Port.

90 Min.

Einfach

Zutaten

1 Zucchini
500 g Hähnchenbrust
4 Kartoffeln
2 Zwiebeln
2 Paprika, rot
2 Tomaten
3 Knoblauchzehen
1 Prise Paprikapulver
1 EL Tomatenmark
1 TL Harissa (Rezept in diesem Kochbuch)
50 ml Olivenöl
1 EL Olivenöl
1 TL Zitronensaft
300 ml Wasser
1 Prise Kurkuma
1 Prise Koriander
1 Prise Kreuzkümmel
1 Prise Salz
1 Prise Pfeffer
1 Prise Safran

Nährwerte p. P.

329 kcal
26 g Kohlenhydrate
9 g Fett
33 g Eiweiß

1 Schneiden Sie das Fleisch in mundgerechte Würfel. Säubern Sie die Zucchini und schneiden Sie sie in Würfel. Pellen Sie die Zwiebeln und den Knoblauch. Schneiden Sie die Zwiebel in Würfel und hacken Sie den Knoblauch in feine Stücke. Schälen Sie die Kartoffeln und schneiden Sie sie in Würfel. Säubern Sie die Paprika und schneiden Sie sie in feine Streifen. Waschen Sie die Tomaten und schneiden Sie sie in Würfel. Heizen Sie den Backofen auf 180 °C mit Umluftfunktion vor.

2 Erhitzen Sie 1 Esslöffel Olivenöl in einer Pfanne und braten Sie darin das Fleisch rundherum an. Würzen Sie es mit dem Salz, dem Pfeffer und dem Paprikapulver.

3 Geben Sie nun das klein geschnittene Gemüse in die Pfanne. Würzen Sie die Speise kräftig mit Kreuzkümmel, Kurkuma, Safran und Koriander.

4 Füllen Sie das Wasser, 50 ml Olivenöl, den Zitronensaft, das Harissa und das Tomatenmark in eine Schüssel und verrühren Sie die Zutaten miteinander. Geben Sie die Marinade in die Pfanne und mischen Sie sie unter die Fleisch- und Gemüsewürfel.

5 Füllen Sie den Inhalt der Pfanne in eine Auflaufform und garen Sie die Speise für 30 bis 40 Minuten, bis alle Zutaten weich geworden sind.

Tipp: Zum Servieren reichen Sie ein tunesisches Brot.

HÄHNCHENBRUST MIT DATTELFÜLLUNG

 4 Port.

 90 Min.

 Einfach

Zutaten

4 Hähnchenbrustfilets
50 g Aprikosen, getrocknet
1 Bund Frühlingszwiebeln
¼ Bund Petersilie
3 Orangen
1 Chilischote, rot
150 g Datteln
3 EL Olivenöl
2 Knoblauchzehen
1 Zwiebel
1 TL Ras el Hanout (Rezept in diesem Kochbuch)
2 Prisen Salz
2 Prisen Pfeffer

Nährwerte p. P.

556 kcal
40 g Kohlenhydrate
18 g Fett
53 g Eiweiß

1 Pressen Sie den Saft aus den Orangen und füllen Sie ihn in eine Rührschüssel. Schneiden Sie die Aprikosen in kleine Würfel und geben Sie sie zum Orangensaft. Vermischen Sie beides kurz miteinander und stellen Sie die Schüssel für 1 Stunde beiseite.

2 Währenddessen entkernen Sie die Datteln und schneiden Sie in grobe Stücke. Pellen Sie die Zwiebel und den Knoblauch und hacken Sie beides in grobe Stücke. Geben Sie die Datteln, die Zwiebel und den Knoblauch in einen Mixer und pürieren Sie die Zutaten zu einer feinen Masse. Würzen Sie das Püree mit je einer Prise Salz und Pfeffer sowie dem Ras el Hanout.

3 Schneiden Sie jedes Filetstück seitlich ein kleines Stück auf und füllen Sie sie mit dem Dattelpüree. Verschließen Sie den Schnitt mit Zahnstochern und würzen Sie das Fleisch von außen mit Salz und Pfeffer.

4 Erhitzen Sie das Olivenöl in einer Pfanne und braten Sie darin die Filetstücke bei mittlerer Temperatur für etwa 5 Minuten je Seite.

5 Währenddessen entfernen Sie die Wurzeln der Frühlingszwiebeln. Anschließend schneiden Sie sie in feine Ringe. Säubern Sie die Chilischote und schneiden Sie sie in Ringe (Kerne können bleiben). Spülen Sie die Petersilie ab und hacken Sie die Blätter in feine Stücke.

6 Nach der Bratzeit nehmen Sie die Filetstücke aus der Pfanne. Halten Sie sie im Backofen warm. Geben Sie die Zwiebel- und die Chiliringe in die Pfanne und braten Sie sie für ein paar Minuten. Füllen Sie den Orangensaft mit den Aprikosenstücken dazu und kochen Sie alles einmal auf. Schmecken Sie die Soße gegebenenfalls mit etwas Salz ab.

7 Zum Servieren richten Sie die Hähnchenbrustfilets auf einem Teller an. Geben Sie die Soße darüber und garnieren Sie die Speise mit der Petersilie.

RUZ DJERBI BIL SBANEH

(REISPFANNE MIT LEBER)

6 Port.

120 Min.

Einfach

Zutaten

500 g Kalbfleisch (alternativ Hähnchenfleisch)
500 g Lammleber (alternativ Hähnchenleber)
2 Zwiebeln
400 g Reis
600 g Spinat
1 Bund Petersilie
1 Bund Koriander
2 TL Salz
3 EL Tomatenmark
1 EL Kreuzkümmel
½ EL Chilipulver
1 TL Kurkuma
½ Glas Olivenöl
1 Prise Pfeffer
1.200 ml Wasser

Nährwerte p. P.

756 kcal
60 g Kohlenhydrate
35 g Fett
48 g Eiweiß

1 Schneiden Sie das Fleisch und die Leber in mundgerechte Stücke. Pellen Sie die Zwiebeln und schneiden Sie sie in kleine Würfel. Spülen Sie den Koriander und die Petersilie ab und hacken Sie beides in feine Stücke. Geben Sie den Spinat in ein Sieb und spülen Sie ihn gut ab. Anschließend schneiden Sie ihn in grobe Stücke. Geben Sie den Reis in ein Sieb und waschen Sie ihn gründlich durch.

2 Erhitzen Sie das Öl in einem großen Topf und braten Sie darin die Zwiebeln an. Geben Sie die Leber und das Fleisch dazu und braten Sie es von allen Seiten an. Nehmen Sie das Fleisch aus der Pfanne und stellen Sie es beiseite.

3 Geben Sie nun den Reis in den Topf. Gießen Sie das Wasser auf und würzen Sie den Reis mit Salz, Pfeffer, Chilipulver, Kreuzkümmel, Kurkuma und dem Tomatenmark.

4 Fügen Sie den Spinat, den Koriander und die Petersilie dazu und verrühren Sie alles miteinander. Geben Sie das Fleisch und die Leber wieder in den Topf. Rühren Sie es unter die Zutaten und köcheln Sie die Speise bei niedriger Temperatur, bis der Reis und das Fleisch gar sind. Rühren Sie zwischendurch immer wieder um, damit der Reis nirgends anklebt.

Hauptgerichte mit Fisch und Meeresfrüchten

KAMOUNIA BESSOUBIA (TINTENFISCH)

4 Port.

45 Min.

Leicht

Zutaten

1 kg Tintenfisch
6 Knoblauchzehen
1 EL Olivenöl
1 EL Tomatenmark
1 TL Kreuzkümmel, gemahlen
1 TL Harissa (Rezept in diesem Kochbuch)
1 Prise Pfeffer
1 Prise Salz
etwas Wasser

Nährwerte p. P.

293 kcal
10 g Kohlenhydrate
7 g Fett
47 g Eiweiß

1 Schneiden Sie den Tintenfisch in mundgerechte Stücke. Pellen Sie den Knoblauch und pressen Sie ihn in eine Schüssel.

2 Erhitzen Sie das Olivenöl in einer Pfanne. Braten Sie darin den Knoblauch und den Tintenfisch rundherum an.

3 Nun geben Sie das Harissa und das Tomatenmark in die Pfanne und würzen alles mit Pfeffer und Salz. Verrühren Sie alle Zutaten miteinander.

4 Füllen Sie etwas Wasser dazu, bis alles bedeckt ist, und köcheln Sie die Speise für etwa 30 Minuten bei mittlerer Temperatur.

5 Nun würzen Sie die Speise mit dem Kreuzkümmel und füllen gegebenenfalls noch etwas Wasser dazu. Köcheln Sie alles für 15 Minuten. Es soll eine cremige Soße entstehen.

Tipp: Reichen Sie ein frisch gebackenes tunesisches Brot zu diesem Gericht.

WOLFSBARSCH MIT COUSCOUS

4 Port. 90 Min. Leicht

Zutaten

500 g Couscous
2 Wolfsbarsche (oder anderer Fisch)
4 Tomaten
1 Tasse Kichererbsen aus der Dose
4 Zwiebeln
4 Chilischoten, grün und scharf
2 Kartoffeln, groß
30 g Knoblauch
1 kl. Dose Tomatenmark
4 Möhren
Salz, nach Belieben
1 Prise Salz
15 g Kurkuma
15 g Kreuzkümmel
1 Prise Pfeffer
2 EL Olivenöl
etwas Wasser

Nährwerte p. P.

713 kcal
115 g Kohlenhydrate
10 g Fett
32 g Eiweiß

1 Nehmen Sie gegebenenfalls die Wolfsbarsche aus und entfernen Sie die Schuppen. Teilen Sie ihn in der Mitte in zwei Stücke.

2 Pellen Sie die Zwiebeln und den Knoblauch. Schneiden Sie zwei Zwiebeln in kleine Würfel und pressen Sie den Knoblauch in eine kleine Schüssel. Entfernen Sie die Schale und die Kerne der Tomaten und schneiden Sie sie in kleine Würfel. Schälen Sie die Möhren und die Kartoffeln. Säubern Sie die Chilischoten.

3 Erhitzen Sie 1 Esslöffel Olivenöl in einem ausreichend großen Topf. Braten Sie darin die Zwiebelwürfel und den gepressten Knoblauch an. Fügen Sie dann die Tomatenwürfel und das Tomatenmark hinzu. Dünsten Sie alle Zutaten kurz an.

4 Geben Sie anschließend die Kartoffeln, die 2 Zwiebeln, die abgetropften Kichererbsen und die Möhren im Ganzen dazu. Füllen Sie so viel Wasser auf, dass alle Zutaten gerade bedeckt sind. Schmecken Sie die Soße mit den Gewürzen ab und köcheln Sie die Speise bei mittlerer Temperatur für etwa 45 Minuten.

5 In der Zwischenzeit verreiben Sie den Couscous mit einem Esslöffel Olivenöl und würzen ihn mit einer Prise Salz. Geben Sie ihn in eine mikrowellengeeignete Schüssel und füllen Sie so viel Wasser auf, bis es etwa 1 Zentimeter höher steht. Decken Sie die Schüssel ab und garen Sie den Couscous für etwa 8 Minuten in der Mikrowelle. Anschließend lockern Sie ihn mit einer Gabel auf und füllen etwas Wasser auf. Geben Sie ihn nochmals abgedeckt für 5 Minuten in die Mikrowelle.

6 Nach der Kochzeit der Soße geben Sie den zerteilten Fisch und die Chilischoten im Ganzen hinein. Gegebenenfalls müssen Sie noch etwas Wasser angießen. Köcheln Sie die Speise für weitere 10 Minuten, bis der Fisch gar ist.

7 Vermischen Sie den Couscous mit etwas Soße aus dem Topf. Geben Sie ihn in eine Servierschüssel und verteilen Sie den Fisch und das Gemüse darauf.

Vegetarische/vegane Hauptgerichte

MAAQUOUDA BI´L-BATATA

(KARTOFFELOMELETT)
VEGETARISCH

4 Port.

90 Min.

Leicht

Zutaten

5 Eier
200 g Petersilie
200 g Zwiebeln
1 EL Butterschmalz
600 g Kartoffeln
3 EL Olivenöl
½ TL Piment
1 Prise Pfeffer, schwarz
1 Prise Salz

Nährwerte p. P.

375 kcal
32 g Kohlenhydrate
21 g Fett
12 g Eiweiß

1 Kochen Sie die Kartoffeln mit Schale. Anschließend pellen Sie sie ab und drücken sie durch eine Kartoffelpresse. Entfernen Sie die Schale der Zwiebeln und schneiden Sie sie in kleine Stücke. Waschen Sie die Petersilie, schütteln Sie sie etwas trocken und schneiden Sie sie in feine Stücke.

2 Erhitzen Sie das Olivenöl in einer Pfanne. Braten Sie darin die Zwiebeln und die Petersilie an. Anschließend stellen Sie die Pfanne beiseite.

3 Trennen Sie die Eier und verquirlen Sie das Eigelb in einer Schüssel. Fügen Sie es der Kartoffelmasse zu. Verrühren Sie die Zutaten miteinander und geben dann die Zwiebeln aus der Pfanne dazu. Schmecken Sie die Masse mit Salz, Pfeffer und Piment ab.

4 Aus dem Eiweiß schlagen Sie einen festen Eischnee. Heben Sie ihn unter die Kartoffelmasse. Fetten Sie eine Auflaufform mit Butterschmalz ein und füllen den Kartoffelbrei hinein.

5 Heizen Sie den Backofen auf 180 °C Umluft vor. Backen Sie den Auflauf auf der mittleren Schiene für etwa 45 Minuten.

LEBLEBI (KICHERERBSENTOPF)

VEGETARISCH

4 Port. 40 Min. Leicht

Zutaten

800 g Kichererbsen aus der Dose
2 Knoblauchzehen
200 g gegrillte Paprika aus dem Glas
2 Zwiebeln
1 EL Olivenöl
500 ml Wasser
1 TL Zitronensaft
1 TL Kreuzkümmel
1 EL Harissa (Rezept in diesem Kochbuch)
etwas Petersilie, nach Wunsch

Nährwerte p. P.

335 kcal
32 g Kohlenhydrate
15 g Fett
11 g Eiweiß

1 Pellen Sie die Zwiebeln und den Knoblauch. Schneiden Sie beides in feine Stücke. Füllen Sie die Kichererbsen zum Abtropfen in ein Sieb und spülen Sie sie kurz ab. Schneiden Sie die Paprika in Würfel.

2 Erhitzen Sie das Olivenöl in einer Pfanne und braten Sie darin die Zwiebeln kurz an. Fügen Sie den Knoblauch und die Kichererbsen dazu und braten Sie alles für etwa 3 Minuten.

3 Anschließend geben Sie die Paprikawürfel, das Harissa und den Kreuzkümmel in die Pfanne und verrühren alle Zutaten miteinander. Füllen Sie das Wasser dazu und köcheln Sie die Speise für etwa 10 Minuten.

4 Zum Servieren schmecken Sie den Eintopf mit dem Zitronensaft ab. Nach Wunsch können Sie ihn mit Petersilie garnieren.

TUNESISCHE KARTOFFELTAJINE

(ÜBERBACKENE KARTOFFELN)

VEGETARISCH

4 Port.

60 Min.

Leicht

Zutaten

8 Kartoffeln
2 EL Öl
2 Zwiebeln, rot
2 Knoblauchzehen
1 Zucchini
200 g Champignons
8 Eier
3 EL Käse, gerieben
2 EL Petersilie
1 Prise Salz
2 - 3 TL Tabil (Gewürzmischung, Rezept in diesem Kochbuch)

Nährwerte p. P.

315 kcal
33 g Kohlenhydrate
12 g Fett
17 g Eiweiß

1 Schälen Sie die Kartoffeln und schneiden Sie sie in grobe Würfel. Pellen Sie die Zwiebeln und den Knoblauch und schneiden Sie beides in kleine Stücke. Waschen Sie die Zucchini und schneiden Sie sie in kleine Würfel. Säubern Sie die Champignons und halbieren Sie sie. Spülen Sie die Petersilie ab und hacken Sie sie in feine Stücke.

2 Vermischen Sie in einer Schüssel die Eier mit dem Käse, der Petersilie, dem Salz und der Gewürzmischung Tabil. Heizen Sie den Backofen auf 180 °C mit Umluftfunktion vor.

3 Erhitzen Sie 2 Esslöffel Öl in einer Pfanne und braten Sie die Kartoffelwürfel knusprig an. Anschließend nehmen Sie sie heraus und füllen Sie sie in eine Auflaufform. Würzen Sie mit etwas Salz.

4 Braten Sie in der gleichen Pfanne die Zwiebeln, den Knoblauch, die Zucchini und die Champignons an. Anschließend verteilen Sie die Zutaten zwischen den Kartoffeln.

5 Gießen Sie die Eiermischung über die Zutaten in der Auflaufform und backen Sie den Auflauf für etwa 30 Minuten.

CHAKCHOUKA (TUNESISCHE EIERSPEISE)

4 Port.

50 Min.

Leicht

Zutaten

4 Eier
4 Knoblauchzehen
2 Paprika, rot
4 EL Olivenöl
4 Tomaten
2 Prisen Kreuzkümmel
1 TL Cayennepfeffer
1 Prise Salz
Harissa, nach Belieben (Rezept in diesem Kochbuch)

Nährwerte p. P.

280 kcal
10 g Kohlenhydrate
22 g Fett
8 g Eiweiß

1 Waschen Sie die Paprika, entfernen Sie die Kerne und schneiden Sie sie in Streifen. Entfernen Sie die Schale vom Knoblauch und schneiden Sie ihn in kleine Stücke. Legen Sie die Tomaten in heißes Wasser, entfernen Sie die Haut und schneiden Sie sie in Würfel.

2 Geben Sie das Öl in eine Pfanne und erhitzen Sie es. Braten Sie den Knoblauch und die Paprika darin an und fügen Sie dann die Tomatenwürfel dazu. Bei niedriger Temperatur köcheln Sie die Zutaten, bis keine Flüssigkeit mehr vorhanden ist. Schmecken Sie mit Salz, Cayennepfeffer und Kreuzkümmel ab.

3 Köcheln Sie nun die Zutaten mit aufgelegtem Deckel für etwa 30 Minuten. Zwischendurch rühren Sie immer wieder um, damit nichts ansetzt. Nach Belieben fügen Sie etwas Harissa hinzu.

4 Bilden Sie 4 Mulden und schlagen Sie die Eier hinein. Braten Sie alles, bis das Ei stockt.

Beilagen

COUSCOUS (GRUNDREZEPT)

4 Port.

30 Min.

Leicht

Zutaten

300 g Couscous
½ l Wasser
1 Prise Salz
Gewürze nach eigenem Geschmack

Nährwerte p. P.

252 kcal
52 g Kohlenhydrate
1 g Fett
7 g Eiweiß

1 Kochen Sie das Wasser in einem Topf kurz auf.

2 Füllen Sie den Couscous in einen anderen Topf. Gießen Sie das heiße Wasser darüber und stellen Sie den Topf zum Quellen für etwa 10 Minuten beiseite.

3 Lockern Sie den Couscous mit einer Gabel etwas auf. Schmecken Sie die Speise mit dem Salz und mit Gewürzen Ihrer Wahl ab.

GEMÜSE-COUSCOUS

4 Port.

30 Min.

Leicht

Zutaten
2 Tassen Couscous
300 g Champignons
200 g Spinat, frisch
500 g passierte Tomaten
400 g Cocktailtomaten
1 Dose Kichererbsen
1 Bund Petersilie
4 Zucchini
1 Zitrone
1 Zwiebel
3 Möhren
1 Chili, rot
2 Knoblauchzehen
3 EL Olivenöl
1 TL Harissa (Rezept in diesem Kochbuch)
1 EL Agavendicksaft
1 TL Gemüsebrühepulver
2 Tassen Wasser, heiß
½ TL Zimt
3 EL Tomatenmark
1 EL Kreuzkümmel
1 TL Kurkuma, gemahlen
1 TL Koriander, gemahlen
1 Prise Salz

Nährwerte p. 100 g

20 kcal
2 g Kohlenhydrate
0 g Fett
2 g Eiweiß

1 Pellen Sie die Zwiebeln und den Knoblauch und hacken Sie beides in kleine Stücke. Säubern Sie die Chilischote und schneiden Sie sie in kleine Stücke. Waschen Sie die Möhren und die Zucchini. Schneiden Sie beides in grobe Würfel.

2 Erhitzen Sie das Olivenöl in einem großen Topf und braten Sie darin die Zwiebeln, den Knoblauch und die Chilischote an. Anschließend geben Sie die Möhren und die Zucchini hinzu. Braten Sie die Zutaten kurz an und füllen dann das Tomatenmark und das Harissa dazu. Schwitzen Sie alles kurz an und geben dann die passierten Tomaten in den Topf. Verrühren Sie alle Zutaten miteinander und legen Sie einen Deckel auf. Köcheln Sie die Speise bei niedriger Temperatur.

3 In der Zwischenzeit säubern Sie die Tomaten, den Spinat und die Pilze. Geben Sie die Kichererbsen zum Abtropfen in ein Sieb. Pressen Sie den Saft aus der Zitrone.

4 Wenn die Möhren gar sind, fügen Sie die gemahlenen Gewürze, den Agavendicksaft und die Tomaten sowie die Pilze hinzu. Würzen Sie die Speise mit etwas Salz und köcheln Sie sie zugedeckt für etwa 5 Minuten.

5 Währenddessen geben Sie die Gemüsebrühe in das heiße Wasser und übergießen den Couscous damit. Mischen Sie die Kichererbsen dazu und stellen Sie die Schüssel zum Quellen beiseite.

6 Nun spülen Sie die Petersilie ab und hacken sie in feine Stücke. Geben Sie den Spinat und die Petersilie in den Topf. Verrühren Sie alles miteinander. Schmecken Sie die Speise mit Salz und Zitronensaft ab.

7 Zum Servieren richten Sie die Gemüsemischung auf einem Teller an und geben eine gewünschte Menge Couscous dazu.

TUNESISCHER GRIESSFLADEN

1 Brot

220 Min.

Mittel

Zutaten

200 g Weichweizengrieß
300 g Mehl (Type 550)
4 EL Mehl (Type 550)
1 Hefewürfel (42 g)
100 ml Milch, warm
1 TL Zucker
1 TL Salz
125 ml Olivenöl
2 EL Honig, flüssig
100 ml Wasser, warm
1 EL Milch
1 Eigelb
5 EL Sesamsamen

Nährwerte p. Brot

3.400 kcal
422 g Kohlenhydrate
152 g Fett
71 g Eiweiß

1 Stellen Sie zunächst einen Vorteig her, indem Sie die Hefe in eine Rührschüssel bröckeln. Geben Sie den Zucker, 100 ml warme Milch und 4 EL Mehl hinzu. Verrühren Sie die Zutaten zu einer glatten Masse und stellen Sie die Schüssel für 10 Minuten beiseite.

2 Währenddessen bereiten Sie den Hauptteig zu. Geben Sie 300 g Mehl mit dem Grieß und dem Salz in eine Rührschüssel und vermischen Sie alles miteinander. Geben Sie nach der Ruhezeit den Vorteig hinzu und mischen ihn grob unter.

3 Verrühren Sie in einer weiteren Schüssel die Hälfte des Wassers mit dem Honig und dem Öl. Füllen Sie diese Mischung zum Teig und verkneten Sie alles mit einem Handrührgerät mit Knethaken zu einer geschmeidigen Masse. Füllen Sie gegebenenfalls etwas Wasser hinzu.

4 Bestreuen Sie eine geeignete Arbeitsfläche mit Mehl. Kneten Sie den Teig sorgfältig mehrere Male von vorn nach hinten und von links nach rechts gut durch. Formen Sie ihn zu einer Kugel und ölen Sie ihn ein. Legen Sie die Teigkugel in eine geölte Schüssel und decken Sie sie ab. Stellen Sie den Teig für etwa 2 Stunden an einen warmen Ort.

5 Fetten Sie ein Backblech ein und heizen Sie den Backofen auf 220 °C mit Ober- und Unterhitze vor. Verrühren Sie in einem Schälchen das Eigelb mit einem Esslöffel Milch.

6 Legen Sie die Teigkugel auf das Blech und drücken Sie sie vorsichtig zu einem Fladen flach. Bestreichen Sie die Oberfläche des Fladens mit der Ei-Milch-Mischung und streuen Sie die Sesamsamen darüber. Stellen Sie das Blech für 30 Minuten zum Ruhen beiseite.

7 Backen Sie den Grießfladen auf der mittleren Schiene für etwa 35 Minuten. Stellen Sie ein hitzebeständiges Gefäß mit Wasser während des Backvorganges in den Ofen.

OMMIK HOURI (TUNESISCHES MÖHRENPÜREE)

4 Port.

75 Min.

Leicht

Zutaten

100 g Fetakäse
500 g Möhren
1 Ei
2 Knoblauchzehen
2 EL Zitronensaft
2 EL Olivenöl
1 EL Kapern
1 TL Kümmel, gemahlen
½ TL Harissa-Gewürzpulver
1 Prise Salz
Oliven, schwarz, nach Belieben

Nährwerte p. P.

192 kcal
8 g Kohlenhydrate
14 g Fett
7 g Eiweiß

1 Säubern Sie die Möhren und schneiden Sie sie in Stücke. Kochen Sie sie, bis sie gar sind. Anschließend geben Sie die Möhrenstücke zum Abtropfen in ein Sieb. Anschließend füllen Sie sie in eine Schüssel und pürieren sie mit einem Pürierstab durch.

2 Geben Sie den Zitronensaft und die Harissa-Gewürzmischung in eine Schüssel und vermischen Sie beides miteinander.

3 Pellen Sie den Knoblauch und pressen Sie ihn in die Zitronensaftmischung. Zerbröseln Sie den Fetakäse und mischen Sie ihn dazu. Nun fügen Sie die Kapern, den Kümmel, das Salz sowie das Olivenöl dazu und vermischen alles miteinander. Geben Sie diese Mischung in das Möhrenpüree und rühren Sie sie sorgfältig darunter.

4 Stellen Sie das Möhrenpüree für 30 Minuten zum Ziehen in den Kühlschrank.

5 Währenddessen kochen Sie das Ei, bis es hart ist. Pellen Sie es ab und schneiden Sie es in Scheiben. Entkernen Sie die Oliven und halbieren Sie sie.

6 Zum Servieren garnieren Sie das Püree mit den Eierscheiben und den Oliven.

Fingerfood & Snacks

BRIK (GEFÜLLTE TEIGTASCHEN)

12 Port.

50 Min.

Leicht

Zutaten

50 g Gouda, gerieben
250 g Kartoffeln
3 Stiele Petersilie
12 Blätter Filoteig
50 g Frischkäse
1 Zwiebel
3 TL Kapern
1 Dose Thunfisch
1 Prise Salz
1 Prise Pfeffer
Öl zum Frittieren

Nährwerte p. P.

536 kcal
62 g Kohlenhydrate
22 g Fett
21 g Eiweiß

1 Schälen Sie die Kartoffeln und kochen Sie sie in Salzwasser, bis sie gar sind.

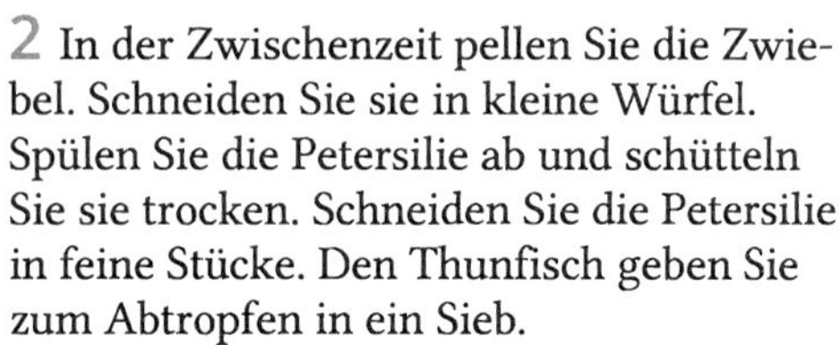

2 In der Zwischenzeit pellen Sie die Zwiebel. Schneiden Sie sie in kleine Würfel. Spülen Sie die Petersilie ab und schütteln Sie sie trocken. Schneiden Sie die Petersilie in feine Stücke. Den Thunfisch geben Sie zum Abtropfen in ein Sieb.

3 Füllen Sie den geriebenen Käse, den Frischkäse, die Petersilie, die Zwiebeln, den Thunfisch und die Kapern in eine Schüssel. Vermischen Sie alles miteinander.

4 Gießen Sie die Kartoffeln ab und zerdrücken Sie sie mit einem Stampfer. Geben Sie das Püree in die Schüssel mit der Käsemasse und verrühren Sie alles miteinander. Schmecken Sie die Füllung mit Salz und Pfeffer ab.

5 Füllen Sie nun immer 2 Esslöffel der Füllung auf ein Blatt Filoteig, formen Sie es zu einem Dreieck und drücken Sie die Ränder sorgfältig fest. Fahren Sie fort, bis der Teig und die Füllung aufgebraucht sind.

6 Anschließend erhitzen Sie eine gute Menge Öl zum Frittieren in einem Topf. Frittieren Sie darin die Teigtaschen, bis auf beiden Seiten eine goldbraune Farbe entsteht. Wenden Sie sie zwischendurch. Zum Entfetten legen Sie die Teigtaschen auf ein Stück Küchenpapier.

PETIT FOUR BIL LOUZ (TUNESISCHE KEKSE)

25 Port.

30 Min.

Leicht

Zutaten

150 g Puderzucker
200 g Mehl
150 g Butter, weich
120 g Mandeln, gemahlen
1 Ei

Nährwerte p. P.

128 kcal
12 g Kohlenhydrate
8 g Fett
2 g Eiweiß

1 Heizen Sie den Backofen auf 200 °C mit Umluftfunktion vor. Belegen Sie ein Blech mit Backpapier.

2 Geben Sie das Ei, den Puderzucker und die Butter in eine Rührschüssel und verarbeiten Sie die Zutaten zu einer cremigen Masse.

3 Fügen Sie das Mehl und die Mandeln hinzu und vermischen Sie alles zu einem geschmeidigen Teig. Teilen Sie den Teig in etwa 25 gleich große Stücke. Sie können dafür Esslöffel oder einen Eisportionierer verwenden. Formen Sie aus den Teigstücken Kugeln und platzieren Sie sie auf das Backblech.

4 Backen Sie die Kekse für etwa 10 Minuten im Backofen, bis sie eine hellbraune Farbe angenommen haben. Stellen Sie sie zum Abkühlen beiseite.

TUNESISCHE THUNFISCHRÖLLCHEN

 4 Port.

 45 Min.

 Leicht

Zutaten

8 Blätter Filoteig
1 Dose Thunfisch in Öl
300 ml Sonnenblumenöl
2 EL Olivenöl
2 Zwiebeln, rot
1 Eiweiß
4 Eier
1 Zitrone
½ Bund Koriander
1 Prise Pfeffer
1 Prise Salz

Nährwerte p. P.

770 kcal
3 g Kohlenhydrate
81 g Fett
6 g Eiweiß

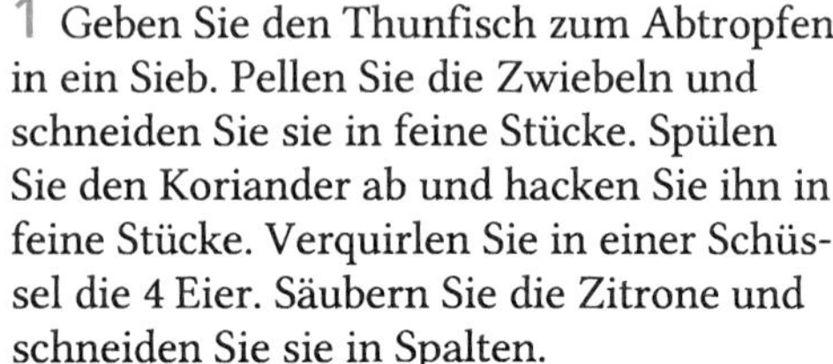

1 Geben Sie den Thunfisch zum Abtropfen in ein Sieb. Pellen Sie die Zwiebeln und schneiden Sie sie in feine Stücke. Spülen Sie den Koriander ab und hacken Sie ihn in feine Stücke. Verquirlen Sie in einer Schüssel die 4 Eier. Säubern Sie die Zitrone und schneiden Sie sie in Spalten.

2 Erhitzen Sie das Olivenöl in einer Pfanne und dünsten Sie darin bei mäßiger Temperatur die Zwiebeln und den Koriander für etwa 5 Minuten. Nehmen Sie die Pfanne von der Kochstelle und füllen Sie den Thunfisch und die verquirlten Eier hinzu. Verrühren Sie alle Zutaten, bis eine glatte Masse entsteht. Würzen Sie sie mit Salz und Pfeffer.

3 Breiten Sie jeweils 2 Filoteigblätter übereinander aus und drücken Sie sie etwas zusammen. Sie erhalten dann 4 Teigstücke, die Sie mit der Thunfischpaste belegen. Rollen Sie die Teigblätter länglich auf. Anschließend schneiden Sie sie in eine Länge nach Ihrem Wunsch und verschließen dann die Enden mit dem Eiweiß.

4 Gießen Sie das Sonnenblumenöl in einen geeigneten Topf und erhitzen Sie es. Frittieren Sie die Thunfischröllchen darin, bis sie eine goldbraune Farbe angenommen haben.

5 Zum Servieren garnieren Sie die Thunfischröllchen mit den Zitronenspalten.

WUTHAN AL GATI (TUNESISCHES GEBÄCK)

1 Port.

90 Min.

Leicht

Zutaten

Teig:

50 g Speisestärke
250 g Mehl
2 EL Öl
½ Pck. Backpulver
4 Eier
1 Prise Salz
Öl zum Frittieren

Sirup:

2 EL Zitronensaft
½ l Wasser
450 g Zucker

Nährwerte p. P.

3.288 kcal
677 g Kohlenhydrate
43 g Fett
44 g Eiweiß

1 Geben Sie alle Zutaten für den Teig in eine Rührschüssel. Kneten Sie alles zu einem geschmeidigen Teig zusammen. Stellen Sie die Schüssel für etwa 30 Minuten beiseite.

2 Teilen Sie den Teig in kleine Portionen und rollen Sie ihn so dünn wie möglich aus. Anschließend schneiden Sie ihn in Streifen.

3 Erhitzen Sie das Öl in einem Topf. Wickeln Sie einen Teigstreifen um eine Gabel und tauchen Sie ihn in das Öl. Wird der Teig fest, ziehen Sie die Gabel heraus und frittieren das Gebäck, bis es eine goldbraune Farbe angenommen hat. Verfahren Sie weiter, bis der Teig aufgebraucht ist.

4 Geben Sie für den Sirup das Wasser und den Zucker in einen Topf. Kochen Sie das Zuckerwasser einmal auf und fügen dann den Zitronensaft hinzu. Nehmen Sie den Topf von der Kochstelle.

5 Legen Sie das frittierte Gebäck in den Sirup. Dieses darf sich gerne etwas länger darin aufhalten, damit es später nicht zu trocken ist.

ZRIR (TUNESISCHE LECKEREI / ZUTAT ZUM BACKEN)

1 Port.

45 Min.

Leicht

Zutaten

200 g Mandeln, gemahlen
100 g Haselnüsse, gemahlen
400 g Sesam, geröstet, gemahlen
90 g Butter
200 g Zucker
Honig, nach Belieben
etwas Wasser

Nährwerte p. 100 g

576 kcal
28 g Kohlenhydrate
44 g Fett
14 g Eiweiß

1 Geben Sie alle Zutaten in einen Topf und vermischen Sie sie miteinander. Geben Sie etwas Wasser hinzu und köcheln Sie die Speise für etwa 30 Minuten bei niedriger Temperatur. Rühren Sie zwischendurch um.

2 Sie können diese Leckerei auch ungekocht genießen und zum Bestreuen für Pudding oder als Füllung für einen Kuchen verwenden. In gekochtem Zustand erhält die Speise eine cremige Konsistenz.

Tipp: Dieses Rezept ist verkleinert. Im Original wird 1 kg Sesam, 250 g Haselnüsse, 500 g Mandeln, 200 g Butter, 500 g Zucker und Honig nach Belieben verwendet.

BAMBALOUNI (TUNESISCHE HEFEKRINGEL)

1 Port.

150 Min.

Leicht

Zutaten

500 g Mehl
1 Pck. Trockenhefe
3 EL Olivenöl
50 g Zucker (nach Belieben auch weniger)
1 TL Salz
1 Ei
140 ml Wasser, lauwarm
Frittierfett
Zucker und/oder Honig

Nährwerte p. 100 g

367 kcal
62 g Kohlenhydrate
9 g Fett
9 g Eiweiß

1 Geben Sie alle trockenen Zutaten in eine Rührschüssel. Vermischen Sie alles miteinander. Fügen Sie dann nach und nach das Wasser hinzu und anschließend das Ei und das Olivenöl. Kneten Sie einen geschmeidigen Teig daraus. Stellen Sie die Schüssel abgedeckt für 2 Stunden an einen warmen Ort.

2 Zum Formen bemehlen Sie Ihre Hände oder benetzen sie mit Wasser. Formen Sie aus dem Teig kleine Kugeln. In der Mitte bilden Sie ein Loch, sodass Kringel entstehen.

3 Erhitzen Sie das Frittierfett oder geeignetes Öl in einem ausreichend großen Topf.

4 Backen Sie die Hefekringel im heißen Fett aus. Der Teig ist schnell gar, sie sollten nicht zu dunkel werden.

5 Nach dem Backen wälzen Sie die Hefekringel in Zucker oder träufeln flüssigen Honig darüber.

FRICASSÉ (TUNESISCHE GEFÜLLTE BRÖTCHEN)

 4 Port.
 120 Min.
Mittel

Zutaten

Teig:

280 ml Wasser, lauwarm
500 g Dinkelmehl
1 Ei
1 Pck. Trockenhefe
1 EL Kokosblütenzucker
1 TL Salz
4 EL Olivenöl
Öl zum Frittieren

Füllung:

1 Dose Thunfisch
2 Eier
2 Kartoffeln
1 TL Harissa
einige Oliven
etwas Petersilie

Nährwerte p. P.

524 kcal
97 g Kohlenhydrate
6 g Fett
18 g Eiweiß

1 Füllen Sie das Wasser in eine Rührschüssel und geben Sie die Trockenhefe und den Kokosblütenzucker hinein. Rühren Sie einmal um und stellen Sie die Schüssel für 5 Minuten beiseite.

2 Anschließend fügen Sie das Ei und das Olivenöl dazu und vermischen alles miteinander. Nun geben Sie die Hälfte des Mehls in die Schüssel und verrühren alles für 10 Minuten. Geben Sie dann das restliche Mehl und das Salz hinzu und vermischen alle Zutaten für weitere 10 Minuten.

3 Decken Sie die Schüssel ab und stellen Sie sie für 1 Stunde an einen warmen Ort.

4 In der Zwischenzeit kochen Sie die Kartoffeln und die Eier. Schneiden Sie anschließend die Kartoffeln und die Eier in sehr kleine Stücke.

5 Spülen Sie die Petersilie ab und hacken Sie sie in feine Stücke. Geben Sie den Thunfisch zum Abtropfen in ein Sieb. Schneiden Sie die Oliven in dünne Scheiben.

6 Geben Sie den Thunfisch, das Harissa, die Kartoffeln, die Eier, die Petersilie und die Oliven in eine Schüssel und mischen Sie alles gut durch.

7 Formen Sie 4 gleich große „Brötchen" aus dem Teig. Stellen Sie sie für weitere 20 Minuten beiseite.

8 Währenddessen erhitzen Sie das Öl in einem ausreichend großen Topf. Frittieren Sie die Brötchen unter Wenden, bis sie eine goldbraune Farbe angenommen haben. Stellen Sie sie zum Abkühlen beiseite.

9 Zum Servieren schneiden Sie die Brötchen einmal auf und geben die Füllung hinein.

TUNESISCHE MANDELSCHNECKEN

32 Port.

120 Min.

Mittel

Zutaten

Teig:

125 ml Milch, lauwarm
½ Würfel Hefe
400 g Mehl, Type 550
40 g Zucker
50 g Butter
1 Pck. Vanillezucker
½ Zitrone, die abgeriebene Schale
1 Ei
1 Prise Salz

Füllung:

100 g Butter, weich
100 g Mandeln, gehackt
50 g Pistazien, gehackt
100 g Marzipanrohmasse
2 EL Zucker, braun
2 EL Rosinen
1 Ei

1 Eigelb
1 EL Milch

Nährwerte p. P.

145 kcal
15 g Kohlenhydrate
8 g Fett
3 g Eiweiß

1 Geben Sie das Mehl in eine Rührschüssel. Bilden Sie in der Mitte eine Mulde und bröckeln Sie die Hefe hinein. Fügen Sie dann die Milch, den Zucker, die Butter, den Vanillezucker, die abgeriebene Schale einer halben Zitrone, das Ei und eine Prise Salz hinzu. Stellen Sie mit einem Handrührgerät mit Knethaken anfangs langsam, später auf höchster Stufe einen glatten Teig her.

2 Stellen Sie die Schüssel für 15 Minuten beiseite.

3 Währenddessen bereiten Sie die Füllung zu, indem Sie alle Zutaten in eine Schüssel füllen und miteinander vermischen.

4 Anschließend kneten Sie den Teig noch einmal durch. Halbieren Sie ihn und rollen Sie jedes Teigstück auf einer bemehlten Arbeitsfläche aus. Sie sollen in etwa eine Größe von 20 x 35 cm bekommen.

5 Verteilen Sie die Füllung auf beide Teigstücke. Lassen Sie an je einer langen Seite einen Freiraum von etwa 1,5 Zentimetern.

6 Verquirlen Sie das Eigelb mit einem Esslöffel Milch und streichen Sie damit die frei gelassenen Teigränder ein.

7 Nun rollen Sie die Teigstücke mit der langen belegten Seite anfangend auf. Die mit Ei bestrichene Fläche dient zum „Zukleben", damit die Rolle nicht auseinanderfällt.

8 Schneiden Sie nun etwa 2 Zentimeter breite Scheiben von den Teigrollen ab.

9 Setzen Sie die Teigscheiben mit der flachen Seite nach unten auf ein mit Backpapier belegtes Blech. Decken Sie das Blech ab und stellen Sie es für etwa 20 Minuten beiseite.

10 In der Zwischenzeit heizen Sie den Backofen auf 180 °C mit Umluftfunktion vor. Backen Sie das Gebäck für etwa 20 bis 25 Minuten auf der mittleren Schiene.

GEFÜLLTE DATTELN

12 Port.

30 Min.

Leicht

Zutaten

100 g Mandeln, gemahlen
12 große Datteln
1 Orange, unbehandelt
1 EL Honig
Kakaopulver, nach Belieben
1 Msp. Vanillepulver (Getränkepulver)

Nährwerte p. P.

87 kcal
8 g Kohlenhydrate
5 g Fett
2 g Eiweiß

1 Säubern Sie die Orange gründlich und reiben Sie die Schale mit einer feinen Raspel ab. Schneiden Sie die Datteln in der Länge auf (nicht durchschneiden) und entfernen Sie den Kern.

2 Geben Sie die Orangenschale in eine Schüssel und vermischen Sie sie mit den Mandeln, dem Honig und dem Vanillepulver.

3 Füllen Sie diese Mischung in die aufgeschnittenen Datteln. Nach Belieben streuen Sie etwas Kakaopulver darüber.

Desserts

ASSIDA BIDHA TUNISIENNE

(TUNESISCHE SÜẞSPEISE)

2 Port. 20 Min. Leicht

Zutaten

25 ml Honig
50 g Mehl
100 ml Wasser
etwas weiche Butter
Mandeln, gehobelt, nach Wunsch

Nährwerte p. P.

296 kcal
30 g Kohlenhydrate
17 g Fett
6 g Eiweiß

1 Geben Sie das Wasser und das Mehl in einen Topf und vermischen Sie es miteinander. Erhitzen Sie die Mehlmischung unter Rühren, bis sie eindickt.

2 Geben Sie den Honig in einen zweiten Topf und erhitzen Sie ihn vorsichtig.

3 Pinseln Sie einen Teller mit der weichen Butter ein und füllen Sie darauf die Mehlmischung. Streichen Sie sie mit einem Messer zu einer runden Form und bilden Sie in der Mitte ein Loch. Geben Sie dort hinein den warmen Honig.

4 Zum Servieren garnieren Sie die Speise nach Belieben mit den Mandelblättern.

TUNESISCHE DATTELTORTE

12 Stk.

60 Min.

Leicht

Zutaten

12 Datteln
250 g Datteln
100 g Nüsse, gehackt (alternativ Mandeln, gehackt)
100 g Haselnüsse, gemahlen
60 g Butter, flüssig
80 g Zucker
1 EL Honig
4 Eier
30 g Speisestärke
1 Pck. Vanillezucker
1 EL Zitronensaft
200 g Puderzucker
1 EL Orangenblütenwasser (alternativ Orangensaft)

Nährwerte p. P.

356 kcal
47 g Kohlenhydrate
15 g Fett
6 g Eiweiß

1 Heizen Sie den Backofen auf 220 °C Ober- und Unterhitze vor und fetten Sie eine Springform ein.

2 Schneiden Sie 250 g Datteln in kleine Stücke und füllen Sie sie in eine Rührschüssel. Geben Sie die gehackten Nüsse oder Mandeln sowie die gemahlenen Haselnüsse dazu und vermischen Sie alles miteinander. Anschließend rühren Sie den Honig, den Zucker und die flüssige Butter darunter.

3 Trennen Sie die Eier und geben Sie das Eiweiß in eine weitere Schüssel. Schlagen Sie es zu einem steifen Schnee. Vermischen Sie das Eigelb mit dem Orangenblütenwasser und dem Vanillezucker und heben Sie es mit der Speisestärke unter die Dattelmischung. Das Eiweiß schlagen Sie zu einem steifen Schnee und heben es ebenfalls und die Dattelmischung.

4 Füllen Sie den Teig in die Springform und backen Sie ihn im Backofen für etwa 20 Minuten. Reduzieren Sie anschließend die Temperatur auf 180 °C. Backen Sie den Kuchen für weitere 5 bis 10 Minuten. Achten Sie darauf, dass die Oberfläche nicht zu dunkel wird.

5 Nach der Backzeit nehmen Sie den Kuchen aus dem Ofen und lösen ihn aus der Form. Stellen Sie ihn zum Abkühlen beiseite.

6 Währenddessen bereiten Sie aus dem Puderzucker und dem Zitronensaft die Glasur zu. Sollte sie zu fest werden, mischen Sie etwas mehr Flüssigkeit darunter.

7 Verteilen Sie die Glasur auf dem Kuchen. Halbieren Sie 12 Datteln und verteilen Sie sie auf der flüssigen Glasur.

BOUZA „DROO" (TUNESISCHE SÜSSSPEISE)

4 Stk.

30 Min.

Leicht

Zutaten

350 g Droo-Pulver
300 g Zucker
1,5 l Milch
250 g Sesam

Nährwerte p. P.

676 kcal
82 g Kohlenhydrate
31 g Fett
13 g Eiweiß

1 Geben Sie den Sesam, das Droo-Pulver und den Zucker in einen Topf.

2 Rühren Sie nach und nach die Milch hinein.

3 Erhitzen Sie die Masse bei mittlerer Temperatur, bis sie aufkocht. Rühren Sie ständig, aber langsam um. Es soll eine zähe Creme daraus werden.

4 Zum Servieren füllen Sie die Creme in Schälchen und dekorieren sie nach Belieben.

Tipp: Diese Speise ist sehr sättigend. Sie können der Creme Obst und/oder Orangenblütenwasser zufügen.

MESFOUF (SÜẞER COUSCOUS)

2 Port.

30 Min.

Leicht

Zutaten

500 g Couscous
500 ml Wasser, heiß
100 g Weintrauben, kernlos
200 g Rosinen
200 g Feigen, getrocknet
200 g Mandeln
200 g Datteln
100 g Pistazien
100 g Pinienkerne
100 g Zimtzucker
3 EL Kokosöl
etwas Orangenblütenwasser (alternativ Orangensaft)
1 Prise Salz

Nährwerte p. P.

3.119 kcal
402 g Kohlenhydrate
120 g Fett
80 g Eiweiß

1 Geben Sie den Couscous in eine hitzebeständige Schüssel und gießen Sie das heiße Wasser darüber. Mischen Sie das Salz darunter und decken Sie die Schüssel ab. Stellen Sie sie zum Ziehen beiseite. Wenn das Wasser komplett aufgesogen wurde, lockern Sie den Couscous mit einer Gabel auf.

2 In der Zwischenzeit halbieren Sie die Datteln und schneiden Sie die Feigen in Viertel. Geben Sie die Feigen mit den Rosinen in eine Schüssel und weichen Sie beides für kurze Zeit in Wasser ein.

3 Erhitzen Sie eine Pfanne ohne Fettzugabe und rösten Sie darin die Mandeln, die Pistazien und die Pinienkerne vorsichtig an. Anschließend füllen Sie die Kerne in eine Schüssel und vermischen sie mit den halbierten Datteln.

4 Gießen Sie die eingeweichten Trockenfrüchte ab und mischen Sie sie in die Dattelmischung. Rühren Sie das Kokosöl darunter. Anschließend geben Sie alles zum Couscous und mischen die Zutaten gut durch.

5 Zum Schluss fügen Sie das Orangenblütenwasser, den Zimtzucker und die Weintrauben dazu und verrühren alles miteinander.

TUNESISCHE FEIGENSÄCKCHEN

 6 Port.

 45 Min.

 Leicht

Zutaten

400 g Feigen
6 Blätter Filoteig
150 g Butter
250 g Mandeln
150 g Zucker, braun
1 ½ TL Zimt

Soße:

90 g Zucker
500 ml Milch
6 Eigelbe
1 Vanilleschote

Nährwerte p. P.

845 kcal
69 g Kohlenhydrate
54 g Fett
20 g Eiweiß

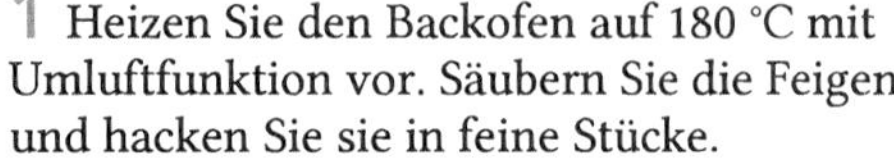

1 Heizen Sie den Backofen auf 180 °C mit Umluftfunktion vor. Säubern Sie die Feigen und hacken Sie sie in feine Stücke.

2 Geben Sie 100 g Butter in einen Topf. Schmelzen Sie sie bei mittlerer Temperatur und geben Sie dann den Zucker dazu. Karamellisieren Sie die Masse unter Rühren.

3 Anschließend geben Sie die Feigenstücke, die Mandeln und 1 Teelöffel Zimt dazu und garen alles für etwa 3 Minuten. Stellen Sie den Topf zum Abkühlen beiseite.

4 Schneiden Sie jedes Filoteigblatt in 4 gleich große Dreiecke. Geben Sie auf jedes Dreieck 1 Esslöffel der Feigenfüllung. Ziehen Sie die Enden des Dreieckes nach oben und schließen Sie es mit einem Zahnstocher.

5 Schmelzen Sie die restliche Butter und bestreichen Sie damit die Feigensäckchen. Setzen Sie alle Säckchen auf ein mit Backpapier ausgelegtes Blech und backen Sie sie für etwa 6 Minuten, bis sie knusprig werden.

6 In der Zwischenzeit bereiten Sie die Soße zu, indem Sie die Milch in einen Topf gießen und die Vanilleschote dazugeben. Kochen Sie die Milch einmal auf. Währenddessen schlagen Sie die Eigelbe mit dem Zucker in einer Schüssel zu einer schaumigen Masse. Geben Sie die Eigelbmischung langsam in die nicht mehr kochende Milch. Rühren Sie bei niedriger Temperatur so lange weiter, bis eine dickliche Soße entsteht. Anschließend holen Sie die Vanilleschote heraus.

7 Zum Servieren geben Sie die Feigensäckchen auf einen Teller und füllen die Vanillesoße dazu.

KABER ELOUZ (TUNESISCHE SÜßIGKEIT)

1 Port.

60 Min.

Mittel

Zutaten

100 ml Wasser
300 g Mandeln, gemahlen
1 Pck. Vanillezucker
150 g Zucker
etwas Rosenblütenwasser
Lebensmittelfarbe, rot und grün
etwas Zucker, ganz fein

Nährwerte p. P.

2.499 kcal
175 g Kohlenhydrate
164 g Fett
64 g Eiweiß

1 Füllen Sie das Wasser mit dem Vanillezucker und dem Zucker in einen Topf und kochen Sie die Flüssigkeit einmal auf. Anschließend köcheln Sie das Zuckerwasser unter gelegentlichem Rühren für 10 Minuten bei niedriger Temperatur.

2 Geben Sie die Mandeln in eine Schüssel. Fügen Sie dem Zuckerwasser etwas Rosenwasser hinzu und gießen Sie es über die Mandeln. Vermischen Sie alles gut miteinander zu einem festen Teig.

3 Teilen Sie den Teig in 3 Teile. Färben Sie mit der Lebensmittelfarbe einen Teil rot und einen Teil grün ein. Der 3. Teil bleibt ungefärbt.

4 Nun rollen Sie alle Teigteile zu einer langen Schlange aus. Flechten Sie die Teigschlangen zu einem Zopf und schneiden Sie etwa 1 Zentimeter lange Stücke ab. Formen Sie jedes einzelne Stück mit den Händen zu einer Kugel.

5 Geben Sie etwas feinen Zucker auf einen Teller und wälzen Sie die Kugeln darin.

Getränke

CITRONADE TUNISIENNE

(TUNESISCHES ZITRONENGETRÄNK)

1,5 l

60 Min.

Leicht

Zutaten

1 kg Zitronen, unbehandelt
300 g Zucker
1,5 l Wasser
2 Pck. Vanillezucker

Nährwerte p. Rezept

1498 kcal
349 g Kohlenhydrate
5 g Fett
8 g Eiweiß

1 Waschen Sie die Zitronen gründlich ab und entfernen Sie die Endstücke. Schneiden Sie die Zitronen in Viertel. Entfernen Sie die Kerne und schneiden Sie anschließend die Spalten in Scheiben.

2 Geben Sie die Zitronenscheiben in einen Topf. Füllen Sie den Vanillezucker und den Zucker obenauf und stellen Sie ihn zum Ziehen für 15 Minuten beiseite.

3 Nun erhitzen Sie die Zitronen, bis der Saft zu köcheln anfängt. Gießen Sie 1 Liter Wasser in den Topf und köcheln Sie die Zitronenmischung für etwa 20 Minuten, bis die Schale weich wird.

4 Anschließend pürieren Sie mit einem Pürierstab alle Zutaten zu einer glatten Masse. Streichen Sie den Brei durch ein Küchensieb und geben Sie ihn dann wieder in den Topf.

5 Füllen Sie nach und nach den Rest des Wassers dazu, bis ein dicklicher Sirup entsteht. Schmecken Sie den Sirup nach Bedarf noch einmal mit Zucker ab.

6 Füllen Sie den noch heißen Sirup in verschließbare Gefäße um. Zum Servieren füllen Sie eine beliebige Menge Sirup in ein Glas und geben kaltes Wasser dazu.

Soßen, Aufstriche, Cremes & Dips

CURRY-DATTEL-DIP (TUNESISCHER FRISCHKÄSEDIP)

4 Port. 20 Min. Leicht

Zutaten

300 g Frischkäse
2 Knoblauchzehen
200 g Crème fraîche
150 g frische Datteln
2 TL Currypulver
½ TL Pfeffer
1 TL Paprikapulver, scharf

Nährwerte p. P.

465 kcal
30 g Kohlenhydrate
34 g Fett
8 g Eiweiß

1 Entfernen Sie die Schale vom Knoblauch. Pressen Sie ihn in eine Schüssel. Anschließend zerteilen Sie die Datteln in kleine Stücke.

2 Füllen Sie die Crème fraîche und den Frischkäse in die Schüssel und vermengen Sie alles mit dem Knoblauch.

3 Schmecken Sie die Creme mit Curry, Paprika und Pfeffer ab und mischen dann die Datteln dazu.

Tipp: Statt Datteln können Sie auch Dattelsirup verwenden.

CHAMIYA (TUNESISCHER BROTAUFSTRICH)

1 Port. 15 Min. Leicht

Geben Sie alle Zutaten in eine Schüssel und mixen Sie sie mit dem Handrührgerät zusammen.

Zutaten

1 Tasse Magermilchpulver (alternativ Kaffeeweißer)
1 Tasse Puderzucker
1 Tasse Tahin (Rezept in diesem Kochbuch)

Nährwerte p. P.

1.677 kcal
161 g Kohlenhydrate
83 g Fett
72 g Eiweiß

Tipp: Sie können diese Speise mit verschiedenen Nüssen ergänzen.

TAHIN (SESAMPASTE)

1 Port.

15 Min.

Leicht

Zutaten

3 EL Öl, geschmacksneutral
150 g Sesam, geschält
1 Prise Salz

Nährwerte p. P.

1.172 kcal
17 g Kohlenhydrate
105 g Fett
31 g Eiweiß

1 Erhitzen Sie eine Pfanne ohne Fettzugabe. Rösten Sie darin bei mittlerer Temperatur die Sesamkörner an. Rühren Sie zwischendurch um, denn der Sesam brennt leicht an. Anschließend stellen Sie die Pfanne zum Abkühlen beiseite.

2 Geben Sie den Sesam in einen leistungsfähigen Multizerkleinerer. Zerkleinern Sie die Körner, bis sie eine grobe Konsistenz bekommen haben.

3 Nun geben Sie nach und nach das Öl hinzu. Mixen Sie die Masse immer wieder gut durch. Es soll eine glatte Creme entstehen.

4 Zum Schluss würzen Sie das Tahin mit Salz nach Ihrem Geschmack.

Tipp: In einem gut verschließbaren Gefäß können Sie die Speise etwa für 4 Wochen im Kühlschrank lagern.

TUNESISCHES DRESSING

1 Port.

15 Min.

Leicht

Zutaten

1 Knoblauchzehe
1 Orange
1 Zwiebel, rot
1 TL Harissa (Rezept in diesem Kochbuch)
1 Bund Koriandergrün
1 EL Erdnussöl

Nährwerte p. P.

191 kcal
19 g Kohlenhydrate
10 g Fett
3 g Eiweiß

1 Pellen Sie den Knoblauch und schneiden Sie ihn in feine Stücke. Entfernen Sie die Schale der Zwiebel und schneiden Sie sie in kleine Stücke. Spülen Sie das Koriandergrün ab, schütteln Sie es trocken und hacken Sie es in feine Stücke. Waschen Sie die Orange und raspeln Sie die Schale ab. Anschließend pressen Sie den Saft aus der Frucht und fangen ihn auf.

2 Geben Sie das Harissa, die Zwiebel, den Knoblauch, den Koriander, die Orangenschale und den Orangensaft sowie das Erdnussöl in eine Schale und vermischen Sie alles gut miteinander.

Tipp: Dieses Dressing passt zu jedem Salat.

Tunesische Gewürzmischungen

HARISSA (TUNESISCHE CHILIPASTE)

20 Port.

80 Min.

Leicht

Zutaten

50 g große Chilischoten, getrocknet
5 Knoblauchzehen
1 TL Paprikapulver
1 EL Tomatenmark
1 EL Zitronensaft
50 g Olivenöl
½ TL Salz
½ TL Kreuzkümmelsamen
½ EL Weißweinessig
½ TL Kümmelsamen
½ TL Koriandersamen

Nährwerte p. P.

26 kcal
1 g Kohlenhydrate
3 g Fett
1 g Eiweiß

1 Übergießen Sie die Chilischoten mit heißem Wasser und stellen Sie sie abgedeckt für 1 Stunde beiseite.

2 Erhitzen Sie eine Pfanne ohne Fettzugabe und rösten Sie darin den Kümmel, den Koriander und den Kreuzkümmel an. Anschließend zermahlen Sie die Gewürze in einem Mörser.

3 Entfernen Sie die Schale vom Knoblauch und geben Sie ihn in eine Schüssel. Entfernen Sie die Kerne der Chilischoten und geben Sie sie zum Knoblauch. Pürieren Sie alles mit einem Pürierstab.

4 Mischen Sie den Chilibrei und die gerösteten Gewürze zusammen. Fügen Sie das Olivenöl, das Salz, das Paprikapulver, den Zitronensaft, den Weißweinessig und das Tomatenmark dazu und vermischen Sie alles miteinander. Füllen Sie die entstandene Chilipaste in ein gut verschließbares Glas mit 200 ml Volumen. Das Rezept ergibt eine Menge von etwa 190 g. Lagern Sie das Harissa im Kühlschrank, es ist etwa 2 Wochen haltbar.

RAS EL HANOUT

(TUNESISCHE GEWÜRZMISCHUNG)

200 g

30 Min.

Leicht

Zutaten

2 ½ TL Pfefferkörner, schwarz
1 TL Chili, geschrotet
2 TL Gewürznelken, gemahlen
1 EL Ingwer, gemahlen
3 EL Koriandersamen
1 EL Zimt, gemahlen
2 EL Kreuzkümmel
1 EL Paprikapulver, edelsüß
2 EL Kardamomsamen
1 EL Kurkuma

1 Erhitzen Sie eine Pfanne ohne Fettzugabe.

2 Rösten Sie darin den Kreuzkümmel, den Koriander, den Kardamom und die Pfefferkörner getrennt voneinander an.

3 Geben Sie die gerösteten Gewürze in einen Mörser und zermahlen Sie sie.

4 Vermischen Sie die gemahlenen Gewürze mit den übrigen Zutaten. Füllen Sie alles in einen gut verschließbaren Behälter.

TABIL, REZEPT 1

(TUNESISCHE GEWÜRZMISCHUNG)

 2 EL
 15 Min.
 Leicht

Zutaten

⅛ TL Currypulver
1 EL Koriander
⅛ TL Cayennepfeffer
1 TL Kümmel
¼ TL Knoblauch, gemahlen

1 Geben Sie den Kümmel und den Koriander in einen Mörser und zerstoßen Sie ihn zu einem feinen Pulver.

2 Mischen Sie das gemahlene Gewürz mit den anderen Zutaten und füllen Sie es in ein gut verschließbares Glas. Es ist bis zu 3 Monaten haltbar.

TABIL, REZEPT 2

(TUNESISCHE GEWÜRZMISCHUNG)

3 – 4 EL

10 Min..

Leicht

Zutaten

½ TL Pfeffer, schwarz, gemahlen
2 EL Koriandersamen, gemahlen
¼ TL Kreuzkümmel, gemahlen
2 TL Kümmelkörner, gemahlen
¼ TL Anissamen, zerstoßen
¼ TL Knoblauch, gemahlen
¼ TL Fenchel, zerstoßen
½ TL Cayennepfeffer

1 Vermischen Sie in einem Gefäß alle Zutaten miteinander.

2 Füllen Sie das Gewürz in ein gut verschließbares Glas, es ist einige Wochen haltbar.

TABIL, REZEPT 3

(TUNESISCHE GEWÜRZMISCHUNG)

Ca. 2 EL

10 Min..

Leicht

Zutaten

1 TL Chili, getrocknet und zerstoßen
1 EL Koriandersamen
2 Knoblauchzehen
1 ½ TL Kümmelsamen

1 Heizen Sie den Backofen auf 100 °C mit Umluftfunktion vor.

2 In der Zwischenzeit zerkleinern Sie alle Gewürze in einem Mörser.

3 Verteilen Sie die Gewürzmischung auf einem Blech und trocknen Sie sie im Backofen für etwa 30 Minuten.

4 Anschließend geben Sie es wieder in den Mörser und zerstoßen alles zu einem feinen Pulver.

5 Füllen Sie die Gewürzmischung in ein gut verschließbares Glas. Es ist bis zu 4 Monaten haltbar.

COUSCOUS-GEWÜRZMISCHUNG

60 g

10 Min..

Leicht

Zutaten

1 TL Cayennepfeffer
1 TL Zimt
1 TL Kardamom
2 TL Kurkuma
1 TL Nelken
2 TL Koriander
2 TL Muskatnuss
3 EL Kreuzkümmel

1 Nehmen Sie für diese Gewürzmischung gemahlene Gewürze.

2 Geben Sie alle Gewürze in eine Schüssel und vermischen Sie sie gründlich miteinander.

3 Füllen Sie die Couscous-Gewürzmischung in ein gut verschließbares Glas. Sie können mit dieser Menge mehrmals entweder Ihren Couscous oder Ihr Gemüse würzen. In einem hübschen Glas abgefüllt, eignet es sich auch als Mitbringsel.

Vorwort

Dieses Buch wendet sich vor allem an Referendarinnen und Referendare. Es ist perspektivisch auf den zivilrechtlichen Teil des Zweiten Staatsexamens ausgerichtet, dort in erster Linie auf die Klausuren.

Am Anfang des Referendariats gibt es typische Schwierigkeiten mit der Umstellung auf die neuen Methoden und Ausbildungsinhalte. Es werden Anforderungen gestellt, die im Studium und im Ersten Examen nie eine Rolle gespielt hatten.

Vieles muss von Grund auf erlernt werden.

Plötzlich gibt es unterschiedliche Sachverhaltsdarstellungen. Tatsachenvortrag muss sauber von Rechtsansichten unterschieden werden. Streitige und unstreitige Tatsachen sind als solche herauszuarbeiten. Bei der Darstellung des Sachverhalts im Urteilstatbestand kommt es auf präzise eingesetzte Zeitformen und Aussageweisen an. Damit aber nicht genug …

Die Rechtsausführungen in den Entscheidungsgründen des Urteils sehen ganz anders aus als im gewohnten Gutachten. Das betrifft nicht nur das „Wie“ der Darstellung (Urteilsstil), sondern auch das „Was“ der Darstellung (Urteilstechnik).

Wer Einführungslehrgänge und Arbeitsgemeinschaften leitet, wird nicht lange auf die Frage warten müssen, welche „Kochbücher“ empfehlenswert seien.

Gerade für das Zivilurteil gibt es eine Reihe von Anleitungsbüchern, von denen viele allerdings inzwischen eher als Recherchequelle denn als Lernbuch taugen. Wegen der Detailverliebtheit wächst so manches „Standardwerk“ von Auflage zu Auflage beträchtlich im Umfang.

Auf der anderen Seite gibt es Repetitoren, die auch als Autoren kommerziell erfolgreich sind. Sie warten in ihren Veröffentlichungen gerne mit mehr oder weniger originellen Metaphern auf, entfernen sich aber mit ihrem Predigerton teilweise bedenklich weit von den Vorgaben des § 313 ZPO.

Unser Buch beruht auf einem eigenständigen didaktischen Konzept, das den besagten Übergang vom Studium in das Referendariat erleichtert. Unser „roter Faden“ führt so sanft wie möglich vom Bekannten zum Unbekannten (siehe näher Teil 1 A.).

Das Buch ist für aktive Leserinnen und Leser geschrieben. Wer mitmacht, kann anhand vieler Verständnisfragen den jeweiligen Kenntnisstand prüfen und erweitern. Zahlreiche Übungen helfen, die Fähigkeiten zu vertiefen. Zudem wird vorbeugend auf häufige Fehler hingewiesen.

Vorwort

Unser Werk bleibt dabei übersichtlich und relativ kurz, vor allem gemessen an den vielen Übungselementen, die es bietet. Wir setzen deutliche Schwerpunkte und beschränken uns auf das erfahrungsgemäß Wesentliche.

Dadurch ist das Buch nicht zuletzt zur kompakten Klausurvorbereitung gut geeignet.

Auch hier soll der Hinweis auf ***„Das Recht – Ein Basisbuch"*** nicht fehlen. Dort geht es um die Grundlagen und um den nicht minder wichtigen Gesamtüberblick. Arbeitstechnik und Sprache stehen dabei im Vordergrund, wobei zahlreiche Grundbegriffe anhand von Fallbeispielen vermittelt werden. Das Buch gibt es ab April 2019 als ***Download*** auf der Verlag-Homepage (www.fall-fallag.de). ***Kostenfrei***. Zum Jubiläum. Der Fall-Fallag blickt auf 25 erfolgreiche Jahre zurück. Danke …

Cottbus und Köln im Frühjahr 2019, kurz nach dem Ableben des legendären und unverwechselbaren Karl Lagerfeld

Thomas Dräger
Egbert Rumpf-Rometsch

Kontakt: www.fall-fallag.de

lobundtadel@fall-fallag.de

Inhaltsverzeichnis

Inhaltsverzeichnis

Inhaltsverzeichnis

Teil 1: Die Einführung

In dieser kleinen Einführung stellen wir das eigenständige Konzept dieses Buches vor und präsentieren ein sehr kurzes Zivilurteil als erstes Anschauungsbeispiel.

A. Das Konzept

In Examensklausuren aus Sicht des Zivilgerichts ist in aller Regel ein ***Urteilsentwurf*** zu schreiben.

Das ist ***Neuland***.

Im Studium werden nämlich typischerweise keine Urteile geschrieben, sondern Gutachten. Insbesondere für Hausarbeiten und in der Vorbereitung auf das Erste Examen werden zwar viele veröffentlichte Urteile gelesen, das sind aber vor allem solche des Bundesgerichtshofs (als Revisionsinstanz) und der Oberlandesgerichte (als Berufungsinstanz).

In den Klausuren für das Zweite Examen geht es aber um ***erstinstanzliche Urteile***, meist solche einer Kammer des jeweiligen Landgerichts. Das erstinstanzliche Urteil ist eine andere Sache als BGH-Urteile oder OLG-Urteile. Schon deshalb helfen die Eindrücke aus dem Studium hier kaum weiter.

Form und Inhalt des erstinstanzlichen Urteils sind in ***§ 313 ZPO*** detailliert geregelt. Diese Vorschrift sollte unbedingt schon jetzt vollständig gelesen werden!

§ 313 Abs. 1 Nr. 1 bis 3 ZPO betreffen die formalen Angaben im sogenannten ***Urteilskopf***. Der Urteilskopf wird in der Praxis meist ***Rubrum*** genannt.

Die ***Urteilsformel*** ist in ***§ 313 Abs. 1 Nr. 4 ZPO*** erwähnt. Die wegen ihrer Kürze gängigere Bezeichnung ist ***Tenor***.

§ 313 Abs. 1 Nr. 5 i.V.m. § 313 Abs. 2 ZPO beschreibt den ***Tatbestand*** des Urteils. Vereinfacht gesagt geht es hier um die ***Sachverhaltsdarstellung***, allerdings nur dem ***„wesentlichen Inhalt nach knapp“***.

§ 313 Abs. 1 Nr. 6 i.V.m. § 313 Abs. 3 ZPO zeigt, was die ***Entscheidungsgründe*** sein sollen, nämlich eine ***„kurze Zusammenfassung der Erwägungen, auf denen die Entscheidung beruht“***. Hier kommt es auf ***Urteilstechnik und Urteilsstil*** an.

Eine wesentliche Schwierigkeit bei der Umstellung vom Studium auf die Praxis ist die ***Erfassung des Sachverhalts***. Dabei ist vor allem die ***Trennung von Streitigem und Unstreitigem*** gewöhnungsbedürftig und besonders am Anfang des Referendariats schwierig. Hinzu kommt die ebenfalls ungewohnte, aber wichtige ***Differenzierung zwischen Tatsachen und Rechtsansichten***.

Vor diesem Hintergrund präsentieren viele AG-Leiter und Autoren von Referendarliteratur zum Einstieg gleich das volle Kontrastprogramm zur universitären Ausbildung: Zur Übung der sogenannten Relationstechnik wird ***gerne schon am Anfang ein Aktenstück mit mehr oder weniger streitigem Sachvortrag*** herangezogen, das dann oft auch bereits in eine Beweisaufnahme mündet. Typischerweise läuft es dabei auf die Vernehmung von Zeugen hinaus. Wie gesagt, gleich das volle Programm ...

Unser Ansatz ist ein anderer ...

Ein vergleichsweise ***sanfter Einstieg*** in das „Neuland“ gelingt, wenn man ***zunächst das Bekannte weiterentwickelt***. Das funktioniert, indem man – wie im Studium – von einem unstreitigen Sachverhalt ausgeht, bei dem (nur) die Rechtsansichten der Parteien abweichen.

Anhand des unstreitigen Sachverhalts sollen zunächst in Abgrenzung vom universitären Gutachten die ***Urteilstechnik und*** der ***Urteilsstil*** geübt werden. Für das Urteil läuft dies auf die ***Formulierung der Entscheidungsgründe*** hinaus (§ 313 Abs. 3 ZPO).

Urteilsstil und Urteilstechnik sind für die allermeisten „frischgebackenen“ Referendarinnen und Referendare allemal neu genug ...

Die beschriebene ***Reihenfolge*** mag ungewöhnlich wirken, ***hat*** aber neben dem relativ sanften Einstieg ***einen beachtlichen didaktischen Vorteil***:

Wer mit den Grundlagen für die Entscheidungsgründe anfängt, lernt vor allem die Urteilstechnik. So entsteht frühzeitig ein Gespür für die ***„Erwägungen auf denen die Entscheidung beruht“*** (§ 313 Abs. 3 ZPO). Damit sollte dann auch klar sein, worauf die jeweilige Entscheidung nicht beruht.

Mit dieser Unterscheidung aus dem Bereich der Entscheidungsgründe „im Hinterkopf“, kann man bei den ***Überlegungen zum Tatbestand*** methodisch zielsicher bestimmen, was ***„wesentlicher Inhalt“*** ist und was nicht (§ 313 Abs. 2 S. 1 ZPO, sog. Knappheitsgebot).

Anders ausgedrückt:

Die rechtlichen Überlegungen sind Voraussetzung für einen gelungenen Tatbestand.

B. Das Zivilurteil – Ein erstes Anschauungsbeispiel

So kann ein Zivilurteil aussehen (vgl. § 313 ZPO).

Wir empfehlen, es einfach zu lesen und wirken zu lassen.

Zu den Einzelheiten später mehr ...

2 O 161/18

Verkündet am 10. Oktober 2018
Rotkraut, Justizsekretärin als Urkundsbeamtin der Geschäftsstelle

Landgericht Münster

Im Namen des Volkes

Urteil

In dem Rechtsstreit

USB Inkasso GmbH, gesetzlich vertreten durch ihren Geschäftsführer Joachim Meisner, Am Elbufer 77, 20355 Hamburg,

- Klägerin -

- Prozessbevollmächtigte: Rechtsanwälte SFB Kanzlei Dr. Siegfried, Frankenstein und Brunsbüttel, Rechtsanwaltsgesellschaft mbH, Strauchweg 9, 20355 Hamburg

gegen

Ursula Unterhändler, Gubscheler Straße 35, 48143 Münster,

- Beklagte -

- Prozessbevollmächtigter: Rechtsanwalt René Reinhard, Paderborner Straße 8, 48151 Münster

hat das Landgericht Münster – 2. Zivilkammer – durch den
Richter am Landgericht Blumenkohl als Einzelrichter
aufgrund der mündlichen Verhandlung vom 19. September 2018
für R e c h t erkannt:

> Die Beklagte wird verurteilt, an die Klägerin 10.396,17 € nebst Zinsen in Höhe von fünf Prozentpunkten über dem jeweiligen Basiszinssatz seit dem 16. März 2018 zu zahlen.
>
> Die Kosten des Rechtsstreits hat die Beklagte zu tragen.
>
> Das Urteil ist gegen Sicherheitsleistung in Höhe von 110 % des jeweils zu vollstreckenden Betrages vorläufig vollstreckbar.

T a t b e s t a n d

Die Klägerin macht aus abgetretenem Recht der Mündung GmbH (im Folgenden „Zedentin") Kaufpreisforderungen geltend.

Die Beklagte war bei der Zedentin sogenannte Sammelbestellerin.

Am 08.10.2017 gab die Beklagte ein schriftliches „Eigenschuld-Anerkenntnis" über *„den Betrag von 10.396,17 € für erhaltene Warensendungen"* ab.

Die Klägerin beantragt,

> die Beklagte zu verurteilen, an sie 10.396,17 € nebst Zinsen in Höhe von fünf Prozentpunkten über dem jeweiligen Basiszinssatz seit Rechtshängigkeit zu zahlen.

Die Beklagte beantragt,

> die Klage abzuweisen.

Die Beklagte behauptet, sie sei am 08.10.2017 unter dem Eindruck einer Krebsdiagnose der Situation *„überhaupt nicht gewachsen"* gewesen und habe das Formular unterzeichnet, *„ohne sich über Inhalt und Bedeutung Gedanken zu machen"*. Die Beklagte hat in diesem Zusammenhang eine *„Ärztliche Bescheinigung zur Vorlage beim Rechtsanwalt"* vom 14.02.2018 zur Akte gereicht (Bl. 66 d.A.).

Die Klageschrift ist der Beklagten am 15.03.2018 zugestellt worden.

Der Einzelrichter hat mit Verfügung vom 17.05.2018 darauf hingewiesen, dass und warum sich aus dem Tatsachenvortrag der Beklagten keine erhebliche Rechtsverteidigung ergibt (Bl. 97 d.A.).

Entscheidungsgründe

Die Klage ist begründet.

Die Hauptforderung ergibt sich unter Berücksichtigung des § 398 BGB aus dem damaligen Vertragsverhältnis zwischen der Beklagten und der Zedentin i.V.m. § 433 Abs. 2 BGB.

Die Beklagte hat einen Betrag von 10.396,17 € kausal (deklaratorisch) anerkannt. Für Unwirksamkeit des „Eigenschuld-Anerkenntnisses“ gibt es keine hinreichenden Anhaltspunkte.

Bei allem Verständnis für die damalige Ausnahmesituation der Beklagten mit ihren gut nachvollziehbaren auch psychischen Belastungen fehlt es doch an Tatsachenvortrag für eine etwaige Unwirksamkeit gemäß § 104 Nr. 2 BGB oder § 105 Abs. 2 BGB.

Durch die *„psychische Belastungsreaktion“* mag die *„Geschäftsfähigkeit“* der Beklagten *„erheblich eingeschränkt“* gewesen sein (so die ärztliche Bescheinigung allerdings ohne nähere Ausführungen zu den konkreten Auswirkungen).

Die tatsächlichen Voraussetzungen für einen die freie Willensbestimmung ausschließenden Zustand hat die Beklagte jedoch noch nicht dargetan. Der Vortrag deutet zwar auf eine gewisse Willensschwäche und leichte Beeinflussbarkeit der Beklagten speziell in der damaligen Situation hin. Auch mag sie seinerzeit die Tragweite der Erklärung nicht erfasst haben. All dies genügt jedoch nicht für den Schluss auf Geschäftsunfähigkeit eines Volljährigen (vgl. statt vieler Palandt-*Ellenberger*, BGB, 77. A. 2018, § 104 Rn 5 m.w.N.).

Die Zinsforderung ergibt sich aus §§ 280 Abs. 1, 2, 286 Abs. 1 S. 1, 2, 288 Abs. 1 S. 1 BGB in entsprechender Anwendung des § 187 Abs. 1 BGB.

Die Kostenentscheidung beruht auf § 91 Abs. 1 S. 1 Hs. 1 ZPO.

Die Entscheidung zur vorläufigen Vollstreckbarkeit folgt aus § 709 S. 1, 2 ZPO.

Blumenkohl

Teil 2: Die Urteilstechnik und der Urteilsstil

Wer bislang nur Gutachten geschrieben hat, muss sich auf Urteilstechnik und Urteilsstil umstellen. Das ist für alle Praxis-Anfänger gewöhnungsbedürftig und für viele schwierig. Der Reihe nach ...

A. Die Begriffsunterscheidung

Auch wenn die Begriffe in der Praxis und auch in der Ausbildungsliteratur nicht immer präzise unterschieden werden:

Urteilstechnik ist etwas anderes als Urteilsstil.

Die Urteilstechnik betrifft das „Was“ der Darstellung.

Der Urteilsstil betrifft das „Wie“ der Darstellung.

Die ***Entscheidungsgründe*** eines Urteils sind immer ***kürzer als das entsprechende Gutachten***. Dafür gibt es ***zwei Gründe***:

Zum einen dient die ***Urteilstechnik*** der ***Beschränkung auf das Wesentliche, auf das konkret „Tragende“***. Im Urteil wird deshalb typischerweise weniger dargestellt als im Gutachten. Je nach Konstellation tauchen in den Entscheidungsgründen eines Urteils bestimmte Anspruchsgrundlagen und/oder Tatbestandsmerkmale gar nicht auf, die im (vollständigen) Gutachten erwähnt werden müssen.

Die Kunst des Urteilschreibens besteht in erster Linie darin, nach logischen Kriterien je nach Ergebnis zu entscheiden, was für die Entscheidung wesentlich ist und was nicht.

Zum anderen führt der ***Urteilsstil vom Ergebnis zur Begründung***. Das schreibt sich strukturell kürzer als die ergebnisoffene Darstellung im Gutachten.

B. Das Ausgangsbeispiel

Wir nehmen die ***Perspektive des Gerichts*** ein. Es geht um einen recht einfachen, ***unstreitigen Sachverhalt***. Zum Rechtsstreit kommt es hier also allein wegen rechtlicher Meinungsverschiedenheiten.

I. Anwaltsschriftsätze, Prozessverlauf, Fallfrage, Vorgabe

Der ***Tatsachenvortrag*** geht hier schon aus der ***Klageschrift*** vollständig hervor. Aus der ***Klageerwiderung*** ergeben sich ***nur die Rechtsansichten des Beklagten***. Der Einfachheit halber ist für unsere technische Übung ***nur die Begründetheit der Klage zu prüfen***. Die Zulässigkeit der Klage soll unterstellt werden …

Anwaltsschriftsätze, Prozessverlauf, Fallfrage, Vorgabe

Rechtsanwalt Holger Hecht, Hauptstraße 3, 08159 Beispielstadt

An das
Landgericht Beispielstadt
Gerichtsplatz 2
08159 Beispielstadt

K L A G E

In Sachen

der Höhenflug-Bank AG, gesetzlich vertreten durch den Vorstand, dieser vertreten durch den Vorstandsvorsitzenden Arndt Acker, Karl-Marx-Straße 97, 08159 Beispielstadt,

Klägerin,

- Prozessbevollmächtigter: Rechtsanwalt Holger Hecht, Hauptstraße 3, 08159 Beispielstadt

g e g e n

Herrn Richard Rute, Wurmstraße 25, 08159 Beispielstadt,

Beklagten,

Namens und in Vollmacht der Klägerin beantrage ich,

den Beklagten zu verurteilen, an die Klägerin 7.000,00 € zu zahlen.

Für den Fall der Anordnung des schriftlichen Vorverfahrens und entsprechender Fristversäumung beantrage ich den

Erlass eines Versäumnisurteils ohne mündliche Verhandlung.

Ein Verfahren der außergerichtlichen Konfliktbeilegung ist nicht vorausgegangen und erscheint auch nicht sinnvoll.

Begründung:

Der Beklagte trat eine Kaufpreisforderung gegen Herrn Friedrich Forelle in Höhe von 7.000,00 € an die Klägerin ab. Hintergrund war der Verkauf eines Angelbootes.

Die Abtretung wurde Herrn Forelle sodann schriftlich unter der Aufforderung mitgeteilt, den Kaufpreis nicht an den Beklagten zu zahlen, sondern unmittelbar an die jetzige Klägerin.

Dennoch zahlte Herr Forelle die 7.000,00 € an den Beklagten.

Die Klägerin will sich nicht auf einen Erfüllungsanspruch gegen Herrn Forelle beschränkt sehen. Sie macht vielmehr mit dem Klageantrag den zusätzlich gegebenen Anspruch gegen den Beklagten geltend.

Holger Hecht
Rechtsanwalt

Nach Zustellung der Klageschrift (§ 271 ZPO) mit Bestimmung gemäß § 272 Abs. 2 ZPO geht beim Landgericht eine Klageerwiderung durch Rechtsanwalt Karl Karpfen ein, mit folgendem Inhalt:

KLAGEERWIDERUNG

In Sachen

Höhenflug-Bank AG ./. Richard Rute

bestelle ich mich für den Beklagten und werde im Termin zur mündlichen Verhandlung beantragen,

die Klage abzuweisen.

Begründung:

Die Klage ist abzuweisen, weil das Vorbringen aus der Klageschrift unschlüssig ist.

Die Klägerseite schildert den Sachverhalt zutreffend, zieht aber falsche rechtliche Schlüsse:

Die Leistung von Herrn Forelle ist gegenüber der Klägerin nicht wirksam, weil er die Abtretung bei der Zahlung kannte.

Insofern sollte sich die Klägerin an Herrn Forelle halten. Es stellt sich die Frage, mit welchen Rechtsüberlegungen die Klägerin meint, den Beklagten hier in Anspruch nehmen zu können. Das gilt umso mehr, als die Klägerin ja nicht einmal Herrn Forelle als Schuldner „aufgeben“ will.

Die Klägerin muss sich schon entscheiden, wem gegenüber sie weiter vorgehen will, sie kann nicht „die Milch und das Fleisch von der Kuh“ haben.

Karpfen
Rechtsanwalt

*Die Güteverhandlung verläuft erfolglos (vgl. § 278 Abs. 2 ZPO) Wir unterstellen **im Ausgangsbeispiel** eine anschließende **mündliche Verhandlung ohne neue Erkenntnisse**. Die Zulässigkeit der Klage soll wie gesagt ebenfalls unterstellt werden. Damit ergibt sich folgende Frage:*

Ist die (zulässige) Klage begründet?

Zunächst die Lösung in Form eines Gutachtens …

II. Das Gutachten

Im ersten Schritt wird ein ***Gutachten*** formuliert, genau wie im Studium. Der Sachverhalt kommt in der referendartypischen Form einer Klageschrift daher. Das mag ungewohnt sein, bereitet aber zunächst einmal keine Probleme. Die Rechtsansichten in der Klageerwiderung geben sogar konkrete Anregungen, in welche Richtung zu denken ist. ***Den besten Effekt*** erzielt wie üblich, wer von vornherein ***aktiv*** lernt. Das bedeutet hier, ***selbst ein kurzes Gutachten*** zu ***formulieren und dieses anschließend mit unserem Text*** zu ***vergleichen***.

Formulierungsvorschlag Gutachten

Die Klage ist begründet, wenn die Klägerin einen Anspruch gegen den Beklagten auf Zahlung von 7.000,00 € hat.

Ein solcher Anspruch könnte sich aus § 816 Abs. 2 BGB ergeben.

Dazu müsste Herr Forelle geleistet haben. Diese Leistung müsste an einen Nichtberechtigten bewirkt worden sein und zudem dem Berechtigten gegenüber wirksam sein. Als Nichtberechtigter kommt der Beklagte in Betracht, Berechtigte könnte die Klägerin sein.

Die Zahlung des Herrn Forelle ist eine Leistung im bereicherungsrechtlichen Sinne.

Der Beklagte müsste Nichtberechtigter gewesen sein. Ursprünglich war er Inhaber der Kaufpreisforderung gemäß § 433 Abs. 2 BGB. Zum Zeitpunkt der Zahlung hatte er die Forderung aber bereits abgetreten. Wegen der Wirkung der Abtretung gemäß § 398 S. 2 BGB war er also zum maßgeblichen Zeitpunkt Nichtberechtigter.

Seit der Abtretung war gemäß § 398 S. 2 BGB die Klägerin neue Berechtigte.

Fraglich ist, ob die Leistung der Klägerin gegenüber wirksam war.

Dies könnte sich aus § 407 Abs. 1 BGB ergeben. Danach muss im Grundsatz der neue Gläubiger – hier die Klägerin – trotz der Abtretung die Leistung an den alten Gläubiger gegen sich gelten lassen. Etwas anderes gilt aber nach § 407 Abs. 1 BGB a.E., wenn der Schuldner bei der Leistung die Abtretung kannte. Herr Forelle wusste vor seiner Zahlung von der Abtretung. Somit muss die Klägerin die Leistung gemäß § 407 Abs. 1 BGB nicht gegen sich gelten lassen.

In dem Klageantrag könnte aber eine konkludente Genehmigung mit der Wirkung des § 185 Abs. 2 BGB liegen.

Der Kläger will naturgemäß das Klageziel erreichen, wenn auch nicht „um jeden Preis". Deshalb liegt in der uneingeschränkten Klageerhebung des Berechtigten in der Regel die Genehmigung. Dagegen soll nicht genehmigt werden, wenn die Erteilung einer Genehmigung dem Interesse und dem Willen des Berechtigten widerspricht. Nach den Angaben am Ende der Klageschrift will die Klägerin Herrn Forelle nicht als Schuldner aufgeben. Sie will den Beklagten zusätzlich in Anspruch nehmen. Mit einer Genehmigung wäre aber genau das verbunden, was die Klägerin vermeiden will. Herr Forelle würde dadurch „frei". Damit widerspräche eine Genehmigung dem Interesse und dem Willen der Berechtigten, nämlich der Klägerin.

Nach Lage der Dinge kann also nicht von einer Genehmigung durch den Klageantrag ausgegangen werden.

Somit war die Leistung der Klägerin gegenüber nicht wirksam.

Deshalb besteht kein Anspruch der Klägerin gegen den Beklagten auf Zahlung von 7.000,00 € aus § 816 Abs. 2 BGB.

Es könnte sich ein Anspruch aus § 812 Abs. 1 S. 1 Var. 1 BGB ergeben. Dafür müsste die Klägerin geleistet haben. Geleistet hat Herr Forelle, nicht die Klägerin (s.o. im Zusammenhang mit § 816 Abs. 2 BGB). Somit besteht auch kein Anspruch aus § 812 Abs. 1 S. 1 Var. 1 BGB.

Möglicherweise folgt ein Anspruch aus § 812 Abs. 1 S. 1 Var. 2 BGB (allgemeine Nichtleistungskondiktion). Dazu müsste der Beklagte „in sonstiger Weise" bereichert sein, also durch niemandes Leistung. Der Beklagte ist durch eine Leistung bereichert, nämlich durch die des Herrn Forelle (s.o.). Deshalb scheidet auch ein Anspruch aus § 812 Abs. 1 S. 1 Var. 2 BGB aus.

Die Klägerin hat keinen Anspruch gegen den Beklagten auf Zahlung von 7.000,00 €.

Also ist die Klage unbegründet.

So weit, so bekannt … Und jetzt zum Neuland:

III. Die Darstellung im Urteil

Und nun kommt die Transfer-Leistung. Wie sieht das Ganze in den Entscheidungsgründen eines Urteils aus?

Der ***Kreis der zu erwägenden Anspruchsgrundlagen*** wird im Urteil ***tendenziell enger*** gezogen, als es im Gutachten der Fall ist.

So wäre es in unserem Beispielsfall unüblich, im Urteil nach § 816 Abs. 2 BGB auch § 812 BGB in den beiden im Gutachten zusätzlich geprüften Varianten anzusprechen.

Im klageabweisenden Urteil kann und soll § 816 Abs. 2 BGB (Spezialfall der Nichtleistungskondiktion) als einzig ernsthaft in Betracht kommende Anspruchsgrundlage behandelt werden.

Formulierungsvorschlag
Darstellung in den Entscheidungsgründen eines Urteils:

Die Klage ist unbegründet.

Die Klägerin hat gegen den Beklagten keinen Anspruch auf Zahlung von 7.000,00 € aus § 816 Abs. 2 BGB, der einzig ernsthaft in Betracht kommenden Anspruchsgrundlage.

Die Leistung des Herrn Forelle war nämlich gegenüber der Klägerin als der Berechtigten i.S.d. § 816 Abs. 2 BGB nicht wirksam.

Die Klägerin muss die Leistung nicht gegen sich geltend lassen, weil Herr Forelle bei seiner Zahlung von der Abtretung wusste (§ 407 Abs. 1 BGB).

Schließlich liegt in dem Klageantrag auch keine konkludente Genehmigung gemäß § 185 Abs. 2 BGB. Eine solche Annahme widerspräche dem Interesse und dem Willen des Berechtigten. Bei der Klägerin will man nämlich erklärtermaßen nicht auf den Erfüllungsanspruch gegen Herrn Forelle verzichten. Das aber wäre zwangsläufig mit einer Genehmigung der Verfügung des Nichtberechtigten verbunden.

Und nun analysieren wir das Ganze …

IV. Die Analyse

Wie unterscheidet sich die Darstellung in den Entscheidungsgründen des Urteils vom Gutachten?

1. Vom Gutachtenstil zum Urteilsstil

Die Herleitung im ***Gutachtenstil*** ist aus dem Studium bekannt. Sie verläuft in vier Schritten, nämlich von der

Hypothese über die

Definition zur

Subsumtion und zum

Ergebnis.

In einem simplen Beispiel:

Möglicherweise ist das Buch eine Sache. (Hypothese)

Dazu müsste es nach § 90 BGB ein körperlicher Gegenstand sein. Körperliche Gegenstände sind solche, die im Raum abgrenzbar sind. (Definition)

Das Buch ist im Raum abgrenzbar und damit ein körperlicher Gegenstand. (Subsumtion)

Es ist somit eine Sache. (Ergebnis)

Natürlich soll man ***auch im Gutachten Schwerpunkte*** setzen, sich also bis zu einem gewissen Grad auf das Wesentliche konzentrieren. Sinn der Sache ist nicht, sich lang und breit mit Selbstverständlichkeiten aufzuhalten. Wer ein Gutachten schreibt, muss sich an jedem Prüfungspunkt und bei jedem Merkmal entscheiden: Ist der jeweilige Aspekt ernsthaft zu prüfen (dann konsequent im Gutachtenstil) oder nur kurz festzustellen?

Um etwas kurz festzustellen, verwendet man ***im Gutachten wie auch im Urteil*** den entsprechenden Stil, den ***Feststellungsstil***:

Das Buch ist eine Sache.

Der ***Feststellungsstil*** ist eine eigenständige Darstellungsform. Er ist natürlich kein Gutachtenstil, aber eben auch ***kein Urteilsstil***. Zur Schwerpunktsetzung kann und soll der Feststellungsstil ***bei unproblematischen Prüfungspunkten sowohl im Urteil als auch im Gutachten*** vorkommen.

Spätestens jetzt sollte klar sein, dass auch im ***Urteilsstil*** begründet wird (anders als beim Feststellungsstil). Im Urteil findet die ***Darstellung*** aber ***in drei Schritten vom Ergebnis her*** statt. Die Begründung schließt sich an das Ergebnis an:

Das Buch ist eine Sache.

Es ist ein körperlicher Gegenstand (§ 90 BGB).

Das Buch ist nämlich im Raum abgrenzbar.

2. Von der Gutachtentechnik zur Urteilstechnik

Bisher bezog sich unsere Analyse auf die unterschiedlichen Stile, nämlich auf den Gutachtenstil einerseits, den Urteilsstil andererseits und den „neutralen" Feststellungsstil.

Nun geht es um die ***Urteilstechnik***, also um das „Was" der Darstellung.

Anders als im Gutachten werden ***im Urteil nur die „Erwägungen"*** dargestellt, ***„auf denen die Entscheidung beruht"*** (so der Wortlaut des § 313 Abs. 3 ZPO).

Umgekehrt formuliert: ***Rechtliche Erwägungen, die die konkrete Entscheidung nicht tragen***, werden jedenfalls ***im schulmäßigen Urteil nicht gebracht***.

Die Antwort auf die Frage nach dem ***„Was"*** der Darstellung ***hängt im Urteil vom Ergebnis ab***. ***Bezogen auf unsere Fallfrage*** muss man also vor dem Schreiben der Entscheidungsgründe eine klare Vorstellung davon haben, ob die ***Klage begründet oder unbegründet*** ist.

Im ***Ausgangsbeispiel*** ist die Klage ***unbegründet***, weil kein Zahlungsanspruch der Klägerin gegen die Beklagte besteht.

> ***Wenn ein Anspruch nicht gegeben ist, müssen potenziell alle ernsthaft in Betracht kommenden Anspruchsgrundlagen erwähnt werden.***

In unserem einfachen Beispiel war das für das Urteil nur § 816 Abs. 2 BGB (Spezialfall der Nichtleistungskondiktion).

> ***Die einschlägigen Anspruchsgrundlagen*** (hier eben im Urteil nur § 816 Abs. 2 BGB) ***werden bei unbegründeter Klage*** nach den Regeln der Urteilstechnik ***jeweils an einem einzigen Merkmal „gekippt"***, wo auch immer dieses Merkmal in der klassischen Prüfungsreihenfolge des Gutachtens auftaucht.

Tragend ist in unserem Ausgangsbeispiel nur die „Verneinung" des Merkmals „gegenüber dem Berechtigten wirksam". Nur darauf beruht bei unserem Ergebnis die Entscheidung. Es kommt insbesondere nicht auf das im Gutachten vorrangige Merkmal „Leistung an einen Nichtberechtigten" an.

> Nach der klaren ***Vorgabe des § 313 Abs. 3 ZPO*** begründet man im technisch sauberen Urteil nur das, worauf es konkret ankommt (siehe vor diesem Hintergrund nochmals den Formulierungsvorschlag).

Wir kommen nun zu einer ergänzenden Abwandlung des Ausgangsbeispiels …

C. Die ergänzende Abwandlung des Ausgangsbeispiels

Zur weiteren Übung liegt es nahe, unser einfaches Beispiel ergänzend so abzuwandeln, dass die Klage begründet ist.

I. Die Abwandlung des Ausgangsbeispiels

Das ***Ausgangsbeispiel*** wird nur ***im Bereich der mündlichen Verhandlung abgewandelt***:

Zunächst wie im Ausgangsbeispiel, bis zum Scheitern der Güteverhandlung. Dann aber wie folgt weiter:

In der mündlichen Verhandlung erkennt der Prozessbevollmächtigte der Klägerin, dass die Idee der Inanspruchnahme des Beklagten ohne „Aufgabe“ des Herrn Forelle als Schuldner aussichtslos ist. Auf entsprechenden Hinweis des Gerichts (vgl. § 139 Abs. 1 ZPO) erkärt Rechtsanwalt Hecht, dass er namens der Klägerin die Verfügung im Sinne des § 185 Abs. 2 BGB genehmige.

Und erneut die ***Frage: Ist die (zulässige) Klage begründet?***

Nach dem oben bereits geübten Muster ist jetzt auch für die Abwandlung ein Gutachten und dann hieraus die Darstellung im Urteil zu entwickeln.

II. Das Gutachten (Fallabwandlung)

Wir beginnen wieder mit dem Gutachten.

Formulierungsvorschlag Gutachten (Fallabwandlung)

Die Klage ist begründet, wenn die Klägerin einen Anspruch gegen den Beklagten auf Zahlung von 7.000,00 € hat.

Ein solcher Anspruch könnte sich aus § 816 Abs. 2 BGB ergeben.

Dazu müsste Herr Forelle geleistet haben. Diese Leistung müsste an einen Nichtberechtigten bewirkt worden sein und zudem dem Berechtigten gegenüber wirksam sein. Als Nichtberechtigter kommt der Beklagte in Betracht, Berechtigte könnte die Klägerin sein.

Die Zahlung des Herrn Forelle ist eine Leistung im bereicherungsrechtlichen Sinne.

Der Beklagte müsste Nichtberechtigter gewesen sein. Ursprünglich war er Inhaber der Kaufpreisforderung gemäß § 433 Abs. 2 BGB. Zum Zeitpunkt der Zahlung hatte er die Forderung aber bereits abgetreten. Wegen der Wirkung der Abtretung gemäß § 398 S. 2 BGB war er also zum maßgeblichen Zeitpunkt Nichtberechtigter.

Seit der Abtretung war gemäß § 398 S. 2 BGB die Klägerin neue Berechtigte.

Fraglich ist, ob die Leistung der Klägerin gegenüber wirksam war.

Dies könnte sich aus § 407 Abs. 1 BGB ergeben. Danach muss im Grundsatz der neue Gläubiger – hier die Klägerin – trotz der Abtretung die Leistung an den alten Gläubiger gegen sich gelten lassen. Etwas anderes gilt aber nach § 407 Abs. 1 BGB a.E., wenn der Schuldner bei der Leistung die Abtretung kannte. Herr Forelle wusste vor seiner Zahlung von der Abtretung. Somit muss die Klägerin die Leistung gemäß § 407 Abs. 1 BGB nicht gegen sich gelten lassen.

Die Wirksamkeit der Verfügung könnte sich aber aus § 185 Abs. 2 BGB ergeben. In Betracht kommt eine Genehmigung. Diese Genehmigung ist für die Klägerin in der mündlichen Verhandlung wirksam erklärt worden. Somit folgt die Wirksamkeit der Verfügung aus § 185 Abs. 2 BGB.

Folglich war die Leistung der Klägerin gegenüber auch wirksam.

Deshalb besteht der Anspruch der Klägerin gegen den Beklagten aus § 816 Abs. 2 BGB.

Zusätzlich könnte sich der Anspruch aus § 812 Abs. 1 S. 1 Var. 1 BGB ergeben. Dafür müsste die Klägerin geleistet haben. Geleistet hat Herr Forelle, nicht die Klägerin (s.o. im Zusammenhang mit § 816 Abs. 2 BGB). Somit besteht kein Anspruch aus § 812 Abs. 1 S. 1 Var. 1 BGB.

Möglicherweise folgt ein Anspruch aus § 812 Abs. 1 S. 1 Var. 2 BGB (allgemeine Nichtleistungskondiktion). Dazu müsste der Beklagte „in sonstiger Weise" bereichert sein, also durch niemandes Leistung. Der Beklagte ist durch eine Leistung bereichert, nämlich durch die des Herrn Forelle (s.o.). Deshalb scheidet ein Anspruch aus § 812 Abs. 1 S. 1 Var. 2 BGB aus.

Die Klägerin hat einen Anspruch gegen den Beklagten auf Zahlung von 7.000,00 € aus § 816 Abs. 2 BGB.

Also ist die Klage begründet.

Und nun zur Darstellung unter Beachtung der Urteilstechnik und des Urteilsstils:

III. Die Darstellung im Urteil (Fallabwandlung)

Jetzt ist wieder der entscheidende Schritt gefragt: ***Formuliere*** anhand des Gutachtens mit dem bisherigen „Rüstzeug" zur Urteilstechnik und zum Urteilsstil ***die Darstellung in den Entscheidungsgründen eines Urteils***. Die ***Klage*** ist nun wegen der erklärten Genehmigung ***begründet***. Das Urteil sieht daher ganz anders aus (siehe nochmals § 313 Abs. 3 ZPO).

Formulierungsvorschlag
Darstellung in den Entscheidungsgründen eines Urteils (Fallabwandlung)

Die Klage ist begründet.

Die Klägerin hat gegen den Beklagten einen Anspruch auf Zahlung von 7.000,00 € aus § 816 Abs. 2 BGB.

Die Zahlung des Herrn Forelle ist eine Leistung im bereicherungsrechtlichen Sinne.

Der Beklagte war wegen der Wirkung der Abtretung gemäß § 398 S. 2 BGB zum maßgeblichen Zeitpunkt Nichtberechtigter.

Seit der Abtretung war nämlich die Klägerin neue Berechtigte.

Die Leistung des Herrn Forelle war gegenüber der Berechtigten auch wirksam. Dies ergibt sich unabhängig von § 407 Abs. 1 BGB jedenfalls daraus, dass die Klägerin die Verfügung in der mündlichen Verhandlung genehmigt hat (§ 185 Abs. 2 BGB).

Und natürlich wird wieder analyisiert:

IV. Die Analyse (Fallabwandlung)

Das Gutachten zur Fallabwandlung unterscheidet sich erst ab dem entscheidenden Merkmal „gegenüber dem Berechtigten wirksam“ von der gutachterlichen Darstellung zum Ausgangsfall. Erwartungsgemäß kommen die beiden Gutachten zu gegenteiligen Ergebnissen. Denn die Klage war im Ausgangsfall unbegründet, in der Abwandlung war sie begründet.

Bei ***Beachtung der Urteilstechnik und Darstellung im Urteilsstil*** gibt es ***viele bezeichnende Unterschiede zwischen einer unbegründeten Klage*** (Ausgangsbeispiel) ***und einer begründeten Klage*** (Abwandlung mit Genehmigung der Verfügung).

Der methodische Ausgangspunkt der Urteilstechnik ist allerdings in beiden Konstellationen gleich. Das muss auch so sein, denn die elementare ***Vorgabe des § 313 Abs. 3 ZPO*** ist allgemeingültig:

Anders als im Gutachten werden ***im Urteil nur die „Erwägungen“*** dargestellt, ***„auf denen die Entscheidung beruht“***.

Umgekehrt formuliert: ***Rechtliche Erwägungen, die die konkrete Entscheidung nicht tragen, werden*** jedenfalls im schulmäßigen Urteil ***nicht dargestellt***.

Im abgewandelten Beispiel ist die Klage ***begründet***, weil ein Zahlungsanspruch der Klägerin gegen die Beklagte besteht.

Wenn ein Anspruch gegeben ist, zieht man ***im Urteil nur eine einzige Anspruchsgrundlage*** heran. Das gilt unbedingt auch dann, wenn „gutachtentechnisch“ an andere Anspruchsgrundlagen zu denken ist (s.o.).

Zweckmäßigerweise wird der ***Anspruch im Urteil meist auf die Grundlage gestützt, die man unter Erwähnung aller Tatbestandsmerkmale am einfachsten begründen kann.***

Beim typischen Beispiel eines Verkehrsunfallprozesses gegen den Beklagten als Halter und Fahrer ist regelmäßig § 7 Abs. 1 StVG einfacher zu begründen als § 18 Abs. 1 StVG. Dieser ist wiederum einfacher zu begründen als § 823 Abs. 1 BGB. Hier wirkt sich das Stufenverhältnis von „Gefährdungshaftung“, „Haftung für widerleglich vermutetes Verschulden“ und „Haftung für erwiesenes Verschulden“ aus.

Teil 2: Die Urteilstechnik und der Urteilsstil

D. Die Verständnisfragen

zu Teil 2: Die Urteilstechnik und der Urteilsstil

(Antworten in Teil 8 A., Seite 212)

Frage 1

Warum wird speziell in der Urteilsformulierung zur Abwandlung (mit Genehmigung) nicht erwähnt, dass § 816 Abs. 2 BGB die einzig ernsthaft in Betracht kommende Anspruchsgrundlage ist?

Frage 2

Warum ist in der Urteilsformulierung zur Abwandlung (mit Genehmigung) die Passage *„Die Zahlung des Herrn Forelle ist eine Leistung im bereicherungsrechtlichen Sinne."* identisch mit der Darstellung in den beiden Gutachten? Wie kann das richtig sein?

Frage 3

Warum taucht diese Formulierung (*„Die Zahlung des Herrn Forelle ist eine Leistung im bereicherungsrechtlichen Sinne."*) in der Urteilsversion zum Ausgangsfall (ohne Genehmigung) nicht auf?

Frage 4

Warum wird in der Urteilsformulierung zur Abwandlung (mit Genehmigung) keine konkrete Aussage zu § 407 Abs. 1 BGB getroffen, in der Urteilsversion zum Ausgangsfall dagegen sehr wohl?

Teil 3: Die Arbeit am Sachverhalt

Schon im Studium war es wichtig, den Sachverhalt genau zu erfassen, um Angaben in der rechtlichen Würdigung auswerten zu können.

In der praxisorientierten Ausbildung bis hin zum Zweiten Examen kommen neue Herausforderungen hinzu, die wir schon im Vorwort und in der Beschreibung unseres Konzepts angesprochen haben (siehe Teil 1 A.).

A. Der Unterschied zwischen Tatsachen und Rechtsansichten

In Urteilstatbeständen ist streng zwischen Tatsachen und Rechtsansichten zu unterscheiden. Damit ein Prozess sauber geführt werden und später ein gutes Urteil geschrieben werden kann, muss ***von Anfang an***, also bereits bei der Erfassung des Sachverhalts ***präzise zwischen Tatsachen und Rechtsansichten differenziert*** werden. Schon in diesem Arbeitsschritt wird dabei häufig das Phänomen der sogenannten ***Rechtstatsachen*** zu beachten sein.

I. Der gesetzliche Ausgangspunkt für die Klage (§ 253 Abs. 2 ZPO)

Wer erfolgreich klagen will, muss sich bei der Klageschrift vor allem an § 253 Abs. 2 ZPO orientieren. Dazu gehört neben einem bestimmten Antrag (sogenannter Sachantrag) auch der „Grund des erhobenen Anspruchs“ (§ 253 Abs. 2 Nr. 2 ZPO). Damit ist ein Sachverhalt gemeint, ein „tatsächliches Vorbringen“, das „den Klageantrag rechtfertigt“ (so die Formulierung in § 331 Abs. 1 S. 1, Abs. 2 ZPO).

Wenn das Tatsachenvorbringen den Klageantrag rechtfertigt, spricht man von schlüssigem Vortrag des Klägers.

Die Rechtslage ergibt sich aus dem Tatsachenvortrag. Das Gericht muss das Recht selbst kennen und beachten („iura novit curia“). Die Parteien müssen also keine Rechtsansichten mitteilen. Sie werden das aber in der Praxis und auch in Klausuren häufig tun. ***In Prüfungsaufgaben*** sind ***Rechtsansichten der Parteien*** oftmals als ***Hilfestellungen*** gedacht, um die Schwerpunktsetzung zu erleichtern.

Teil 3: Die Arbeit am Sachverhalt

II. Ein Beispiel

In einer auf Zahlung gerichteten Klageschrift könnte es heißen:

Die vom Kläger als Sammlerstück geliebte alte Musikbox der Marke Wurlitzer ist bei einem Zimmerbrand zerstört worden.

Als Ersatz kaufte er deshalb vom Beklagten eine Musikbox „Wurlitzer Caravelle“ zum Preis von 6.000 €.

Der Kaufvertrag verstößt gegen die guten Sitten.

Was ist hier Tatsache, was ist Rechtsansicht?

Was könnte als sogenannte Rechtstatsache zu behandeln sein?

1. Die Tatsache

Um die Frage beantworten zu können, müssen wir definieren, nämlich zunächst den Begriff der Tatsache:

Tatsachen sind konkrete Geschehnisse und Zustände, über die man Beweis erheben kann. Tatsachen sind also ***wahr oder unwahr***. Es gibt auch sogenannte ***innere Tatsachen***, dazu zählen z.B. Vorstellungen einer Person.

Der erste Satz unseres Beispiels enthält also typische Tatsachenschilderungen:

Die Zerstörung der alten Musikbox ist eine äußere Tatsache, „als Sammlerstück geliebt“ ist eine innere Tatsache.

2. Die Rechtsansicht

Und nun zu Rechtsansichten:

Rechtliche Folgerungen und Werturteile sind keine Tatsachen, sie zählen zu den ***Rechtsansichten***. Ansichten ***kann man nur für richtig oder für falsch halten***. Man kann aber ***keinen Beweis über sie erheben***, weil sie nicht wahr oder unwahr sein können.

Der dritte und letzte Satz unseres Beispiels enthält also eine reine Rechtsansicht

Der Kläger hat nur die Formulierung des § 138 Abs. 1 BGB auf den Kaufvertrag übertragen („verstößt gegen die guten Sitten“). Er hat keine Tatsachen dazu vorgetragen, sondern nur seine Folgerung mitgeteilt. Es handelt sich hierbei also um eine bloße Rechtsansicht.

3. Die Rechtstatsache

Es wäre für alle Beteiligten sehr umständlich, im Prozess durchweg lupenreinen Tatsachenvortrag zu verlangen.

So genügt es etwa für den Kläger im Prozess auf Schadensersatz wegen Beschädigung einer Sache zunächst einmal, sich als Eigentümer zu bezeichnen. Die dahinterstehenden Tatsachen muss er nur darlegen, wenn die Beklagtenseite die Eigentümerstellung in Frage stellt.

Es ist nämlich anerkannt, dass zusammenfassende Rechtsbegriffe als sogenannte Rechtstatsachen („juristische Tatsachen“) unter bestimmten Voraussetzungen akzeptiert werden können:

Rechtstatsachen sind ***einfache Rechtsbegriffe des täglichen Lebens***, die von den Parteien des Rechtsstreits ***übereinstimmend und offenbar richtig verwendet*** werden. Sie ***ersetzen den dahinterstehenden Sachvortrag und werden wie Tatsachen behandelt***.

Der zweite Satz unseres Beispiels enthält also eine sogenannte Rechtstatsache:

Der Kläger hat mit der Formulierung „kaufte“ eine typische Rechtstatsache vorgetragen.

III. Die Verständnisfragen

zu Teil 3 A.: Der Unterschied zwischen Tatsachen und Rechtsansichten

(Antworten in Teil 8 B., ab Seite 213)

Frage 1

a. Was macht schlüssigen Klägervortrag aus?

b. Warum müssen Rechtsansichten nicht mitgeteilt werden?

Frage 2

a. Ist in unserem „Wurlitzer-Beispiel“ zur Sittenwidrigkeit des Kaufvertrags (§ 138 BGB) schlüssig vorgetragen?

b. Hilft hier der Gesichtspunkt der sogenannten Rechtstatsache weiter?

Frage 3

a. Was zeichnet Tatsachen aus?

b. Was zeichnet Rechtsansichten aus?

c. Welches Kriterium ist kann zur möglichst zielsicheren Unterscheidung herangezogen werden?

Frage 4

Als typisches Beispiel für eine sogenannte Rechtstatsache gilt die Angabe, der Kläger sei Eigentümer einer Sache. Wie wirkt es sich aus, wenn die Beklagtenseite diese Rechtstatsache angreift, indem „die Aktivlegitimation bestritten“ wird?

B. Der Unterschied zwischen streitigen und unstreitigen Tatsachen (§ 138 ZPO)

Noch einmal: Bei dieser Unterscheidung geht es nur um ***Tatsachen*** (einschließlich sogenannter Rechtstatsachen), ***nicht*** um ***Rechtsansichten***.

Rechtsansichten können nicht streitig oder unstreitig sein, sondern nur richtig oder falsch (eingehend dazu soeben Teil 3 A.).

Nach § 138 Abs. 1 ZPO haben die Parteien ***Tatsachen vollständig und der Wahrheit gemäß*** vorzutragen. Das nennt man ***prozessuale Wahrheitspflicht***.

Ob eine Tatsache streitig oder unstreitig ist, wird erst im Laufe des Rechtsstreits klar. Maßgeblich ist regelmäßig der Zeitpunkt der (letzten) mündlichen Verhandlung.

I. Die Stoffsammlung und Stoffordnung (Sach- und Streitstand)

Wesentliche Schritte der Arbeit am Sachverhalt sind die ***Stoffsammlung und Stoffordnung***. Als deren Ergebnis hat man schließlich ein ***unstreitiges Parteivorbringen*** herausgearbeitet, das als ***Sachstand*** bezeichnet wird. ***Das streitige Parteivorbringen*** ist dementsprechend der ***Streitstand***.

In der Praxis wie auch in Klausuren kommt es relativ häufig vor, dass die Parteien ihren Tatsachenvortrag ergänzen oder auch korrigieren. Das geschieht insbesondere in Reaktion auf das Vorbringen des Gegners.

> Der Zivilprozess verläuft dynamisch. Parteivorbringen kann überholt sein. Es zählt dann immer der aktuelle Vortrag, ***überholtes Parteivorbringen spielt keine Rolle mehr***.

Erfahrungsgemäß gehen vor allem Anfänger die ***Stoffordnung oft zu statisch*** an. Es ist grundsätzlich nicht Aufgabe des Urteilstatbestands, auch (überholte) Zwischenstadien des Sach- und Streitstands darzustellen.

II. Die unstreitigen Tatsachen (Sachstand)

Tatsachen können sich unter verschiedenen Gesichtspunkten als unstreitig erweisen:

1. Der übereinstimmende Parteivortrag

Natürlich sind Tatsachen unstreitig, die von beiden Seiten übereinstimmend vorgetragen werden. Das kann ***insbesondere bei sogenannten Rechtstatsachen*** der Fall sein.

Ein Beispiel: Kläger und Beklagter tragen übereinstimmend vor, der Kläger habe dem Beklagten eine Sache geliehen.

2. Das gerichtliche Geständnis (§ 288 ZPO)

Das gerichtliche Geständnis gemäß § 288 ZPO führt in der Praxis und erst recht in Klausuren ein Schattendasein. Ein Geständnis ist zwar auch konkludent möglich, der dafür erforderliche ***Geständniswille wird aber nur in seltenen Ausnahmefällen anzunehmen sein***.

So wird in der Praxis eine Partei kaum jemals eine vom Gegner vorgetragene Tatsache ausdrücklich außer Streit stellen. Wenn kein Bestreiten beabsichtigt ist, wird unstreitiger Tatsachenvortrag nämlich in aller Regel dadurch erzeugt, dass sich die Partei in dem betreffenden Punkt schlicht nicht zum Vorbringen des Gegners äußert.

Gerade in Klausursachverhalten gibt es zu Beginn der jeweiligen Klageerwiderung manchmal Sätze wie *„Der Kläger stellt des Sachverhalt im Wesentlichen zutreffend dar."* So etwas ist eindeutig kein gerichtliches Geständnis.

3. Der durch Nichtbestreiten zugestandene Sachvortrag (§ 138 Abs. 3 ZPO)

Die Formulierung *„Jede Partei hat sich ... zu erklären."* in ***§ 138 Abs. 2 ZPO*** darf man nicht überbewerten. Hierbei handelt es sich um eine bloße Obliegenheit, nicht etwa um eine Pflicht.

Wer sich nicht zu einer konkreten Tatsache erklärt, löst insoweit die sogenannte ***Geständnisfiktion des § 138 Abs. 3 ZPO*** aus.

Diese Regelung dient der Prozessökonomie. Entgegen dem von § 138 Abs. 2 ZPO vermittelten Eindruck wird gerade nicht verlangt, dass sich die jeweilige Partei zu jeder vom Gegner vorgetragenen Tatsache äußert. Das wäre viel zu umständlich.

Oft wird ein Großteil des Tatsachenvortrages unstreitig sein. Immerhin sind ja beide Seiten der Wahrheit verpflichtet (§ 138 Abs. 1 ZPO / dazu unten mehr).

> Wenn eine Partei guten Gewissens (prozessuale Wahrheitspflicht) den Tatsachenvortrag des Gegners bestreiten möchte, soll sie dies tun.
>
> Bestreitet sie aber nicht, wird die betreffende Tatsache als unstreitig angesehen (§ 138 Abs. 3 ZPO).
>
> Bestreiten kann sich allerdings im Einzelfall konkludent im Zusammenhang mit den übrigen Erklärungen ergeben (§ 138 Abs. 3 ZPO a.E.).

Im Einzelfall kann zweifelhaft sein, ob konkludent im Sinne des § 138 Abs. 3 ZPO bestritten wird oder nicht. Das Gericht hat solche Unklarheiten gemäß § 139 Abs. 1 ZPO auszuräumen.

4. Der trotz pauschalen Bestreitens zugestandene Sachvortrag

Wir hatten schon relativierend klargestellt, dass es sich bei § 138 Abs. 2 ZPO nur um eine Obliegenheit handelt („*Jede Partei hat sich … zu erklären.*“).

Allerdings ist im Lichte des § 138 Abs. 2 ZPO ***pauschales Bestreiten unerheblich***. Das muss nicht zuletzt deshalb so sein, weil ansonsten das Regel-Ausnahme-Verhältnis des § 138 Abs. 3 ZPO auf den Kopf gestellt wäre.

In der Praxis taucht dennoch vereinzelt immer wieder pauschales und damit prozessrechtlich unerhebliches Bestreiten auf. Das drückt sich dann vor allem in solchen oder ähnlichen Formulierungen aus:

> Das Vorbringen des Gegners wird bestritten, soweit es nicht ausdrücklich zugestanden wird.

Derartige ***Anwaltsfolklore*** kommt bei den Gerichten nicht gut an. Floskeln dieser Art werden in Urteilen gerne einmal als „unausrottbare Leerformel“ bezeichnet.

Passagen auf diesem Niveau kommen allerdings nicht nur in Anwaltsschriftsätzen vor, auch in Urteilen gibt es Beispiele (dazu später mehr).

Generell gilt: ***Hohle Phrasen sollten jedenfalls von Referendaren unbedingt vermieden werden***.

Pauschales und damit unerhebliches Bestreiten ist nicht immer ganz so offensichtlich wie in der besagten Standardphrase. Denken wir uns eine detailreiche Unfallschilderung des Klägers. In der darauf bezogenen Klageerwiderung heißt es:

> Richtig ist, dass das Beklagtenfahrzeug mit dem Lkw des Klägers zusammengestoßen ist.
>
> Den Unfallhergang schildert der Kläger aber völlig unzutreffend.

Für eine erfolgversprechende Rechtsverteidigung muss der Beklagtenvortrag gegenüber der detailreichen Schilderung in der Klageschrift Substanz haben. Die pauschale Bezeichnung als „völlig unzutreffend" kann nur der Stimmungsmache dienen. Wenn dann nichts Substanziiertes folgt, bleibt offen, welche konkreten Tatsachen aus dem Klägervortrag bestritten werden sollen.

III. Die streitigen Tatsachen (Streitstand)

Jede Partei hat im Grundsatz die Tatsachen vorzutragen, die für sie günstig sind. Man spricht hier von ***Darlegungslast***.

Es ist dann ***Sache des Gegners***, die Tatsache gegebenenfalls ***zu bestreiten***.

1. Die prozessuale Wahrheitspflicht (§ 138 Abs. 1 ZPO)

Nach der im Kern unmissverständlichen Vorgabe des ***§ 138 Abs. 1 ZPO*** darf ***eine Partei*** jedenfalls nicht wider besseres Wissen vortragen, sie ***darf nicht lügen***.

Eine Partei darf also keine Tatsachen bestreiten, deren Wahrheit sie kennt. Sie darf generell nichts vortragen, von dem sie weiß, dass es unwahr ist.

Auf der anderen Seite geht es um nicht mehr als ***subjektive Wahrhaftigkeit***. Auch (nur) vermutlich wahre Tatsachen darf die Partei behaupten, einfaches Bestreiten kann unter den Voraussetzungen des § 138 Abs. 4 ZPO sogar auf Nichtwissen beruhen (dazu unten mehr).

Das (wirksame) Bestreiten macht die jeweilige Tatsache zum Bestandteil des Streitstands (im Gegensatz zum Sachstand / s.o.). Es gibt ***unterschiedliche Formen des Bestreitens***:

2. Die Formen des Bestreitens

Einfaches und qualifiziertes Bestreiten sind gegensätzlich zu unterscheiden.

Hinzu kommt die Erklärung mit Nichtwissen, die unter Umständen dem einfachen Bestreiten gleichsteht (§ 138 Abs. 4 ZPO).

Das folgende Beispiel basiert auf einem sehr schlichten Ausschnitt aus einem Klägervortrag:

> Die Ampel zeigte für den Beklagten bereits Rot, als dieser in den Kreuzungsbereich einfuhr.

a. Das einfache Bestreiten

Einfaches Bestreiten enthält keine Gegendarstellung:

Bezogen auf unser Ampelbeispiel also etwa so:

> Es wird bestritten, dass die Ampel bereits Rot zeigte, als der Beklagte in den Kreuzungsbereich einfuhr.

In diesem Beispiel wird ausdrücklich bestritten (nicht nur konkludent, vgl. dazu abermals § 138 Abs. 3 ZPO a.E.). Es fehlt aber an einer Gegendarstellung des Beklagten.

Die Ampel kann nach diesem (einfachen) Bestreiten schon Gelb oder noch Grün gezeigt haben.

Insoweit legt sich der Beklagte nicht fest.

Er „sagt" nur, die Ampel habe jedenfalls nicht Rot gezeigt.

Noch deutlicher wird das Phänomen des einfachen Bestreitens im Gegensatz zum qualifizierten Bestreiten.

b. Das qualifizierte Bestreiten (auch zur sekundären Darlegungslast)

Beim qualifizierten Bestreiten gibt es eine Gegendarstellung.

Bezogen auf unser Ampelbeispiel:

> Die Ampel zeigte noch Grün, als der Beklagte in den Kreuzungsbereich einfuhr.

Hier setzt der Beklagte dem Vortrag des Klägers („*Ampel zeigte bereits Rot …*“) mehr entgegen, als er es bei bloß einfachem Bestreiten getan hätte. Er bringt eine ***konkrete Gegenversion***, die über „nicht Rot“ hinausgeht:

Die Ampel zeigte nach seiner konkreten Behauptung Grün, also nicht einmal Gelb, geschweige denn Rot (wie vom Kläger behauptet).

Das qualifizierte Bestreiten wird ***auch substanziiertes Bestreiten genannt***.

Die bestreitende, ***nicht darlegungsbelaste Partei kann sich im Allgemeinen auf einfaches Bestreiten beschränken, sie muss nicht qualifiziert bestreiten***.

Anders ist es aber, wenn die darlegungsbelastete Partei keine Kenntnisse von dem darzulegenden Geschehen hat und haben kann, insbesondere wenn sich die Vorgänge in der Sphäre des Gegners abspielen.

Dann trifft den Gegner die ***sekundäre Darlegungslast***. Eine solche Partei hat qualifiziert zu bestreiten, sie kann sich nicht erfolgversprechend auf einfaches Bestreiten beschränken:

> Der Kläger trägt vor, dass eine Leistung ohne Rechtsgrund stattgefunden habe (anspruchsbegründende Voraussetzung des § 812 Abs. 1 S. 1 Var. 1 BGB).
>
> Hier ist es für den Beklagten nicht ausreichend, „ohne Rechtsgrund“ einfach zu bestreiten. Er ist vielmehr im Rahmen der sekundären Darlegungslast gehalten, dazu vorgetragen, welcher Rechtsgrund bestanden haben soll (z.B. Schenkung).

Nur so kann der Kläger konkret vortragen.

Kommen wir nun zu einer besonderen Form des Bestreitens, die ebenfalls in der Praxis wie auch gelegentlich in Klausuren eine beachtliche Rolle spielt.

c. Die Erklärung mit Nichtwissen (§ 138 Abs. 4 ZPO)

Eine Erklärung mit Nichtwissen ist nach § 138 Abs. 4 ZPO ***nur über Tatsachen zulässig, die weder eigene Handlungen der Partei noch Gegenstand ihrer eigenen Wahrnehmung sind***.

> Ein gewöhnlicher Kunde kann beispielsweise nichts über geschäftsinterne Vorgänge beim Prozessgegner wissen.
>
> Wenn etwa um die Wirksamkeit von Gaspreiserhöhungen gestritten wird, kann sich der Kunde zu den angeblich erhöhten Bezugskosten des Gasunternehmens mit Nichtwissen erklären.
>
> Eine solche Erklärung ist zulässig i.S.d. § 138 Abs. 4 ZPO und damit einem einfachen Bestreiten gleichzusetzen.

Wenn ich dagegen etwas weiß, kann ich mich im Prozess naturgemäß nicht auf „Nichtwissen" zurückziehen.

Auch muss ich mich nach der Rechtsprechung ***gegebenenfalls im eigenen Verantwortungsbereich informieren***. Wenn aber auch zumutbare Erkundigungen zu keinem Ergebnis führen, ist die Erklärung mit Nichtwissen zulässig im Sinne des § 138 Abs. 4 ZPO.

Im Juristenjargon wird statt „Erklärung mit Nichtwissen" oft von ***„Bestreiten mit Nichtwissen"*** gesprochen und geschrieben. Das ist ***unscharf***:

> Der Begriff „Bestreiten mit Nichtwissen" sollte besser vermieden werden. Er wird der Trennschärfe des Gesetzes nicht gerecht:
>
> Ob die Erklärung mit Nichtwissen wie ein Bestreiten zu behandeln ist, hängt davon ab, ob es zulässig im Sinne des § 138 Abs. 4 ZPO ist.

Problematisch können schließlich Fälle sein, in denen es um ***„Nichtmehrwissen"*** geht. Das Vergessen kann der Nichtwahrnehmung ausnahmsweise gleichgestellt werden, wenn es nach der Lebenserfahrung plausibel ist, dass sich eine Partei etwa an einen lange zurückliegenden Alltagsvorgang nicht mehr erinnert. Methodisch handelt es sich dann um eine teleologische Reduktion des § 138 Abs. 4 ZPO.

IV. Ein Beispiel zur Stoffordnung

Um Streitiges zielsicher von Unstreitigem unterscheiden zu können, muss man die Struktur des § 138 ZPO beherrschen.

Wir verwenden ein anschauliches Beispiel aus dem Bereich des Verkehrsunfallprozesses. Es gilt, die Klageerwiderung im Lichte des § 138 ZPO zu interpretieren. Die Darstellung im Tatbestand wird später behandelt.

Der Sachvortrag in der **Klageschrift**:

Der Kläger ist seit über 20 Jahren unfallfrei gefahren.

Er ist Eigentümer des bei dem streitbefangenen Unfall beschädigten VW Passat.

Als der Kläger am 07.09.2018 wie immer aufmerksam die Moltkestraße in Köln befuhr, fuhr etwa auf der Höhe der Hausnummer 42 der Beklagte als Fahrer eines 5er BMW mit quietschenden Reifen aus Sicht des Klägers von rechts aus einer Parklücke heraus. Der BMW fuhr ungebremst schräg auf Höhe der Beifahrertür in das Fahrzeug des Klägers hinein.

In der **Klageerwiderung** heißt es:

In der Tat hat sich am 07.09.2018 ein Verkehrsunfall auf der Moltkestraße in Köln etwa auf Höhe der Hausnummer 42 zugetragen.

Der übrige Vortrag des Klägers kann aber nicht unwidersprochen bleiben.

Der Beklagte erklärt sich zunächst mit Nichtwissen dazu, dass der Kläger seit über 20 Jahren unfallfrei gefahren sei.

Ebenfalls mit Nichtwissen erklärt sich der Beklagte dazu, er sei mit quietschenden Reifen aus der Parklücke gefahren.

Der Beklagte ist nicht ungebremst in das Klägerfahrzeug gefahren. Der entsprechende Vortrag des Klägers wird bestritten.

Auch ist der Kläger keineswegs aufmerksam gefahren, er telefonierte vielmehr unmittelbar vor dem Zusammenstoß mit seinem Handy.

Was ist unstreitig, was ist streitig?

Welche der oben im Zusammenhang mit § 138 ZPO erläuterten ***Varianten sind jeweils einschlägig?***

Die fiktive Klageerwiderung ist darauf zugeschnitten, die gängigen Möglichkeiten im Zusammenhang mit § 138 ZPO abzudecken. Im Einzelnen der Reihe nach:

„In der Tat hat sich am 07.09.2018 ein Verkehrsunfall auf der Moltkestraße in Köln etwa auf Höhe der Hausnummer 42 zugetragen."

→ Das ist übereinstimmender Parteivortrag (unstreitig).

„Der Beklagte erklärt sich zunächst mit Nichtwissen dazu, dass der Kläger seit über 20 Jahren unfallfrei gefahren sei."

→ Dies ist eine gemäß § 138 Abs. 4 ZPO eindeutig zulässige Erklärung mit Nichtwissen (streitig).

„Ebenfalls mit Nichtwissen erklärt sich der Beklagte dazu, er sei mit quietschenden Reifen aus der Parklücke gefahren."

→ Jedenfalls ohne nähere Erläuterung des Nichtwissens ist diese Erklärung nicht zulässig i.S.d. § 138 Abs. 4 ZPO. Sie betrifft eine Handlung des Beklagten. Er muss unter normalen Umständen mitbekommen haben, ob die Reifen gequietscht haben oder nicht. Damit ist die Erklärung mit Nichtwissen dem Bestreiten nicht gleichgestellt, im Ergebnis ist das Quietschen unstreitig. Das wird allerdings im Urteil erst in den Entscheidungsgründen herausgearbeitet (dazu unten mehr).

„Der Beklagte ist nicht ungebremst in das Klägerfahrzeug gefahren. Der entsprechende Vortrag des Klägers wird bestritten."

→ Das ist ausdrückliches Bestreiten, hier in Form einfachen Bestreitens (streitig / vgl. § 138 Abs. 3 ZPO).

„Auch ist der Kläger keineswegs aufmerksam gefahren, er telefonierte vielmehr unmittelbar vor dem Zusammenstoß mit seinem Handy."

→ Hier handelt es sich um qualifiziertes Bestreiten. Der Beklagte beschränkt sich nicht darauf, die Aufmerksamkeit des Klägers zu leugnen. Er bringt konkreten Sachvortrag, aus dem sich die Unaufmerksamkeit des Klägers ergeben soll.

Zur Eigentümerstellung des Klägers hat sich der Beklagte nicht geäußert.

→ Die Eigentümerstellung (sogenannte Rechtstatsache / s.o.) ist als zugestanden anzusehen (unstreitig). Das Prozessverhalten des

Beklagten führt in diesem Punkt zur Geständnisfiktion des § 138 Abs. 3 ZPO. Am Rande bemerkt: Ein Bestreiten der Eigentümerstellung wäre zwar möglich, aber wegen § 1006 Abs. 1 S. 1 BGB nicht unbedingt sinnvoll gewesen.

Wir runden auch diesen wichtigen Abschnitt mit einigen Verständnisfragen ab …

V. Die Verständnisfragen

zu Teil 3 B.: Der Unterschied zwischen streitigen und unstreitigen Tatsachen

(Antworten in Teil 8 C., ab Seite 214)

Frage 1

Welcher Zeitpunkt ist maßgeblich für die Zuordnung der vorgetragenen Tatsachen zum Sach- oder Streitstand?

Frage 2

a. Wie kommt der Sachstand (unstreitige Tatsachen) regelmäßig zustande?

b. Welche anderen Wege führen ebenfalls zu unstreitigen Tatsachen?

c. Welche Rolle spielt in diesem Zusammenhang das sogenannte pauschale Bestreiten?

Frage 3

Was ist im Rahmen der prozessualen Wahrheitspflicht erlaubt, was nicht?

Frage 4

a. Wodurch unterscheidet sich qualifiziertes Bestreiten von einfachem Bestreiten?

b. In welcher Konstellation genügt es für den Gegner der darlegungsbelasteten Partei ausnahmsweise nicht, sich auf einfaches Bestreiten zu beschränken?

Frage 5

Unter welchen Voraussetzungen ist eine Erklärung mit Nichtwissen dem (einfachen) Bestreiten gleichgestellt?

C. Der Umgang mit streitigen Tatsachen / Relationstechnik

Die ***Relationstechnik kommt ins Spiel, wenn der Parteivortrag geordnet ist***, insbesondere also einzelne Tatsachen entweder dem Sachstand (unstreitige Tatsachen) oder dem Streitstand (streitige Tatsachen) zugeordnet sind.

Die Methode ist kein Selbstzweck. Die ***Relationstechnik*** dient vereinfacht gesagt dazu, im Sach- und Streitstand (Ergebnis der Stoffsammlung und Stoffordnung) die Spreu vom Weizen zu trennen.

Dass eine Tatsche streitig ist (s.o. Teil 3 B.), heißt noch lange nicht, dass es rechtlich auf sie ankommt. ***Die streitige Tatsache muss nicht erheblich sein***.

Wenn die streitige Tatsache aber ***im Einzelfall erheblich*** ist, führt wegen des Beibringungsgrundsatzes regelmäßig nur ein ***Beweisantrag der „richtigen", also der beweisbelasteten Partei*** dazu, dass schließlich Beweis erhoben wird.

Mit der ***Relationstechnik*** können sowohl ***unnötige Beweisaufnahmen vermieden*** als auch ***nötige Beweisaufnahmen*** als solche herausgearbeitet werden (je nach Ergebnis).

In Klausurakten sind ***Beweisaufnahmen keine Seltenheit (meist Zeugenvernehmungen)***, es gibt ***aber auch viele Klausuraufgaben, in denen*** trotz Beweisanträgen ***keine Beweisaufnahme stattgefunden*** hat.

Das Verständnis der Relationstechnik ist in beiden Klausurkonstellationen (mit und ohne Beweisaufnahme) ausgesprochen ***hilfreich***, um klausurtaktisch zu einer möglichst stimmigen Lösung zu kommen.

Zu den einzelnen Schritten der Relationstechnik:

I. Die Schlüssigkeit des Klägervorbringens (Klägerstation)

Den Begriff der Schlüssigkeit hatten wir bereits oben in Anlehnung an § 331 Abs. 2 i.V.m. Abs. 1 S. 1 ZPO erläutert (Teil 3 A. I.).

Noch einmal:

> ***Wenn das Tatsachenvorbringen den Klageantrag rechtfertigt, spricht man von schlüssigem Vortrag des Klägers.***
>
> Im Juristenjargon ist oft verkürzend von „schlüssiger Klage" oder „unschlüssiger Klage" die Rede. Der sprachlichen Präzision wegen sollte das vermieden werden: ***Das Vorbringen ist schlüssig oder auch unschlüssig***, nicht die Klage als solche.

Wir nehmen in der ***Klägerstation*** also – wenig überraschend – nur den Tatsachenvortrag des Klägers rechtlich unter die Lupe. Dies ist der ***Sachstand (unstreitiger Sachverhalt) und der streitige Vortrag des Klägers***.

> ***Bei vollständig unschlüssigem Klägervorbringen*** ist die Sache zu Lasten des Klägers entscheidungsreif, wenn der Kläger nicht auf Hinweise des Gerichts erfolgreich nachbessert. Dann ***wird die Klage abgewiesen***, ohne dass es auf das Tatsachenvorbringen des Beklagten ankäme. ***Man kommt relationstechnisch gar nicht erst zur Beklagtenstation***.

In der Praxis wird das Klägervorbringen oft nur teilweise schlüssig und dementsprechend teilweise unschlüssig sein. Häufig sind die beantragten Nebenforderungen, insbesondere Zinsansprüche nicht in vollem Umfang schlüssig dargelegt. Das kann beispielsweise die Zinshöhe oder auch den Zinsbeginn betreffen.

Bei vollständig oder teilweise schlüssigem Klägervortrag dringt man relationstechnisch zur ***Beklagtenstation*** vor. Der Beklagtenvortrag ist auf sogenannte ***Erheblichkeit*** zu prüfen.

Kommen wir damit zum nächsten Schritt der Relationstechnik:

II. Die Erheblichkeit des Beklagtenvortrags (Beklagtenstation)

Die Grundlage dieser Prüfung ist der Beklagtenvortrag. Dies ist der ***Sachstand (unstreitiger Sachverhalt) und der streitige Vortrag des Beklagten***.

Die ***Frage*** lautet:

Ergibt sich eine andere rechtliche Wertung, wenn man statt des Klägervorbringens den Tatsachenvortrag des Beklagten prüft?

Eine ***eigenständige Bedeutung hat diese Prüfung nur, wenn es überhaupt streitigen Tatsachenvortrag gibt***. Es kommt durchaus zu Prozessen, in denen der gesamte Sachverhalt unstreitig ist (nur Sachstand, kein Streitstand). Der Streit kommt dann regelmäßig dadurch zustande, dass die Parteien gegensätzliche Rechtsansichten haben.

Bei vollständig unerheblichem Beklagtenvorbringen ist die Sache zu Lasten des Beklagten entscheidungsreif, wenn der Beklagte nicht auf Hinweise des Gerichts erfolgreich nachbessert. Dann ***wird der Klage entsprechend dem schlüssigen Klägervorbringen stattgegeben***, ohne dass es auf eine etwaige Beweisaufnahme ankäme. ***Man kommt relationstechnisch nicht zur Beweisstation***.

Damit ist umgekehrt auch klar, in welcher Konstellation die sogenannte Beweisstation erreicht wird:

Bei vollständig oder teilweise erheblichem Beklagtenvortrag hat man festgestellt, dass die rechtserheblichen Behauptungen voneinander abweichen.

Man hat bezogen auf die jeweilige ***Tatsache*** herausgearbeitet, dass diese ***nicht nur streitig, sondern auch rechtlich erheblich*** ist. Der Anspruch steht und fällt damit, ob das Gericht dem Klägervortrag oder dem Beklagtenvortrag folgt.

Aber Vorsicht: Das heißt im Prozessverlauf noch nicht, dass es zu einer Beweisaufnahme kommen muss.

Das Ganze erhellt sich endgültig, wenn der Blick auf die sogenannte Beweisstation fällt.

Anders als man auf den ersten Blick vermuten könnte, betrifft dieser Schritt der Relationstechnik nämlich nicht in erster Linie die Beweiswürdigung. Vorrangig geht es um die Frage, ob und gegebenenfalls wie Beweis zu erheben ist:

III. Die Beweisstation

1. Die Prüfung der Notwendigkeit einer Beweisaufnahme

Wir setzen an dieser Stelle der Einfachheit halber die ***Beweisbedürftigkeit einer als streitig und rechtlich erheblich erkannten Tatsache*** voraus (allgemeingültig ist das nicht, vgl. etwa § 291 ZPO).

Im Zivilprozess gilt der ***Beibringungsgrundsatz***. Deshalb setzt eine Beweisaufnahme grundsätzlich einen ***Beweisantrag*** der „richtigen" Partei voraus:

Beweis über eine streitige, rechtlich erhebliche und beweisbedürftige Tatsache ist dann zu erheben, wenn zumindest auch die beweisbelastete Partei hierzu ordnungsgemäß Beweis beantragt hat.

Wann ist demensprechend kein Beweis zu erheben?

Obwohl eine Tatsache streitig, rechtlich erheblich und beweisbedürftig ist, wird kein Beweis über sie erhoben, wenn entweder keine der beiden Seiten hierzu ordnungsgemäß Beweis beantragt hat oder nur die nicht beweisbelastete Seite Beweis beantragt (auch im letztgenannten Fall kein Beweisantrag der beweisbelasteten Partei).

Die richterliche Überzeugung muss sich nicht zwingend aus einer Beweisaufnahme ergeben, wird aber nur ausnahmsweise ohne Beweisaufnahme zustande kommen (vgl. § 286 Abs. 1 S. 1 ZPO).

2. Die Lage nach durchgeführter Beweisaufnahme

Wenn eine ***Beweisaufnahme stattgefunden*** hat (in der Praxis wie auch in Klausuren meist durch Zeugenvernehmung) hängt von der ***Würdigung des Ergebnisses*** dieser Beweisaufnahme regelmäßig der Ausgang des Rechtsstreits ab.

Das muss auch so sein, weil sich ansonsten die Beweisaufnahme (rückblickend) als unnötig erweist. Das kann zwar vorkommen, sollte aber durch konsequente Anwendung der Relationstechnik möglichst vermieden werden.

Ein Grundverständnis vom sogenannten ***Beweismaß des § 286 Abs. 1 S. 1 ZPO*** ist elementar wichtig.

Für die richterliche Überzeugung genügt nämlich ***nicht schon überwiegende Wahrscheinlichkeit***.

Was ist für die ***richterliche Überzeugung*** erforderlich?

Die richterliche Überzeugung i.S.d. § 286 Abs. 1 S. 1 ZPO erfordert subjektive Gewissheit aufgrund objektiv sehr hoher Wahrscheinlichkeit. Es dürfen keine vernünftigen Zweifel an der Wahrheit der behaupteten Tatsache bestehen.

Die ***Würdigung*** einer etwaigen Beweisaufnahme ist gemäß ***§ 286 Abs. 1 S. 2 ZPO*** notwendiger ***Bestandteil*** des Urteils.

Wir werden ***in Teil 4*** auf dieses Thema zurückkommen.

Teil 3: Die Arbeit am Sachverhalt

IV. Die Verständnisfragen

zu Teil 3 C.: Der Umgang mit streitigen Tatsachen / Relationstechnik

(Antworten in Teil 8 D., ab Seite 215)

Frage 1

Welche Funktion hat die Relationstechnik?

Frage 2

Was bedeutet Schlüssigkeit im Rahmen der Relationstechnik?

Frage 3

a. Unter welcher Voraussetzung dringt man relationstechnisch zur Beklagtenstation vor?

b. Was ist dort zu untersuchen?

c. Mit welchen Folgen für die weitere Prüfung?

Frage 4

Wenn man in der Relation bis zur Beweisstation kommt, ist dort was vorrangig zu prüfen?

Frage 5

a. Insbesondere im Falle einer durchgeführten Beweisaufnahme kommt es für die Würdigung etwa von Zeugenaussagen auf die richterliche Überzeugung an. Welche Vorschrift ist hier einschlägig?

b. Wie lässt sich das erforderliche Überzeugungsmaß („Beweismaß“) kurz beschreiben?

Teil 4: Die Bestandteile des Urteils (§ 313 ZPO)

A. Der sogenannte Urteilskopf (Rubrum, § 313 Abs. 1 Nr. 1 bis 3 ZPO)

Das Urteil beginnt in Anlehnung an § 313 Abs. 1 Nr. 1 bis 3 ZPO mit formalen Angaben, nämlich mit dem sogenannten ***Urteilskopf***, der gelegentlich auch ***Urteilseingang*** genannt wird. Überwiegend verbreitet ist der kürzere Begriff „***Rubrum***".

Bevor wir auf die Bestandteile des Rubrums im Einzelnen eingehen, bieten wir an dieser Stelle ein weiteres ***Beispiel*** (siehe schon Teil 1 B.):

7 O 295/18

Landgericht Köln

Im Namen des Volkes

Urteil

In dem Rechtsstreit

K & S GmbH, gesetzlich vertreten durch ihren Geschäftsführer Hans Otto Schmidt, Aachener Straße 57, 50931 Köln,

- Klägerin -

- Prozessbevollmächtigte: Rechtsanwälte Schlau und Schnell, Eckertstraße 7, 50858 Köln

gegen

Heinz Strunk, Dürener Straße 42, 50935 Köln,

- Beklagter -

- Prozessbevollmächtigter: Rechtsanwalt Ralf Robust, Moltkestraße 23, 50859 Köln

hat das Landgericht Köln – 7. Zivilkammer –
durch die Richterin am Landgericht Sowienoch als Einzelrichterin
aufgrund der mündlichen Verhandlung vom 17. Oktober 2018
für R e c h t erkannt:

Kommen wir nun zu den Elementen des Rubrums, beginnend oben links:

I. Das Aktenzeichen

Das ***Aktenzeichen*** wird ***auch Geschäftszeichen oder Geschäftsnummer*** genannt. Es steht üblicherweise auf der ersten Seite des Urteils oben links.

Die erste Zahl bezeichnet beim ***Landgericht*** die ***Kammer***, im Zusammenhang mit dem Registerzeichen „O“ ist dies die erstinstanzliche Zivilkammer. Die Zahl am Ende (hinter dem Schrägstrich) gibt das Jahr des Eingangs der Sache an. Vor dem Schrägstrich steht die Nummer der Sache im jeweiligen Jahr.

In unserem Beispiel von oben entscheidet also die 7. Zivilkammer des Landgerichts Köln über die dort 295-te Sache aus dem Jahr 2018 (7 O 295/18, gesprochen: „sieben O 295 aus 18“).

Beim ***Amtsgericht*** gibt es keine Spruchkörper (weder Kammern noch Senate), das Amtsgericht entscheidet immer als solches. Die erste Zahl bezeichnet beim Amtsgericht nur die jeweilige ***Abteilung*** (Organisationseinheit), bei allgemeinen Zivilsachen im Zusammenhang mit dem Registerzeichen „C“ (z.B. 48 C 533/18, gesprochen: „48 C 533 aus 18“).

Eine Übersicht zu den wichtigsten Registerzeichen in vielen Rechtsgebieten gibt es im Anhang des „Schönfelder“.

II. Der Verkündungsvermerk

Ein ***Verkündungsvermerk gehört*** aus Richtersicht und damit auch aus Referendarsicht ***nicht zum Rubrum***. Er ist nämlich gemäß § 315 Abs. 3 ZPO Sache der Geschäftsstelle.

Deshalb sollten ***Klausuren keinen Verkündungsvermerk*** enthalten.

Auch in unserem Beispiel von oben gibt es keinen Verkündungsvermerk.

In der Geschäftsstelle wird die Verkündung typischerweise auf der ersten Seite des Urteils oben rechts vermerkt (siehe Teil 1 B.).

III. Die Überschrift

In der Praxis ist auf der ersten Seite des Urteils oben zentral das ***Wappen*** des jeweiligen Bundeslandes zu sehen.

In Klausuren lässt man das natürlich weg.

Ebenfalls zentriert folgt die ***Angabe des*** jeweiligen ***Gerichts***:

Landgericht Köln

Nach der Benennung des Gerichts steht zunächst bei jedem Urteil in Anlehnung an § 311 Abs. 1 ZPO:

Im Namen des Volkes

Besondere Urteilsarten wie beispielsweise Versäumnisurteile sind zwingend als solche zu bezeichnen (vgl. § 313b Abs. 1 S. 2 ZPO).

In den meisten Bundesländern ist generell eine Bezeichnung üblich, auch wenn keine besondere Urteilsart vorliegt. Im Normalfall heißt es dann – wie im Beispiel oben – schlicht:

Urteil

Insbesondere in Berlin neigt man hingegen dazu, die Bezeichnung „Urteil“ für überflüssig zu halten und sie deshalb wegzulassen. Die Idee dahinter ist eine Art Umkehrschluss aus § 313b Abs. 1 S. 2 ZPO.

IV. Die Bezeichnung der Prozessbeteiligten (§ 313 Abs. 1 Nr. 1 ZPO)

Nach der links gesetzten ***Einleitung „In dem Rechtsstreit"*** folgen die Parteibezeichnung (gegebenenfalls mit gesetzlichen Vertretern) und die Bezeichnung der Prozessbevollmächtigten.

Die ***Grammatik*** der Parteibezeichnung ist ***uneinheitlich***.

Traditionell wird der mit „In dem Rechtsstreit" beginnende Satz konsequent fortgesetzt, indem die Parteien ***mit Artikel oder Anrede*** genannt und dann im ***Genitiv*** bzw. im ***Akkusativ*** bezeichnet werden.

Für unser Beispiel von oben hieße das:

In dem Rechtsstreit

der K & S GmbH, gesetzlich vertreten durch ihren Geschäftsführer Hans Otto Schmidt, Aachener Straße 57, 50931 Köln,

Klägerin,

- Prozessbevollmächtigte: Rechtsanwälte Schlau und Schnell, Eckertstraße 7, 50858 Köln

g e g e n

Herrn Heinz Strunk, Dürener Straße 42, 50935 Köln,

Beklagten,

- Prozessbevollmächtigter: Rechtsanwalt Ralf Robust, Moltkestraße 23, 50859 Köln

Eine ***andere***, etwas moderner wirkende ***Darstellungsweise*** schlägt das in vielen Bundesländern eingesetzte Justiz-Programm „forumSTAR" vor. Die Parteien werden dort ***ohne Artikel*** angegeben und ihre Stellung im ***Nominativ in Parenthesen*** bezeichnet. An dieser verbreiteten Praxis orientieren wir uns hier.

In unserem Beispiel (wie oben):

In dem Rechtsstreit

K & S GmbH, gesetzlich vertreten durch ihren Geschäftsführer Hans Otto Schmidt, Aachener Straße 57, 50931 Köln,

- Klägerin -

- Prozessbevollmächtigte: Rechtsanwälte Schlau und Schnell, Eckertstraße 7, 50858 Köln

gegen

Heinz Strunk, Dürener Straße 42, 50935 Köln,

- Beklagter -

- Prozessbevollmächtigter: Rechtsanwalt Ralf Robust, Moltkestraße 23, 50859 Köln

Zum direkten Vergleich stellen wir beide üblichen und jeweils in sich stimmigen Versionen hypothetisch zusammen vor (kursiv der traditionell fortgeführte Satz).

In dem Rechtsstreit

der K & S GmbH, gesetzlich vertreten durch ihren Geschäftsführer Hans Otto Schmidt, Aachener Straße 57, 50931 Köln,

Klägerin,
- Klägerin -

- Prozessbevollmächtigte: Rechtsanwälte Schlau und Schnell, Eckertstraße 7, 50858 Köln

gegen

Herrn Heinz Strunk, Dürener Straße 42, 50935 Köln,

Beklagten,
- Beklagter -

- Prozessbevollmächtigter: Rechtsanwalt Ralf Robust, Moltkestraße 23, 50859 Köln

Ein ***Streithelfer*** (Nebenintervenient) ist im Rubrum als solcher zu bezeichnen und hinter der Partei zu erwähnen, der er beigetreten ist (siehe auch § 101 ZPO).

Wenn ein ***Streitverkündungsempfänger*** nicht beigetreten ist, wird er nicht zum Streithelfer und ist weder im Rubrum noch an anderer Stelle des Urteils zu erwähnen. Die Streitverkündung kann dann nämlich erst in einem etwaigen Folgeprozess über die Interventionswirkung eine Rolle spielen (§§ 74, 68 ZPO).

V. Die Bezeichnung des Gerichts und der Richter (§ 313 Abs. 1 Nr. 2 ZPO)

Die ***Bezeichnung des Gerichts*** wird stets mit ***„hat …“*** eingeleitet.

Beim ***Landgericht*** wird der ***Spruchkörper*** genannt:

> hat die 11. Zivilkammer des Landgerichts Freiburg
>
> *oder*
>
> hat das Landgericht Freiburg – 11. Zivilkammer –

Beim Amtsgericht sieht es etwas anders aus. Weil es dort keine Spruchkörper gibt, entscheidet immer das ***Amtsgericht als solches***. Die Abteilung ist eine bloße Organisationseinheit und wird – wenn überhaupt – nur nachrangig angegeben:

> hat das Amtsgericht Schwerin
>
> *oder*
>
> hat das Amtsgericht Schwerin, Abteilung 43

Die ***Bezeichnung der Richter*** beginnt mit ***„durch …“***

Es sind jeweils der ***die Dienstbezeichnung und der Nachname*** anzugeben. Dienstbezeichnungen sind z.B. Vorsitzender Richter am Landgericht, Richter am Landgericht, Richter am Amtsgericht, Richter):

durch den Richter am Amtsgericht Meister

oder

durch die Vorsitzende Richterin am Landgericht Mühelos, den Richter am Landgericht Heiß und die Richterin Kühl

Entscheidet bei einem ***Kollegialgericht*** der ***Einzelrichter*** (das ist oft der Fall), wird dies nach der Dienstbezeichnung und dem Namen angegeben:

durch den Richter am Landgericht Dr. Schlau als Einzelrichter

Nach ***„hat …"*** und ***„durch …"*** geht es weiter mit ***„auf …"***

VI. Die Angabe des Schlusses der mündlichen Verhandlung (§ 313 Abs. 1 Nr. 3 ZPO)

Anzugeben ist der ***Tag der mündlichen Verhandlung*** (nicht der Verkündungstermin!). Bei mehreren Terminen wird im Zivilprozess nur der letzte Verhandlungstag genannt:

auf die mündliche Verhandlung vom 05. November 2018

oder

aufgrund der mündlichen Verhandlung vom 05. November 2018

Wenn (ausnahmsweise) im schriftlichen Verfahren gemäß § 128 Abs. 2 ZPO entschieden wird, muss der Tag angegeben werden, bis zu dem Schriftsätze eingereicht werden konnten. Dies entspricht nämlich dem Tag der mündlichen Verhandlung.

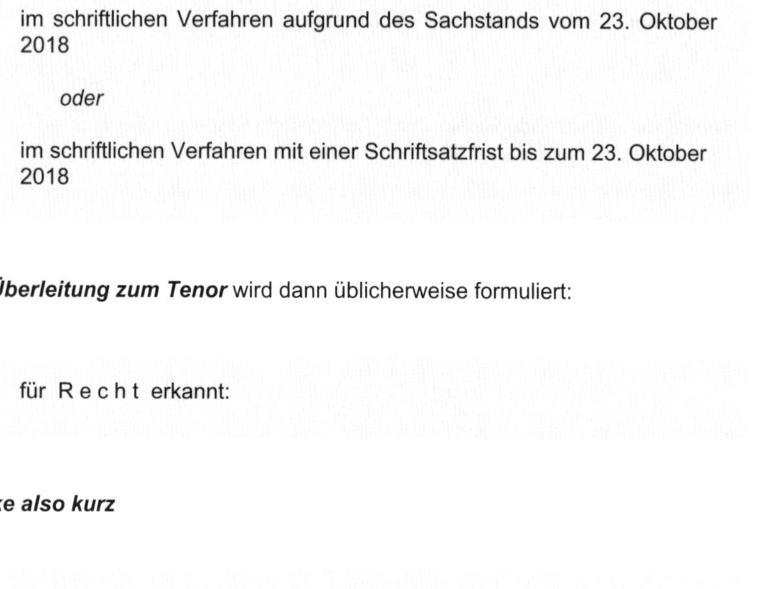

im schriftlichen Verfahren aufgrund des Sachstands vom 23. Oktober 2018

oder

im schriftlichen Verfahren mit einer Schriftsatzfrist bis zum 23. Oktober 2018

Als ***Überleitung zum Tenor*** wird dann üblicherweise formuliert:

für R e c h t erkannt:

Merke also kurz

hat …

durch …

auf …

für …

Zur Abrundung noch einmal der entsprechende Ausschnitt aus dem Eingangsbeispiel:

hat das Landgericht Köln – 7. Zivilkammer –

durch die Richterin am Landgericht Sowienoch als Einzelrichterin

aufgrund der mündlichen Verhandlung vom 17. Oktober 2018

für R e c h t erkannt:

B. Die Urteilsformel (Tenor, § 313 Abs. 1 Nr. 4 ZPO)

Die Urteilsformel wird in der Praxis meist kurz und prägnant Tenor genannt.

> ***Der Tenor ist der wichtigste Teil des Urteils.***
>
> Aus ihm ergibt sich die ***Rechtskraftwirkung***.
>
> Er ist die ***Grundlage für die Zwangsvollstreckung***.

Man beginnt mit der ***Hauptsacheentscheidung***. Ihr folgen die prozessualen Nebenentscheidungen, nämlich standardmäßig die ***Kostenentscheidung*** und die ***Entscheidung über die vorläufige Vollstreckbarkeit***.

> Begrifflich sind ***prozessuale Nebenentscheidungen von*** in der Praxis häufig geltend gemachten ***Nebenansprüchen zu unterscheiden***. Zu den Nebenansprüchen zählen Zinsen und Rechtsverfolgungskosten, die im Urteil Bestandteil der Hauptsacheentscheidung sind (wenn und soweit zugesprochen).

An dieser Stelle beschreiben wir den ***Normalfall eines Endurteils,*** das die Instanz abschließt (anders sieht es insbesondere bei einem Teilurteil aus, vgl. § 301 ZPO).

Zudem können sich ***prozessuale Besonderheiten*** auf den Tenor auswirken. Das ist vor allem bei Entscheidung nach Einspruch gegen ein Versäumnisurteil und bei der Widerklage der Fall (siehe unten Teil 5 D. und Teil 5 A.). Aber auch die Prozessaufrechnung kann spezielle Kostenentscheidungen hervorbringen (siehe unten Teil 5 E.).

Die Formulierung des Tenors sollte folgenden generellen Anforderungen gerecht werden:

> ***knapp***, ***eindeutig***, ***vollstreckungsfähig*** (bei Leistungsurteilen), ***erschöpfend***

Erschöpfend bedeutet, dass ***die zuletzt gestellten Anträge vollständig „abgearbeitet"*** sein müssen. Wenn weniger als beantragt zugesprochen wird, muss die Klage „im Übrigen" abgewiesen werden.

Auf keinen Fall darf mehr zugesprochen werden, als beantragt (§ 308 Abs. 1 ZPO / lateinisch „ne ultra petita").

Kommen wir zu den Einzelheiten beim ***Hauptsachetenor***. Die ***herausragende Bedeutung*** dieses Urteilsbestandteils kann nicht oft genug betont werden. Das gilt selbstverständlich auch mit Blick auf Klausuren.

Fehler im Tenor wiegen immer schwer, besonders aber im Hauptsacheausspruch.

Häufigster Lapsus ist, dass in einschlägigen Fällen vergessen wird, die Klage „im Übrigen" abzuweisen (dazu unten mehr).

I. Die Hauptsacheentscheidung

Wir unterscheiden ***klageabweisende Urteile*** **(1.)** und ***stattgebende Urteile*** **(2.)**. Hier ist zunächst jeweils vollständige Abweisung bzw. Stattgabe gemeint.

Natürlich gibt es auch ***Urteile, mit denen der Klage nur teilweise stattgegeben wird*** **(3.)**.

1. Das klageabweisende Urteil

Bei vollständig klageabweisenden Urteilen ist der Hauptsachetenor denkbar einfach:

> Die Klage wird abgewiesen.

Das gilt für alle Klagearten einheitlich, nämlich für Leistungsklagen, Feststellungsklagen und Gestaltungsklagen.

Ob die Klage unzulässig oder zwar zulässig, aber unbegründet ist (möglicherweise auch nur „derzeit unbegründet"), ergibt sich nicht aus dem Tenor, sondern erst aus den Entscheidungsgründen.

2. Das klagestattgebende Urteil

Wie der Tenor beim vollständig stattgebenden Urteil zu lauten hat, hängt von der Klageart ab. Wir unterscheiden ***Leistungsklagen, Feststellungsklagen und Gestaltungsklagen***, In einem Rechtsstreit können auch mehrere Klagearten kombiniert auftreten.

a. Das Leistungsurteil

Bei Leistungsurteilen muss klar werden, ***wer an wen was genau zu leisten hat***. ***Häufig*** wird es um ***Zahlungen*** oder um die ***Herausgabe einer Sache*** gehen. Gegenstand der Leistungsklage kann aber auch die Vornahme einer Handlung, ein Unterlassen oder ein Dulden sowie die Abgabe einer Willenserklärung sein.

Gehen wir vom einfachen Fall nur eines Beklagten aus, lautet der Beginn des Hauptsachetenors immer gleich:

> Der Beklagte wird verurteilt, ...

Eine typische Hauptsacheentscheidung bei einer ***Zahlungsklage*** kann etwa so aussehen (hier mit weiblichen Parteien):

> Die Beklagte wird verurteilt, an die Klägerin 7.547,30 € nebst Zinsen in Höhe von fünf Prozentpunkten über dem jeweiligen Basiszinssatz seit dem 23.08.2018 zu zahlen.

Auch die ***Zinsforderung*** muss genau und aus dem Tenor selbst verständlich bezeichnet werden.

Wenn „Zinsen seit ***Rechtshängigkeit***" beantragt werden, muss dies in der Urteilsformel in ein ***konkretes Datum*** umgesetzt werden. Man setzt in entsprechender Anwendung des § 187 Abs. 1 BGB den ***Tag nach Zustellung der Klageschrift*** ein (vgl. §§ 261 Abs. 1, 253 Abs. 1 ZPO).

In unserem Beispiel („seit dem 23.08.2018") wäre die Basis für Rechtshängigkeitszinsen also die Zustellung der Klageschrift am 22.08.2018.

Werden mehrere ***Beklagte als Gesamtschuldner*** erfolgreich verklagt, muss dies im Hauptsachetenor zum Ausdruck kommen:

> Die Beklagten werden als Gesamtschuldner verurteilt, an die Klägerin 13.547,20 € nebst Zinsen in Höhe von fünf Prozentpunkten über dem jeweiligen Basiszinssatz seit dem 05.09.2018 zu zahlen.

Bei einer ***Herausgabeklage*** könnte es heißen:

> Der Beklagte wird verurteilt, an die Klägerin den Pkw VW Caddy 1,6 l TDI, Fahrzeugidentifikationsnummer WV3ZZZ2KFCX004765 herauszugeben.

Hieße es dagegen nur *„... den streitgegenständlichen Pkw VW Caddy herauszugeben“*, wäre der Tenor zu unbestimmt.

Wird einer ***Zahlungsklage nur Zug um Zug*** gegen eine vom Kläger zu erbringende Leistung stattgegeben, ist die Gegenleistung natürlich ebenso genau zu bezeichnen.

> Der Beklagte wird verurteilt, an den Kläger 12.750,00 € Zug um Zug gegen Rückgabe und Übereignung des Pkw VW Touran 2,3 l TDI, Fahrzeugidentifikationsnummer WV7FXZ8GBCX013573 zu zahlen.

An all dem sieht man: Das ***Leistungsurteil muss eine Hauptsachentscheidung mit vollstreckungsfähigem Inhalt haben***.

Das Vollstreckungsorgan (man denke in erster Linie an den Gerichtsvollzieher) muss aufgrund des Tenors vollstrecken können, ohne auf den Tatbestand und/oder die Entscheidungsgründe abstellen zu müssen.

Erst recht darf die Zwangsvollstreckung nicht von außerhalb des Urteils liegenden Umständen abhängen.

b. Das Feststellungsurteil

Der ***Hauptsachetenor des Feststellungsurteils*** hat zwar im Gegensatz zum Leistungsurteil keinen vollstreckungsfähigen Inhalt, muss aber eine möglichst bestimmte Bezeichnung des Rechtsverhältnisses i.S.d. § 256 Abs. 1 ZPO enthalten:

> Es wird festgestellt, dass die Beklagte verpflichtet ist, dem Kläger sämtliche Schäden zu ersetzen, die ihm aus dem Schadensfall vom 20.03.2018 in der Töpferstraße in 03046 Cottbus durch den Biss des von der Beklagten gehaltenen Hundes entstanden sind, soweit die Ansprüche nicht auf Sozialversicherungsträger oder sonstige Dritte übergegangen sind.

Ein besonders prüfungsrelevanter Fall ist die Feststellung nach einseitiger Erledigterklärung (siehe näher unten Teil 5 C.). Wenn es um den Rechtsstreit selbst geht, bedarf es keiner näheren Bezeichnung im Hauptsachetenor. Ausreichend und üblich ist folgende Formulierung:

> Es wird festgestellt, dass der Rechtsstreit in der Hauptsache erledigt ist.

Kommen wir nun noch zu der dritten und letzten Klageart, dem Gestaltungsurteil.

c. Das Gestaltungsurteil

Wie schon der Name sagt, wirkt hier das ***Urteil unmittelbar gestaltend***. Das Gestaltungsurteil geht also über die bloße Feststellung hinaus. Die in der Referendarausbildung mit großem Abstand wichtigsten Gestaltungsklagen sind die ***Vollstreckungsklagen***, dort allen voran die Vollstreckungsabwehrklage (§ 767 ZPO, siehe unten Teil 5 G.).

> Die Zwangsvollstreckung aus dem Urteil des Amtsgerichts Zossen vom 12.07.2018 – 3 C 547/17 – wird für unzulässig erklärt.

Wenden wir uns nun den „Mischfällen“ zu, in denen die Klage zwar nicht ganz abzuweisen ist, aber auch keinen vollständigen Erfolg hat.

3. Das teilweise klagestattgebende Urteil

Es kommt recht häufig vor, dass die Klage keinen kompletten Erfolg hat. Dabei geht es oft nur um wirtschaftlich gesehen eher unbedeutende Misserfolge des Klägers, meist bezogen auf Nebenforderungen.

Nehmen wir an, dass die Hauptforderung vollständig begründet ist, dass aber nicht wie beantragt Zinsen in Höhe von neun Prozentpunkten über dem jeweiligen Basiszinssatz zugesprochen werden, sondern nur in Höhe von fünf Prozentpunkten über dem jeweiligen Basiszinssatz. Es fehlt dann an einer der Voraussetzungen des § 288 Abs. 2 BGB.

> Die Beklagte wird verurteilt, an die Klägerin 7.547,30 € nebst Zinsen in Höhe von fünf Prozentpunkten über dem jeweiligen Basiszinssatz seit dem 23.08.2018 zu zahlen.
>
> Im Übrigen wird die Klage abgewiesen.

Damit über den gesamten Streitgegenstand entschieden wird („erschöpfend" / s.o.), muss man ***unbedingt die Klage „im Übrigen" abweisen***.

II. Die Kostenentscheidung

Gemäß ***§ 308 Abs. 2 ZPO*** ist ***von Amts wegen über die Kosten des Rechtsstreits*** zu entscheiden.

Ein Kostenantrag ist nur ***bei vollständiger Klagerücknahme*** erforderlich. Dann werden ***auf Antrag durch Beschluss*** (§ 269 Abs. 4 S. 1 ZPO) im ***Regelfall*** die ***Kosten*** des Rechtsstreits dem ***Kläger*** auferlegt (Verursacherprinzip, § 269 Abs. 3 S. 2 ZPO).

Auf die praktisch wichtige ***Ausnahme*** nach ***§ 269 Abs. 3 ZPO*** kommen wir in Teil 5 C. im Zusammenhang mit der Erledigungserklärung zurück.

Auf die ***teilweise Klagerücknahme*** werden wir unten bei 3. c. eingehen.

Das ***Urteil*** enthält die ***Kostengrundentscheidung***. In welcher Höhe dann tatsächlich Kosten zu ersetzen sind, entscheidet der Rechtspfleger im späteren Kostenfestsetzungsverfahren.

1. Der Grundsatz der einheitlichen Kostenentscheidung und seine Ausnahmen

Im Grundsatz ist die Kostenentscheidung einheitlich zu treffen. Es geht dann immer um ***die gesamten Kosten des Rechtsstreits***, die entweder einer Seite ganz oder anteilig im Wege einer Kostenquote auferlegt werden. So ist beispielsweise ***auch bei Klage und Widerklage*** oder ***bei einem Haupt- und einem Hilfsantrag*** stets einheitlich über die Kosten des Rechtsstreits zu entscheiden.

Beispielsweise im Falle des § 91 Abs. 1 S. 1 Hs. 1 ZPO so:

> Die Kosten des Rechtsstreits hat der Beklagte zu tragen.

Oder im Falle des § 92 Abs. 1 S. 1 Var. 2 ZPO mit Kostenquote so:

> Die Kosten des Rechtsstreits haben der Kläger zu 30 % und der Beklagte zu 70 % zu tragen.

Zu jedem Grundsatz gibt es Ausnahmen, so auch bei der einheitlichen Kostenentscheidung. In einigen Fällen sieht das Gesetz ***Kostentrennung*** vor.

Die aus Referendarsicht ***wichtigsten Regelungen zur Kostentrennung sind § 281 Abs. 3 S. 2 ZPO, § 344 ZPO, § 238 Abs. 4 ZPO und § 101 ZPO***. Aber auch §§ 75, 94 bis 97, 100 Abs. 3 ZPO sollte man zumindest einmal gelesen haben.

Ein Beispiel zu § 281 Abs. 3 S. 2 ZPO (Obsiegen des Klägers in der Sache nach Verweisung / zwei gleichwertige Formulierungsvarianten):

> Die Kosten der Anrufung des unzuständigen Gerichts werden dem Kläger auferlegt. Die übrigen Kosten des Rechtsstreits hat der Beklagte zu tragen.
>
> *oder aber*
>
> Die Kosten des Rechtsstreits hat der Beklagte zu tragen, mit Ausnahme der Kosten der Anrufung des unzuständigen Gerichts, die dem Kläger auferlegt werden.

2. Das vollständige Unterliegen

a. Der Regelfall des § 91 Abs. 1 S. 1 Hs. 1 ZPO

Bei vollständigem Unterliegen einer Partei richtet sich die Kostenentscheidung im Regelfall nach § 91 Abs. 1 S. 1 Hs. 1 ZPO.

Gerade hier zeigt sich, wie wichtig die genaue Nennung der jeweiligen Regelung ist. § 91 ZPO ist ein recht langer Paragraf. Die Kostengrundentscheidung beruht nur auf § 91 Abs. 1 S. 1 Hs. 1 ZPO. Schon der zweite Halbsatz betrifft dagegen das Kostenfestsetzungsverfahren.

Je nach Ergebnis lautet der ***Kostentenor in möglichst genauer Orientierung am Gesetzeswortlaut*** schlicht:

Die Kosten des Rechtsstreits hat der Kläger zu tragen.
(regelmäßig bei Klageabweisung)

oder

Die Kosten des Rechtsstreits hat der Beklagte zu tragen.
(regelmäßig bei vollem Erfolg der Klage)

b. Der Ausnahmefall des § 93 ZPO

Gemäß ***§ 93 ZPO*** sind ausnahmsweise die Kosten des Rechtsstreits dem Kläger aufzuerlegen, obwohl er in der Hauptsache obsiegt.

Das geschieht ***in einem Anerkenntnisurteil*** (§ 307 ZPO), ***wenn der Beklagte den Anspruch „sofort" anerkannt hat*** *und* ***zuvor keine Veranlassung zur Klageerhebung gegeben hatte***.

Die Kosten des Rechtsstreits hat der Kläger zu tragen.
(im Falle des § 93 ZPO trotz Erfolgs der Klage)

c. Der Sonderfall des § 100 ZPO

Besteht die vollständig unterliegende Seite aus mehreren Parteien, sogenannten ***Streitgenossen***, ist ***§ 100 ZPO*** einschlägig. Zu beachten sind hier vor allem § 100 Abs. 1 ZPO einerseits und § 100 Abs. 4 S. 1 ZPO andererseits. Die Differenzierung richtet sich nach dem Hauptsachetenor. Wenn dort der Ausspruch „als Gesamtschuldner“ enthalten ist, gilt § 100 Abs. 4 S. 1 ZPO. Wenn das nicht der Fall ist, bleibt es beim Grundsatz des § 100 Abs. 1 ZPO.

Eine konkrete Berücksichtigung dieser Regelung im Tenor ist nicht erforderlich. ***§ 100 ZPO ist*** vom Rechtspfleger ***im Kostenfestsetzungsverfahren*** nämlich ***auch ohne Ausspruch im Urteil zu berücksichtigen***. Dennoch wird teilweise eine Klarstellung im Urteil empfohlen. Die Praxis ist hier uneinheitlich.

Denkbar sind bei vollständig unterliegenden Streitgenossen also ***folgende Kostenentscheidungen*** (hier am Beispiel zweier Beklagter):

Die Kosten des Rechtsstreits haben die Beklagten zu tragen.
(nur § 91 Abs. 1 S. 1 Hs. 1 ZPO / kein spezifischer Ausspruch nach § 100 ZPO / „one size fits all“)

Die Kosten des Rechtsstreits haben die Beklagten je zur Hälfte zu tragen.
(möglicher Ausspruch nach §§ 91 Abs. 1 S. 1 Hs. 1, 100 Abs. 1 ZPO)

Die Kosten des Rechtsstreits haben die Beklagten als Gesamtschuldner zu tragen.
(möglicher Ausspruch nach §§ 91 Abs. 1 S. 1 Hs. 1, 100 Abs. 4 S. 1 ZPO)

3. Das teilweise Unterliegen und Obsiegen

Wenn beide Seiten teilweise unterliegen, kommt dies im Hauptsachetenor mit der Formulierung *„... Im Übrigen wird die Klage abgewiesen.“* zum Ausdruck (s.o.). In solchen Fällen passt § 91 Abs. 1 S. 1 Hs. 1 ZPO nicht mehr.

Dann kommen wir zu ***§ 92 ZPO***, der ***strukturell drei Varianten*** für die Kostenentscheidung bereithält:

§ 92 Abs. 1 S. 1 Var. 2 ZPO: verhältnismäßig zu teilen (Kostenquote)

§ 92 Abs. 1 S. 1 Var. 1 ZPO: Kostenaufhebung gegeneinander

§ 92 Abs. 2 ZPO: volle Kostenlast einer Partei trotz Teilobsiegens

Der Reihe nach:

a. Die Kostenquote nach § 92 Abs. 1 S. 1 Var. 2 ZPO

Die ***Kostenquote*** richtet sich ***nach dem Ausmaß des Unterliegens und Obsiegens*** der Parteien ***im Verhältnis zum Gebührenstreitwert***.

Werden beispielsweise 10.000 € eingeklagt und hat die Klage in Höhe von 7.000 € Erfolg (Klageabweisung im Übrigen / s.o.), ergibt sich folgender Kostentenor:

Die Kosten des Rechtsstreits haben der Kläger zu 30 % und der Beklagte zu 70 % zu tragen.

Bei gleichem Unterliegen und Obsiegen (z.B. 5.000 € Erfolg bei beantragten 10.000 €) liefe diese Methode darauf hinaus, den Parteien die Kosten des Rechtsstreits je zur Hälfte aufzuerlegen (jeweils 50 %).

Dann aber drängt sich eine andere Kostenentscheidung auf, die § 92 Abs. 1 S. 1 Var. 1 ZPO vorsieht.

b. Die Kostenaufhebung gegeneinander nach § 92 Abs. 1 S. 1 Var. 1 ZPO

Bei zumindest ungefähr ***gleichem Obsiegen und Unterliegen der Parteien*** ist es ***praxisgerecht***, die ***Kosten des Rechtsstreits*** gemäß § 92 Abs. 1 S. 1 Var. 1 ZPO ***gegeneinander aufzuheben***.

Diese Lösung ist für den Rechtspfleger wie auch für die Parteien und die Rechtsanwälte besonders einfach. Jede Partei trägt ihre außergerichtlichen Kosten selbst, die Gerichtskosten werden hälftig geteilt.

Die Folgen der Kostenaufhebung gegeneinander werden nicht in der Urteilsformel beschrieben, sie ergeben sich der Natur der Sache und aus dem Gesetz (§ 92 Abs. 1 S. 2 ZPO). Der Tenor lautet knapp:

Die Kosten des Rechtsstreits werden gegeneinander aufgehoben.

c. Der Sonderfall einer teilweisen Klagerücknahme

Wird die ***Klage*** nur ***teilweise zurückgenommen***, ist im Urteil wie üblich von Amts wegen ***einheitlich über die Kosten des Rechtsstreits*** zu entschieden.

Wenn die aktuelle Klage erfolgreich ist und der zurückgenommene Teil der ursprünglichen Klage nicht nur geringfügig gewesen ist (dazu gleich mehr unter d.), muss eine ***Kostenquote*** gebildet werden.

Dabei darf allerdings ***nicht*** einfach ***der zurückgenommene Teil ins unmittelbare Verhältnis zum ursprünglichen Streitwert gesetzt*** werden.

Es kommt also beispielsweise nicht 50/50 heraus, wenn bei einer ursprünglichen Klageforderung von 10.000 € ein Anteil von 5.000 € zurückgenommen worden ist und die verbliebenen 5.000 € zugesprochen werden.

Durch eine solche „holzschnittartige" Betrachtung wäre der Kläger unangemessen benachteiligt. Die Terminsgebühren der Anwälte fallen nur nach dem durch die Teilklagerücknahme reduzierten Streitwert an. Die ***Gebühren*** in der Stufe „bis 10.000 €" sind natürlich höher als die in der Stufe „bis 5.000 €". Sie aber nicht etwa doppelt so hoch, sondern ***im Verhältnis niedriger***.

Die Rechtsprechung wendet bei teilweiser Klagerücknahme und Erfolg der verbliebenen Klage die sogenannte ***Quotenmethode*** an (im Gegensatz zur sogenannten Mehrkostenmethode). In unserem Beispiel ergibt sich gerundet eine Kostenquote von 43/57 zu Lasten des Beklagten.

Die Beherrschung des rechnerisch einigermaßen komplizierten Verfahrens wird ***in Klausuren*** und erst recht in der mündlichen Prüfung ***nicht erwartet***. Deshalb verzichten wir hier auf eine Darstellung der Einzelheiten.

d. Die volle Kostenlast trotz Teilobsiegens nach § 92 Abs. 2 ZPO

Es kommt häufig vor, dass sich das ***Unterliegen des Klägers auf einen geringfügigen Teil der Nebenforderung beschränkt***. Wir hatten schon oben beim Hauptsachetenor die Konstellation geschildert, dass die Klage nur wegen einer zu hohen Zinsforderung abgewiesen wird (fünf statt wie beantragt neun Prozentpunkte über dem jeweiligen Basiszinssatz, vgl. § 288 BGB).

Die Beklagte wird verurteilt, an die Klägerin 7.547,30 € nebst Zinsen in Höhe von fünf Prozentpunkten über dem jeweiligen Basiszinssatz seit dem 23.08.2018 zu zahlen.

Im Übrigen wird die Klage abgewiesen.

In einer solchen Situation wäre es ersichtlich unangemessen, die Klägerin mit einem dann verschwindend geringen Anteil an den Kosten des Rechtsstreits zu beteiligen. Es bietet sich an, der Beklagten die gesamten Kosten des Rechtsstreits aufzuerlegen.

Das ist der typische Anwendungsfall des § 92 Abs. 2 Nr. 1 ZPO. Die Zuvielforderung war denkbar geringfügig und hat keine höheren Kosten veranlasst. Nebenforderungen sind nämlich für den Gebührenstreitwert irrelevant (§ 43 Abs. 1 GKG).

Die Kosten des Rechtsstreits hat die Beklagte zu tragen.

Vor allem in der Praxis bedeutsam: Diese Grundsätze gelten ***entsprechend bei geringfügiger Teilklagerücknahme*** (etwa wegen der Mehrzinsforderung / s.o.).

Wann aber liegt noch eine ***verhältnismäßig geringfügige Zuvielforderung*** vor?

Wann werden nur ***geringfügig höhere Kosten veranlasst***?

Dazu ein weiteres Beispiel:

Der Kläger verlangt 10.200 €, ihm werden aber nur 500 € zugesprochen. Im Übrigen wird die Klage abgewiesen.

Ist eine Kostenquote gemäß § 92 Abs. 1 S. 1 Var. 2 ZPO zu bilden oder können gemäß § 92 Abs. 2 Nr. 1 ZPO dem Kläger die gesamten Kosten des Rechtsstreits auferlegt werden?

Zuvielforderungen bis zu 10 % werden üblicherweise als ***verhältnismäßig geringfügig*** angesehen. Die „Zuvielforderung" des Beklagten entspricht dem Teilobsiegen des Klägers, beträgt also 500 €. Das sind nicht einmal 5 % von 10.200 €, sodass das Geringfügigkeitsmerkmal selbst bei restriktiver Gesetzesauslegung gegeben ist.

Sind ***durch die Zuvielforderung höhere Kosten veranlasst*** worden? Ja, weil bei 10.000 € ein Gebührensprung liegt (Tabelle Anlage 2 zum GKG). Bei 10.200 € ist die einschlägige Gebührenstufe „bis 13.000 €". Wären es nur 9.700 € gewesen (10.200 € minus 500 €), hätte der Gebührenstreitwert in der Stufe „bis 10.000" gelegen. Die durch die Zuvielforderung veranlassten Kosten sind aber ***nur geringfügig höher***. Damit ist der Weg zur Rechtsfolge des § 92 Abs. 2 Nr. 1 ZPO frei:

Der Beklagte wird verurteilt, an den Kläger 500,00 € zu zahlen.

Im Übrigen wird die Klage abgewiesen.

Die Kosten des Rechtsstreits hat der Kläger zu tragen.

Praktisch weit weniger bedeutsam sind die Fälle des ***§ 92 Abs. 2 Nr. 2 ZPO***. Bei ***unbezifferten Zahlungsklagen*** kann auch dann den Beklagten die volle Kostenlast treffen, wenn die Vorstellungen des Klägers um mehr als 10 % unterschritten werden. Dabei ist insbesondere an Anträge zu denken, die auf ein angemessenes, vom Gericht zu bestimmendes Schmerzensgeld gerichtet sind (siehe dazu Teil 4 D. III. 2. c. bb.).

e. Der Sonderfall des Teilobsiegens gegenüber einzelnen Streitgenossen (Baumbach'sche Kostenformel)

Wenn der Kläger ***mehrere Beklagte als Gesamtschuldner*** in Anspruch nimmt und gegenüber den Beklagten ***in unterschiedlichem Umfang obsiegt und unterliegt***, lässt uns das Gesetz im Stich.

Dann kommt die aus §§ 92 Abs. 1 S. 1, 100 ZPO abgeleitete ***Baumbach'sche Kostenformel*** zum Einsatz. Sie ist gewohnheitsrechtlich anerkannt.

Dahinter stecken im Wesentlichen zwei Überlegungen:

Prozessrechtsverhältnisse bestehen immer nur zwischen dem Kläger und dem jeweiligen Beklagten, nicht aber zwischen den Beklagten untereinander.

Es darf niemals so sein, dass ein Beklagter die außergerichtlichen Kosten eines anderen Beklagten zu tragen hat. Zwischen den Beklagten besteht nämlich kein Prozessrechtsverhältnis.

Die ***Aufteilung der außergerichtlichen Kosten des Klägers und der Gerichtskosten*** bemisst sich ***nach einem fiktiven Streitwert***. Wenn es beispielsweise um zwei Beklagte geht, die als Gesamtschuldner auf Zahlung von 20.000 € in Anspruch genommen werden, beträgt der fiktive Streitwert 40.000 €. Fiktiv ist dieser Streitwert deshalb, weil der Kläger tatsächlich nur 20.000 € verlangt.

Der Kläger führt mehrere Angriffe. Deshalb muss für die Entscheidung über die außergerichtlichen Kosten des Klägers und die Gerichtskosten ein fiktiver Streitwert gebildet werden.

Wir verdeutlichen das Ganze ***anhand zweier Grundfälle***. Darüber hinaus sind auch wesentlich kompliziertere Fallkonstellationen denkbar, mit denen aber im Examen kaum zu rechnen ist.

Der Kläger beantragt, den Beklagten zu 1 und den Beklagten zu 2 als Gesamtschuldner zu verurteilen, an ihn 20.000 € zu zahlen. Die Klage gegen den Beklagten zu 1 wird abgewiesen, während der Kläger gegen den Beklagten zu 2 vollständig obsiegt.

Wie lautet der Hauptsachetenor, wie der Kostentenor?

Bei den außergerichtlichen ***Kosten der beiden Beklagten*** zählen die ***Einzelangriffe***. Also hat der Kläger die außergerichtlichen Kosten des Beklagten zu 1 zu tragen, während der Beklagte zu 2 seine außergerichtlichen Kosten selbst zu tragen hat.

Bei den außergerichtlichen Kosten des Klägers und den Gerichtskosten kommt der fiktive Streitwert ins Spiel. Es gibt ***zwei Angriffe zu je 20.000 €***. Deshalb beträgt der fiktive Streitwert ***40.000 €***. Im Verhältnis zu diesen 40.000 € obsiegt und unterliegt der Kläger jeweils zu 20.000 €. Die außergerichtlichen Kosten des Klägers und die Gerichtskosten müssen deshalb dem Kläger und dem Beklagten zu 2 je zur Hälfte (oder zu 50 %) auferlegt werden. Der Beklagte zu 1 kommt insgesamt ohne Kostenbeteiligung davon, weil er uneingeschränkt obsiegt hat.

Der Beklagte zu 2 wird verurteilt, an den Kläger 20.000 € zu zahlen.

Im Übrigen wird die Klage abgewiesen.

Die außergerichtlichen Kosten des Klägers und die Gerichtskosten haben der Kläger und der Beklagte zu 2 je zur Hälfte zu tragen.

Die außergerichtlichen Kosten des Beklagten zu 1 hat der Kläger zu tragen.

Die außergerichtlichen Kosten des Beklagten zu 2 hat dieser selbst zu tragen.

So weit klar? Wir steigern den Schwierigkeitsgrad …

Der Kläger beantragt wiederum, den Beklagten zu 1 und den Beklagten zu 2 als Gesamtschuldner zu verurteilen, an ihn 20.000 € zu zahlen. Die Klage gegen den Beklagten zu 1 wird abgewiesen. Die Klage gegen den Beklagten zu 2 ist diesmal nur teilweise erfolgreich, nämlich in Höhe von 10.000 €.

Wie lautet der Hauptsachetenor, wie der Kostentenor?

Bei den außergerichtlichen ***Kosten der beiden Beklagten*** zählen wieder die ***Einzelangriffe***. Also hat der Kläger die außergerichtlichen Kosten des Beklagten zu 1 zu tragen (wie gehabt). Die außergerichtlichen Kosten des Beklagten zu 2 sind den Teilerfolgen entsprechende aufzuteilen (je 10.000 € von 20.000 € Einzelangriff). Die außergerichtlichen Kosten des Beklagten zu 2 haben demnach dieser selbst und der Kläger je zur Hälfte zu tragen.

Bei den außergerichtlichen Kosten des Klägers und den Gerichtskosten kommt wieder ***der fiktive Streitwert ins Spiel***. Es gibt erneut ***zwei Angriffe zu je 20.000 €***. Deshalb beträgt der fiktive Streitwert ***40.000 €***. Im Verhältnis zu diesen 40.000 € ***obsiegt der Kläger*** allerdings nur zu ***10.000 €***. Die außergerichtlichen Kosten des Klägers und die Gerichtskosten müssen zwischen dem Kläger und dem Beklagten zu 2 entsprechend gequotelt werden (75 % Kläger / 25 % Beklagter zu 2). Der Beklagte zu 1 hat als „strahlender Sieger" wiederum nichts mit diesen Kosten zu tun.

Der Beklagte zu 2 wird verurteilt, an den Kläger 10.000 € zu zahlen.

Im Übrigen wird die Klage abgewiesen.

Die außergerichtlichen Kosten des Klägers und die Gerichtskosten haben der Kläger zu 75 % und der Beklagte zu 2 zu 25 % zu tragen.

Die außergerichtlichen Kosten des Beklagten zu 1 hat der Kläger zu tragen.

Die außergerichtlichen Kosten des Beklagten zu 2 haben dieser selbst und der Kläger je zur Hälfte zu tragen.

Wer mit derartigen Grundfällen umgehen kann, braucht die ***Baumbach'sche Kostenformel*** in Prüfungsarbeiten nicht zu fürchten.

Kompliziertere Konstellationen können u.a. dann entstehen, wenn mehrere Beklagte unterschiedlich am Streitgegenstand beteiligt sind, zum Beispiel bei einer Klage gegen den Beklagten zu 1 in Höhe von 20.000 € und gegen den Beklagten zu 2 nur in Höhe von 10.000 €.

Auch die Verurteilung der Beklagten als Gesamtschuldner zu einem Teilbetrag der Klageforderung in Kombination mit der zusätzlichen Verurteilung nur eines der Beklagten macht die Sache schwierig.

Erfahrungsgemäß drohen derart komplexe Situationen im Examen aber nicht.

Wichtig ist, dass man das ***Prinzip der Baumbach'schen Kostenformel verstanden*** hat.

Wir merken uns:

Kein Beklagter darf an den Kosten eines anderen Beklagten beteiligt werden, weil zwischen den Streitgenossen kein Prozessrechtsverhältnis besteht.

Die Gerichtskosten und die außergerichtlichen Kosten des Klägers laufen immer parallel. Nur für diesen Teil der Kostenentscheidung wird der fiktive Streitwert relevant.

III. Die Entscheidung zur vorläufigen Vollstreckbarkeit

Im Grundsatz sind alle ***Endurteile*** für vorläufig vollstreckbar zu erklären (vgl. § 704 ZPO). Sie ***haben*** nämlich ***entweder einen vollstreckungsfähigen Ausspruch zur Hauptsache oder zumindest eine Kostenentscheidung, die Grundlage der Vollstreckung sein kann*** (vgl. § 708 Nr. 11 ZPO in seinen beiden Varianten).

Im Einzelnen:

Vollstreckungsfähigen Inhalt in der Hauptsache haben **Leistungsurteile**, typischerweise also gerichtet auf ***Zahlung, Herausgabe, Duldung, Unterlassung, Vornahme einer Handlung*** (Ausnahme: Abgabe einer Willenserklärung, vgl. § 894 ZPO).

Keinen vollstreckungsfähigen Inhalt in der Hauptsache haben allgemein ***klageabweisende Urteile, Feststellungsurteile, Gestaltungsurteile*** (mit den wichtigen Ausnahmen der §§ 767, 768, 771 ZPO) und Leistungsurteile speziell im Fall des § 894 ZPO (Ausnahme: bei grundbuchrechtlich relevanter Willenserklärung auch in der Hauptsache vorläufig vollstreckbar, § 895 ZPO).

Nicht für vorläufig vollstreckbar zu erklären sind Urteile, die mit ihrem Erlass rechtskräftig werden (vgl. § 704 ZPO / Revisionsurteile des BGH und Berufungsurteile im Fall des § 542 Abs. 2 ZPO, jeweils nicht examensrelevant) sowie ***Urteile mit Anordnung oder Bestätigung von Arrest oder einstweiliger Verfügung*** („von Natur aus“ vorläufig vollstreckbar, examensrelevant).

Wenn ein Urteil für vorläufig vollstreckbar zu erklären ist, muss man zunächst ***anhand des Tenors*** zur Hauptsache in Verbindung mit der Kostenentscheidung ***herausfinden***, ob ***nur eine Partei aus dem Urteil vollstrecken kann***, oder ob ***mehrere Vollstreckungsverhältnisse*** zu prüfen und zu tenorieren sind.

Mehrere Vollstreckungsverhältnisse sind ***unbedingt getrennt zu behandeln***, also nach dem Baukastenprinzip nacheinander abzuarbeiten.

Wir beginnen aber mit den einfacheren Fällen, in denen nur eine Partei vollstrecken kann.

Der gesetzliche Regelfall ist § 709 S. 1 ZPO, strukturell die Ausnahme ist § 708 ZPO. In den Nummern 1 bis 10 des § 708 ZPO sind Spezialfälle geregelt. Der ***besonders praxisrelevante § 708 Nr. 11 ZPO*** betrifft vom System des Gesetzes her Auffangtatbestände. Läuft es auf § 708 ZPO hinaus, wird im Gegensatz zu § 709 ZPO ein Ausspruch „gegen Sicherheitsleistung“ schlicht weggelassen. Zusätze wie „ohne Sicherheitsleistung“ sind überflüssig, unüblich und damit eher unangebracht.

Teil 4: Die Bestandteile des Urteils (§ 313 ZPO)

1. Die vorläufige Vollstreckbarkeit gegen Sicherheitsleistung

Wenn kein Fall des § 708 ZPO gegeben ist (dazu unten mehr), handelt es sich um ein „anderes Urteil" im Sinne des ***§ 709 S. 1 ZPO***.

Das Urteil ist dann ***gegen Sicherheitsleistung für vorläufig vollstreckbar zu erklären***.

Bei Geldforderungen wird praxisgerecht ***§ 709 S. 2 ZPO*** angewandt. Das „bestimmte Verhältnis" wird dann üblicherweise mit „110 %" angegeben. Der vollständige Tenor kann beispielsweise lauten:

> Der Beklagte wird verurteilt, an den Kläger 7.324,56 € nebst Zinsen in Höhe von fünf Prozentpunkten über dem jeweiligen Basiszinssatz seit dem 22.08.2018 zu zahlen.
>
> Die Kosten des Rechtsstreits hat der Beklagte zu tragen.
>
> Das Urteil ist gegen Sicherheitsleistung in Höhe 110 % des jeweils zu vollstreckenden Betrages vorläufig vollstreckbar.

Aber Vorsicht: ***Wenn und soweit es nicht um eine Geldforderung geht***, ist § 709 S. 2 ZPO nicht anwendbar. Dann ***muss die Sicherheitsleistung beziffert werden***. Ein Beispiel dazu aus dem Herausgabebereich:

> Der Beklagte wird verurteilt, das Motorrad BMW R 1200 GS, Baujahr 2016, Fahrzeugidentifikationsnummer XYZ8356WMB5796023 an die Klägerin herauszugeben.
>
> Die Kosten des Rechtsstreits hat der Beklagte zu tragen.
>
> Das Urteil ist gegen Sicherheitsleistung vorläufig vollstreckbar. Die Sicherheit beträgt wegen der Herausgabeverurteilung 14.000 €, im Übrigen 110 % des jeweils zu vollstreckenden Betrages.

§ 709 S. 2 ZPO ist in diesem Beispiel wegen der Herausgabevollstreckung nicht anwendbar, wohl aber „im Übrigen", nämlich mit Blick auf die Kostenvollstreckung.

2. Die vorläufige Vollstreckbarkeit ohne Sicherheitsleistung

Wenn ein Fall des ***§ 708 ZPO*** vorliegt, ist das Urteil ***ohne Sicherheitsleistung für vorläufig vollstreckbar zu erklären***.

Anschließend ist zu prüfen, ob eine ***Abwendungsbefugnis nach § 711 S. 1, 2 ZPO*** auszusprechen ist oder nicht.

a. Die vorläufige Vollstreckbarkeit ohne Sicherheitsleistung und ohne Abwendungsbefugnis

§ 711 S. 1 ZPO ist nur anwendbar in den Fällen des § 708 Nr. 4 bis 11 ZPO. In den Fällen des § 708 Nr. 1 bis 3 ZPO ist schon vom Ansatz her keine Abwendungsbefugnis auszusprechen. So beruht beim ***Versäumnisurteil*** die Entscheidung nur auf § 708 Nr. 2 ZPO:

Der Beklagte wird verurteilt, an den Kläger 3.000 € zu zahlen.

Die Kosten des Rechtsstreits hat der Beklagte zu tragen.

Das Urteil ist vorläufig vollstreckbar.

Aber auch im Anwendungsbereich von § 711 S. 1 ZPO (Fälle des § 708 Nr. 4 bis 11 ZPO) kann es sein, dass ***gemäß § 713 ZPO keine Abwendungsbefugnis*** auszusprechen ist. Wenn beispielsweise nur auf Zahlung von 200 € geklagt wird, ist ***kein Rechtsmittel gegen das Urteil zulässig***, falls nicht ausnahmsweise die Berufung zugelassen wird (vgl. § 511 Abs. 4, Abs. 2 Nr. 2 ZPO).

Der Beklagte wird verurteilt, an den Kläger 200 € zu zahlen.

Der Beklagte hat die Kosten des Rechtsstreits zu tragen.

Das Urteil ist vorläufig vollstreckbar.

Die Nebenentscheidungen beruhen hier auf §§ 91 Abs. 1 S. 1 Hs. 1, 708 Nr. 11 Var. 1, 713 ZPO.

b. Die vorläufige Vollstreckbarkeit ohne Sicherheitsleistung und mit Abwendungsbefugnis

In Fällen des § 708 Nr. 4 bis 11 ZPO, bei denen nicht ausnahmsweise § 713 ZPO einschlägig ist, ist gemäß § 711 S. 1 ZPO zunächst eine ***Abwendungsbefugnis für den Schuldner*** auszusprechen. Dann folgt der Ausspruch zur Möglichkeit einer ***Sicherheitsleistung für den Gläubiger***.

So kann es bei einer Klageabweisung sein, wenn der Streitwert beispielsweise 3.000 € beträgt.

Dieser Wert ist so gering, dass die Grenze des § 708 Nr. 11 Var. 2 ZPO nicht überschritten ist. Das klageabweisende Urteil ist nur wegen der Kosten vorläufig vollstreckbar, aber in Höhe von nicht mehr als 1.500 €.

Ohne Besonderheiten können nämlich insgesamt 2,5 Anwaltsgebühren und 20 € Kostenpauschale geltend gemacht werden. Hinzu kommt die Umsatzsteuer (Vergütungsverzeichnis Anlage 1 zum RVG Nr. 3100, 3104, 7002, 7008). Aus der Gebührentabelle (Anlage 2 zum RVG) kann man dann einen Betrag errechnen, der jedenfalls weit unter 1.500 € liegt.

Andererseits ist der Streitwert so hoch, dass § 713 ZPO i.V.m. § 511 Abs. 2 Nr. 1 ZPO ausscheidet.

Es muss also eine Abwendungsbefugnis ausgesprochen werden. Damit ist es aber nicht getan. Dem Gläubiger ist zusätzlich eine „Gegenmaßnahme" zu gestatten.

Die Formulierung gemäß § 711 S. 1, 2 ZPO i.V.m. § 709 S. 2 ZPO ist relativ kompliziert und für Anfänger gewöhnungsbedürftig:

> Die Klage wird abgewiesen.
>
> Die Kosten des Rechtsstreits hat der Kläger zu tragen.
>
> Das Urteil ist vorläufig vollstreckbar. Der Kläger darf die Vollstreckung durch Sicherheitsleistung in Höhe von 110 % des aufgrund des Urteils vollstreckbaren Betrages abwenden, wenn nicht der Beklagte vor der Vollstreckung Sicherheit in Höhe von 110 % des jeweils zu vollstreckenden Betrages leistet.

Was soll das Ganze? Gedanklich lassen sich drei Schritte unterscheiden:

Schritt 1:

Der Gläubiger (in unserem Beispiel der Beklagte) darf grundsätzlich vollstrecken, ohne Sicherheit leisten zu müssen.

Schritt 2:

Der Schuldner (in unserem Beispiel der Kläger) darf die Vollstreckung durch Sicherheitsleistung bis auf Weiteres verhindern, wobei er stets mit der vollständigen Vollstreckung aus dem Urteil rechnen muss (deshalb die Formulierung *„des aufgrund des Urteils vollstreckbaren Betrages“*).

Schritt 3:

Der Gläubiger kann seinerseits den Weg zur Vollstreckung wieder frei machen, indem er Sicherheit leistet. Er hat den Vollstreckungsgegenstand in der Hand, kann sich also auf eine Teilvollstreckung beschränken (deshalb die Formulierung *„des jeweils zu vollstreckenden Betrages“*).

Daraus folgt:

1. Es muss entsprechend dem Gesetzeswortlaut des § 711 S. 1 ZPO ***„vor der Vollstreckung“*** heißen, ***nicht*** etwa sinnwidrig ***„zuvor“***.

2. Es muss weiter ***für den Gläubiger*** (im Beispiel der Beklagte) ***„in Höhe von 110 % des jeweils zu vollstreckenden Betrages“*** heißen, ***nicht***, wie in der Praxis immer noch anzutreffen, ***„in gleicher Höhe“***.

Nicht von ungefähr heißt es in § 711 S. 2 ZPO *„für den Schuldner mit der Maßgabe“*. Für den Gläubiger gilt diese Maßgabe gerade nicht. Er kann auch Teilbeträge vollstrecken. Deshalb bezieht sich seine potenzielle Sicherheitsleistung auf den *„jeweils zu vollstreckenden Betrag“*, wie es § 709 S. 2 ZPO vorsieht.

Wir hatten oben einen Fall des § 708 Nr. 11 Var. 2 ZPO i.V.m. §§ 711 S. 1, 2, 709 S. 2 ZPO kennengelernt.

Nun noch ein Beispiel für §§ 708 Nr. 11 Var. 1, 711 S. 1, 2, 709 S. 2 ZPO:

Die Beklagte wird verurteilt, an die Klägerin 1.000 € zu zahlen.

Die Kosten des Rechtsstreits hat die Beklagte zu tragen.

Das Urteil ist vorläufig vollstreckbar. Die Beklagte darf die Vollstreckung durch Sicherheitsleistung in Höhe von 110 % des aufgrund des Urteils vollstreckbaren Betrages abwenden, wenn nicht die Klägerin vor der Vollstreckung Sicherheit in Höhe von 110 % des jeweils zu vollstreckenden Betrages leistet.

Bis zu diesem Punkt hatten wir es jeweils mit nur einem Vollstreckungsverhältnis zu tun. Damit aber nicht genug ...

3. Die vorläufige Vollstreckbarkeit bei zwei Vollstreckungsverhältnissen

Urteile, die ***mehrere Vollstreckungsverhältnisse*** hervorbringen, sind keine Seltenheit.

Zu mehreren Vollstreckungsverhältnissen kann es insbesondere kommen, ***wenn beide Seiten teilweise unterliegen*** und eine Kostenquote gemäß § 92 Abs. 1 S. 1 Var. 2 ZPO gebildet wird.

Uneinheitliche Kostenentscheidungen können sich wie gesehen unter Berücksichtigung der §§ 281 Abs. 3 S. 2, 344, 238 Abs. 4 ZPO ergeben.

Auch dann gibt es zwei Vollstreckungsverhältnisse.

Die ***Vollstreckungsverhältnisse*** sind dann ***unbedingt getrennt zu behandeln***. Hier darf nichts vermengt werden.

Wenn wir uns gedanklich auf ***zwei Vollstreckungsverhältnisse*** beschränken, sind ***drei Kombinationen denkbar***:

Es kann sich für beide Vollstreckungsgläubiger eine Sicherheitsleistung ergeben (insbesondere bei hohen Streitwerten / im Folgenden unter a.).

Es kann für beide Gläubiger die Situation einer Abwendungsbefugnis für den jeweiligen Schuldner entstehen (insbesondere bei niedrigen Streitwerten / im Folgenden unter b.).

Und es kann für eine Partei auf eine Sicherheitsleistung hinauslaufen, während die andere Partei ohne Sicherheitsleistung vollstrecken kann. Dies stellen wir unten unter c. dar.

a. Für beide Gläubiger gegen Sicherheitsleistung

Im Falle des § 709 S. 1, 2 ZPO passt der Standardausspruch für beide Seiten:

> Der Beklagte wird verurteilt, an die Klägerin 150.000 € zu zahlen.
>
> Im Übrigen wird die Klage abgewiesen.
>
> Die Kosten des Rechtsstreits haben die Klägerin zu 80 %, der Beklagte zu 20 % zu tragen.
>
> Das Urteil ist gegen Sicherheitsleistung in Höhe von 110 % des jeweils zu vollstreckenden Betrages vorläufig vollstreckbar.

Zusätze wie „für beide Seiten" oder „für den Beklagten nur wegen der Kosten" sind überflüssig und sollten weggelassen werden. Es gilt das KISS-Prinzip: ***Keep it short and simple!***

b. Für beide Gläubiger ohne Sicherheitsleistung (doppelte Abwendungsbefugnis)

Bei jeweils einer Abwendungsbefugnis für beide Schuldner kann man es nicht beim einfachen Standardausspruch gemäß §§ 711 S. 1, 2, 709 S. 2 ZPO belassen.

Es muss nämlich deutlich werden, dass ***beide Schuldner zur Abwendung*** der Vollstreckung des jeweiligen Gläubigers ***befugt*** sind und dass ***beide Gläubiger*** die ***Möglichkeit*** haben, die Abwendungsbefugnis des jeweiligen Schuldners ihrerseits ***durch Sicherheitsleistung zu kontern*** (siehe oben zum Modell der drei Schritte, Seite 83).

Dazu gibt es ***zwei Formulierungsansätze***: Entweder wiederholt man den Standardausspruch stoisch mit vertauschten Rollen oder man formuliert abstrakt, dafür aber kürzer. Ausgangspunkt des folgenden Beispiels ist eine Klage, die auf Zahlung von 4.000 € gerichtet ist.

> Der Beklagte wird verurteilt, an den Kläger 1.000 € zu zahlen.
>
> Im Übrigen wird die Klage abgewiesen.
>
> Die Kosten des Rechtsstreits haben der Kläger zu 75 % und der Beklagten zu 25 % zu tragen.

Das Urteil ist vorläufig vollstreckbar.

Der Beklagte darf die Vollstreckung des Klägers durch Sicherheitsleistung in Höhe von 110 % des für den Kläger aufgrund des Urteils vollstreckbaren Betrages abwenden, wenn nicht der Kläger vor seiner Vollstreckung Sicherheit in Höhe von 110 % des für ihn jeweils zu vollstreckenden Betrages leistet.

Der Kläger darf die Vollstreckung des Beklagten durch Sicherheitsleistung in Höhe von 110 % des für den Beklagten aufgrund des Urteils vollstreckbaren Betrages abwenden, wenn nicht der Beklagte vor seiner Vollstreckung Sicherheit in Höhe von 110 % des für ihn jeweils zu vollstreckenden Betrages leistet.

oder wahlweise die kürzere Fassung zur vorläufigen Vollstreckbarkeit

Das Urteil ist vorläufig vollstreckbar.

Die Parteien dürfen die Vollstreckung gegen sich durch Sicherheitsleistung in Höhe von 110 % des aufgrund des Urteils vollstreckbaren Betrages abwenden, wenn nicht die jeweils vollstreckende Partei vor ihrer Vollstreckung Sicherheit in Höhe von 110 % des für sie jeweils zu vollstreckenden Betrages leistet.

In diesem Beispiel beruht die Kostenentscheidung auf § 92 Abs. 1 S. 1 Var. 2 ZPO.

Beim Ausspruch zur vorläufigen Vollstreckbarkeit ist zumindest gedanklich zwischen den Vollstreckungsverhältnissen zu differenzieren:

§§ 708 Nr. 11 Var. 1, 711 S. 1, 2, 709 S. 2 ZPO (hinsichtlich der Vollstreckung des Klägers)

§§ 708 Nr. 11 Var. 2, 711 S. 1, 2, 709 S. 2 ZPO (hinsichtlich der Vollstreckung des Beklagten)

Wer sauber arbeitet, nennt die Vorschriften auch so ***differenziert am Ende der Entscheidungsgründe***.

Im Tenor sind keine Paragrafen anzugeben!

c. Die Kombination aus Sicherheitsleistung und Abwendungsbefugnis

Bei bestimmten, durchaus gängigen Größenordnungen ist das Urteil oft ***für den Kläger gegen Sicherheitsleistung*** vorläufig vollstreckbar, ***für den Beklagten jedoch ohne Sicherheitsleistung***.

Dann taucht der ***Kläger in einer Art Doppelrolle*** auf, nämlich als Gläubiger (Sicherheitsleistung) und im nächsten Atemzug als Schuldner (Abwendungsbefugnis).

Nehmen wir eine Klage an, die auf Zahlung von 6.000 € gerichtet ist. Zugesprochen werden aber nur 1.800 €. Im Übrigen wird die Klage abgewiesen. Für den Kläger ist strukturell an § 708 Nr. 11 Var. 1 ZPO zu denken, die Grenze von 1.250 € ist aber überschritten. Für den Beklagten liegt ein Fall des § 708 Nr. 11 Var. 2 ZPO vor. Wie ist die Urteilsformel zu formulieren?

> Der Beklagte wird verurteilt, an den Kläger 1.800 € zu zahlen.
>
> Im Übrigen wird die Klage abgewiesen.
>
> Die Kosten des Rechtsstreits haben der Kläger zu 70 % und der Beklagte zu 30 % zu tragen.
>
> Das Urteil ist vorläufig vollstreckbar, für den Kläger jedoch nur gegen Sicherheitsleistung in Höhe von 110 % des jeweils zu vollstreckenden Betrages. Der Kläger darf die Vollstreckung des Beklagten durch Sicherheitsleistung in Höhe von 110 % des für den Beklagten aufgrund des Urteils vollstreckbaren Betrages abwenden, wenn nicht der Beklagte vor seiner Vollstreckung Sicherheit in Höhe von 110 % des für ihn jeweils zu vollstreckenden Betrages leistet.

Bei diesem Ausspruch zur vorläufigen Vollstreckbarkeit mag der Laie verwirrt sein. Der Checker weiß, dass der Kläger einerseits als Gläubiger Sicherheit zu leisten hat und andererseits als Schuldner abwendungsbefugt ist, wobei der Beklagte dann als Gläubiger kontern kann.

Wie gesagt: Es gilt das ***Baukastenprinzip***.

IV. Ausnahmsweise weitere Nebenentscheidungen

In Klausuren ist der (vollständigen) Urteilsformel in der klassischen Aufteilung Hauptsacheentscheidung, Kostenentscheidung und Entscheidung zur vorläufigen Vollstreckbarkeit in aller Regel nichts hinzuzufügen.

Selbst die praktisch häufigste weitere Nebenentscheidung ist statistisch gesehen eine große Ausnahme: Wenn der Wert des Beschwerdegegenstands 600 € (auch „Erwachsenheitssumme“ genannt) nicht übersteigt und die Berufung nach § 511 Abs. 4, Abs. 2 Nr. 2 ZPO zugelassen wird, geschieht dies üblicherweise am Ende des Tenors.

> Die Berufung wird zugelassen.

V. Die Verständnisfragen

zu Teil 4 B.: Die Urteilsformel / Tenorierung

(Antworten in Teil 8 E., ab Seite 216)

Frage 1

Warum ist es in Klausuren wie auch in der Praxis besonders wichtig, den Tenor sorgfältig zu formulieren?

Frage 2

Aus welchen Elementen besteht die Urteilsformel regelmäßig?

Frage 3

Welche generellen Anforderungen soll die Urteilsformel erfüllen?

Frage 4

Bei klagestattgebenden Urteilen hängt der Hauptsachetenor von der Klageart ab. Welche Klagearten gibt es?

Frage 5

Warum dürfen nicht entsprechend dem Klageantrag *„Zinsen seit Rechtshängigkeit“* zugesprochen werden?

Frage 6

Es gilt der Grundsatz der einheitlichen Kostenentscheidung. Wo sind Ausnahmen geregelt (Kostentrennung)?

Frage 7

In welcher Konstellation sind ausnahmsweise der obsiegenden Partei die Kosten des Rechtsstreits vollständig aufzuerlegen?

Frage 8

Welche Möglichkeiten sieht § 92 ZPO vor?

Frage 9

Bis zu welchem Prozentsatz werden Zuvielforderungen üblicherweise als verhältnismäßig geringfügig i.S.d. § 92 Abs. 2 Nr. 1 ZPO angesehen?

Frage 10

a. In welcher Konstellation kommt die Baumbach'sche Kostenformel zum Einsatz?

b. Welche Überlegungen spielen dabei eine Rolle?

Frage 11

Warum sind im Grundsatz alle Endurteile für vorläufig vollstreckbar zu erklären (vgl. § 704 ZPO)?

Frage 12

Wie ist im Fall einer Herausgabeverurteilung nach § 709 ZPO zu tenorieren?

Frage 13

a. Wie lautet der Ausspruch nach §§ 708 Nr. 4 bis 11, 711 S. 1, 2, 709 S. 2 ZPO?

b. Welche drei Schritte sind damit abgebildet?

Frage 14

In welchen Fällen beschränkt sich der Tenor zur vorläufigen Vollstreckbarkeit auf den Satz *„Das Urteil ist vorläufig vollstreckbar."*?

Frage 15

a. Was führt typischerweise dazu, dass ein Urteil mehrere Vollstreckungsverhältnisse hervorbringt?

b. Was ist bei mehreren Vollstreckungsverhältnissen unbedingt zu beachten?

c. Welche Kombinationen sind bei zwei Vollstreckungsverhältnissen denkbar?

C. Der Tatbestand (§ 313 Abs. 1 Nr. 5, Abs. 2 ZPO)

Im ***Tatbestand*** wird der Sach- und Streitstand nach bestimmten Regeln ***geordnet*** und ***übersichtlich*** sowie ***objektiv*** dargestellt. In erster Linie gilt das ***Gebot der Verständlichkeit***.

Die Verständlichkeit kann durch ***möglichst aktive Formulierungen in einfachen, eher kurzen Sätzen*** gefördert werden. Meist bietet sich eine konsequent ***chronologische Darstellung*** an.

„Juristenbarock" ist nicht gefragt. Das Urteil soll auch für die nicht rechtskundige Partei möglichst verständlich sein.

Rechtliche Wertungen gehören ***grundsätzlich nicht in den Tatbestand***. Allerdings ist die Verwendung von Rechtsbegriffen als sogenannte ***Rechtstatsachen*** üblich und kann geboten sein (siehe dazu Teil 3 A. II. 3.).

Aus § 313 Abs. 2 S. 1 ZPO ergibt sich deutlich, dass sich der Tatbestand auf die ***knappe Darstellung des Wesentlichen*** beschränken soll (Knappheitsgebot).

Wegen der Einzelheiten soll in geeigneten Fällen gemäß § 313 Abs. 2 S. 2 ZPO verwiesen werden. Damit sind ***nur konkrete Verweisungen*** gemeint, etwa wegen des Ergebnisses einer Beweisaufnahme durch Bezugnahme auf das Verhandlungsprotokoll (s.u.).

In der Praxis nach wie vor verbreitet, aber ***nicht*** von § 313 Abs. 2 S. 2 ZPO erfasst, sind ***pauschale Bezugnahmen am Ende des Tatbestandes***: *„Wegen des weiteren Sach- und Streitstands wird auf die wechselseitigen Schriftsätze Bezug genommen."* Derartige ***salvatorische Klauseln laufen § 313 Abs. 2 S. 1 ZPO zuwider***. Sie gelten als überflüssig bis falsch und ***sollten deshalb jedenfalls in Klausuren vermieden werden***.

I. Die Funktion und die Bedeutung des Tatbestands

Der Tatbestand soll im Wesentlichen zeigen, ***auf welchen tatsächlichen Voraussetzungen die Entscheidung basiert***.

Zu beachten ist die ***Beweiskraft des Tatbestands gemäß § 314 S. 1 ZPO***. Der ***Tatbestand des erstinstanzlichen Urteils hat positive und grundsätzlich keine negative Beweiskraft***. Das ist inzwischen fast einhellige Auffassung und entspricht gefestigter höchstrichterlicher Rechtsprechung.

Was im Tatbestand steht, wird zugrunde gelegt, so wie es dort dargestellt ist (positive Beweiskraft). § 314 S. 1 ZPO geht aber nicht so weit, dass etwas als nicht vorgetragen anzusehen ist, nur weil es nicht im Tatbestand steht (das wäre negative Beweiskraft).

Es wird also davon ausgegangen, dass der Tatbestand das ***Parteivorbringen nicht in jeder Hinsicht vollständig*** wiedergibt. Allein dies entspricht § 313 Abs. 2 S. 1 ZPO mit seiner schon mehrfach betonten elementaren Botschaft („Darstellung nur dem wesentlichen Inhalt nach knapp").

II. Der sinnvolle Zeitpunkt zum Schreiben des Tatbestands

Wir hatten schon in der Einführung herausgearbeitet, dass und warum ***die rechtlichen Überlegungen Voraussetzung für einen gelungenen Tatbestand*** sind (Teil 1 A.).

Für die ***sinnvolle Reihenfolge*** gerade ***in der Klausurbearbeitung*** kann man generell einen klaren Rat geben:

> Den Urteilstatbestand sollte nicht geschrieben werden, bevor die rechtliche Lösung jedenfalls in den Grundzügen klar ist (kurz: Lösungsskizze vor Tatbestand).

Der logisch zwingende Grund dafür liegt wiederum in den allgemeinen Anforderungen an den Tatbestand, geregelt in § 313 Abs. 2 ZPO: Wer keine oder nur eine allzu grobe Vorstellung von der rechtlichen Lösung hat, kann unmöglich beurteilen, was der *„wesentliche Inhalt des Sach- und Streitstands"* ist. Der Tatbestand kann als tatsächliches Spiegelbild der Entscheidungsgründe verstanden werden.

Noch einmal: Der Tatbestand ist nach der Vorgabe des Gesetzes keine alles umfassende, von rechtlicher Relevanz gelöste Darstellung des gesamten Sach- und Streitstands (im Gegensatz zum sogenannten Sachbericht).

Man kann das Knappheitsgebot nicht oft genug hervorheben:

> Nur das Wesentliche soll gemäß § 313 Abs. 2 S. 1 ZPO „knapp dargestellt werden".

Vereinzelt wird dieser Erkenntnis zum Trotz empfohlen, den Urteilstatbestand zu schreiben, bevor man die rechtliche Lösung auf dem Schirm hat. Wer möchte, kann dies in der Ausbildungsphase gerne ausprobieren. Objektiv sinnvoll ist es nicht.

Wir halten fest:

Die Lösung sollte „stehen", bevor man den Tatbestand schreibt.

Das zwingt nicht etwa dazu, in der Klausur die Entscheidungsgründe vor dem Tatbestand zu schreiben. Die ***Reihenfolge der Urteilselemente*** spricht dafür, den Tatbestand mit der skizzierten rechtlichen Lösung im Hinterkopf vor den Entscheidungsgründen zu schreiben. Allerdings muss dann unbedingt vermieden werden, dass die Entscheidungsgründe in wesentlichen Teilen oder gar ganz der Zeitnot zum Opfer fallen.

Der mehr oder weniger gelungene ***Tatbestand*** ist ein ***bedeutendes Bewertungskriterium***. Die ***Entscheidungsgründe*** werden aber gemeinhin als ***noch wichtiger*** angesehen.

Wer also notgedrungen ***Lücken*** lassen muss, sollte dies ***möglichst nicht in den Entscheidungsgründen*** tun, ***keinesfalls im Tenor***. Das mag dafür sprechen, den Tatbestand erst zu schreiben, wenn der Rest des Urteils „steht".

Oberstes Ziel in der Examensvorbereitung muss aber sein, durch Klausurroutine das Zeitnotproblem so in den Griff zu bekommen, dass ein ***vollständiger***, in sich stimmiger ***Urteilsentwurf*** entsteht.

III. Die Grobgliederung des Tatbestands

Der Übersichtlichkeit halber stellen wir zunächst die allgemeine ***Grobgliederung des Tatbestands*** dar.

Wie alle Schemata ist auch dieses nicht starr zu verstehen. ***In Sonderfällen*** sind ***Abweichungen*** im Interesse der Verständlichkeit mehr oder weniger zwingend ***geboten***. Standardmäßig ist das insbesondere bei Urteilen mit Widerklage, nach Einspruch gegen ein Versäumnisurteil, bei Klageänderungen und nach Erledigterklärung in der Hauptsache der Fall. Dazu führen wir unten bei den jeweiligen Sondersituationen aus.

In unserer allgemeinen Grobgliederung werden bereits die ***Aussageweisen*** (Modi) und ***Zeitformen*** (Tempi) stichwortartig benannt.

Auf ***sprachliche Genauigkeit*** wird nämlich großer Wert gelegt. Insbesondere kennzeichnen bestimmte ***Zeitformen spezifisch*** die verschiedenen Abschnitte des Tatbestands:

Der Tatbestand im allgemeinen Überblick:

1. Gegebenenfalls Einleitungssatz
→ Indikativ, Präsens

2. Sachstand (unstreitiger Sachverhalt)
→ Indikativ, regelmäßig Imperfekt

3. Streitiger Klägervortrag
→ Konjunktiv, indirekte Rede

4. Aktuelle Anträge
→ Indikativ, Präsens

5. Ggfls. streitiger Beklagtenvortrag
→ Konjunktiv, indirekte Rede

6. Gegebenenfalls Prozessgeschichte
→ Indikativ, Perfekt

IV. Der Aufbau und der Inhalt des Tatbestands

1. Gegebenenfalls Einleitungssatz (Indikativ, Präsens)

Einleitungssätze sollen grob beschreiben, worum es in dem Prozess geht. Beispielsweise so:

Der Kläger verlangt Schadensersatz aufgrund eines Verkehrsunfalls auf der Autobahn A 3.

Auch unser erstes Anschauungsbeispiel (Teil 1 B.) enthält einen Einleitungssatz, insbesondere weil die Klägerin dort aus abgetretenem Recht gegen die Beklagte vorgegangen ist.

Ein ***Einleitungssatz*** ist ***je nach Fall und Ergebnis mehr oder weniger sinnvoll***.

Gerade bei ***Misserfolg*** einer Klage ***kann*** es ***angebracht sein***, den Tatbestand mit einem ***Einleitungssatz*** zu beginnen. Der Leser ist dann nämlich durch den Hauptsachetenor (*„Die Klage wird abgewiesen."*) noch nicht darüber informiert, worum es geht.

Andererseits sind ***Wiederholungen*** zu ***vermeiden***. Von daher sollte man sich einen Einleitungssatz jedenfalls dann sparen, wenn aus dem Hauptsachetenor schon klar hervorgeht, worum es geht (z.B. bei Verurteilung zur Herausgabe einer bestimmten Sache).

Aus demselben Grund ***sollte auch die Wiederholung von Erkenntnissen aus dem Rubrum unterbleiben***. Wenn beispielsweise die Volkswagen AG mit Sitz in Wolfsburg auf Schadensersatz verklagt wird (ein Massenphänomen unserer Zeit), ist es denkbar überflüssig, die Beklagte in einer Einleitungspassage als „großen deutschen Autohersteller" zu bezeichnen. Wer das Rubrum gelesen hat, wird das sogar als eher lächerlich empfinden.

2. Sachstand (unstreitiger Sachverhalt / Indikativ, regelmäßig Imperfekt)

Zu Beginn des Tatbestands – gegebenenfalls nach einem Einleitungssatz – wird ***der unstreitige Sachverhalt*** dargestellt (Sachstand).

Diese Mitteilung des Sachstands nennt man auch ***Geschichtserzählung***.

Wie vorgetragene Tatsachen von Rechtsansichten zu unterscheiden sind und welche Tatsachen auf welche Weise dem streitigen oder unstreitigen Sachverhalt zuzuordnen sind, hatten wir in Teil 3 unter A. und B. umfangreich aufgezeigt.

Die Geschichtserzählung findet ***grundsätzlich in der einfachen Vergangenheit*** (im Imperfekt) und in der Aussageweise „direkte Rede" statt.

> Die Beklagte bezeichnete den Kläger anlässlich einer Familienfeier am 04.10.2018 als „unverbesserlichen Vollidioten". → Imperfekt

Zeitliche Rückgriffe sollten der Einfachheit halber nach Möglichkeit vermieden werden. Es bietet es sich ***in der Regel*** an, ***durchgehend chronologisch*** zu schreiben.

Wenn ein ***zeitlicher Rückgriff*** wegen der Verständlichkeit ausnahmsweise erforderlich sein sollte, ist das gegenüber der bisherigen Schilderung frühere Ereignis unbedingt in der der Zeitform der ***Vorvergangenheit*** zu schildern (im Plusquamperfekt).

Einige Tage zuvor hatte es der Kläger absprachewidrig versäumt, das gemeinsame Kind der Parteien von der Schule abzuholen. → Plusquamperfekt

Was in die Gegenwart fortwirkt, wird natürlich in der ***Gegenwartsform*** dargestellt (im Präsens):

Der Kläger ist der Vater der Beklagten. → Präsens

3. Streitiger Klägervortrag (Konjunktiv, indirekte Rede)

Eine streitige Tatsache ist in erster Linie ***aus der Perspektive der darlegungs- und beweisbelasteten Partei*** zu schildern.

Für die anspruchsbegründenden Tatsachen ist ***im Grundsatz der Kläger*** darlegungs- und beweisbelastet, weil sie ihm günstig sind. Deshalb wird es – sofern überhaupt Tatsachen streitig sind – regelmäßig geboten sein, diese zumindest primär auf der Klägerseite zu bringen.

Wenn es ***ausnahmsweise*** um Tatsachen geht, für die ***der Beklagte*** die Darlegungs- und Beweislast trägt, dreht sich das Muster. So sind beispielsweise streitige Tatsachen zu § 986 BGB primär auf der Beklagtenseite darzustellen.

Der streitige Klägervortrag wird – immer bezogen auf Tatsachen – stereotyp mit folgender ***Formulierung*** eingeleitet:

Der Kläger behauptet, …

Unangebracht sind indifferente Begriffe wie *„trägt vor"*, *„macht geltend"*, *„führt aus"*, *„wendet ein"* oder dergleichen.

Das alles ist viel ***zu vage***, es wird weder richtig klar, dass es um Tatsachen geht, noch, dass diese streitig sind.

Was dann folgt, ist im ***Konjunktiv*** in der ***indirekte***n ***Rede*** zu schildern:

> Der Kläger ***behauptet***, der Beklagte ***habe*** ihn als „dumme Sau" bezeichnet.

Dabei kommt schulmäßig in der Regel Konjunktiv I zum Einsatz, auch wenn es ungewohnt klingen mag (*„habe"*, nicht „~~hätte~~" / *„sei"*, nicht „~~wäre~~").

Rechtsansichten der Parteien sollten ***nur ausnahmsweise in den Tatbestand*** aufgenommen werden, insbesondere wenn sonst der Streit nicht oder nur schwer verständlich wäre. Das kann zum Beispiel bei einem (tatsächlich) unstreitigen Sachverhalt der Fall sein, wenn also der Kern des Rechtsstreits eine reine Rechtsfrage ist.

> In der Tendenz neigen Referendarinnen und Referendare dazu, überflüssigerweise und vor allem überflüssig breit Rechtsansichten in den Tatbestand zu schreiben. Dadurch wird in der Klausur oft ohne Not wertvolle Zeit verloren.

Wenn eine ***Rechtsansicht*** geschildert wird, muss das klar in der Formulierung zum Ausdruck kommen:

> Der Kläger meint, er könne mit Erfolg Schmerzensgeld beanspruchen.

Statt ***„meint"*** kann man Rechtsansichten auch mit ***„ist der Auffassung"*** oder ***„vertritt die Ansicht"*** schreiben.

„~~Behauptet~~" ist aber ***bei Rechtsansichten verpönt***. Dieses Wort ist unbedingt für streitigen Tatsachenvortrag reserviert (s.o.).

> Wenn in Klausuren das Wort ***„behauptet"*** geschrieben wird, ist das ***auffallend oft falsch***. Unsere Empfehlung: ***Checke bei „behauptet" immer gedanklich***, ob es sich an der jeweiligen Stelle wirklich um eine ***Tatsache*** handelt (nicht nur um eine Rechtsansicht) und ob diese Tatsache wirklich ***streitig*** ist.

4. Aktuelle Anträge (Indikativ, Präsens)

Nach dem unstreitigen Sachverhalt (Geschichtserzählung) und dem streitigen Klägervortrag (wenn vorhanden) werden ***die aktuellen Anträge*** dargestellt.

Zur Hervorhebung der Anträge (§ 313 Abs. 2 S. 1 ZPO) wird hinter dem Klägervortrag ein Absatz gemacht und der Inhalt der Anträge ***eingerückt***:

In dieser Form werden immer nur die zuletzt gestellten Anträge dargestellt. Dabei beginnt man mit dem Sachantrag des Klägers:

> Die Klägerin beantragt,
>
> > die Beklagte zu verurteilen, an sie 4.597,43 € nebst Zinsen in Höhe von fünf Prozentpunkten über dem jeweiligen Basiszinssatz seit Rechtshängigkeit zu zahlen.
>
> Die Beklagte beantragt,
>
> > die Klage abzuweisen.

Bei *„Zinsen … seit Rechtshängigkeit"* muss man – wenn Zinsen zugesprochen werden – in der ***Prozessgeschichte*** mitteilen, ***wann die Klage zugestellt worden ist***. Man kann das Datum der Zustellung auch in den Klageantrag aufnehmen:

> Die Klägerin beantragt,
>
> > die Beklagte zu verurteilen, an sie 4.597,43 € nebst Zinsen in Höhe von fünf Prozentpunkten seit Rechtshängigkeit (Klagezustellung am 08.11.2018) zu zahlen.

Wenn vorherige, nicht mehr aktuelle Sachanträge rechtlich relevant sind, sind sie als ***vorgezogene Prozessgeschichte*** darzustellen, dann aber nicht eingerückt. Dazu später mehr …

In der Regel sind die Anträge wörtlich wiederzugeben. Sprachliche Ungereimtheiten und offenbare Unrichtigkeiten können aber „ausgebügelt" werden. Dann schreibt man am besten *„Der Kläger beantragt sinngemäß, …"*.

Etwaige ***„Anträge" zu den Nebenentscheidungen*** gehören regelmäßig ***nicht ins Urteil***, weil hierüber von Amts wegen zu entscheiden ist (vgl. §§ 308 Abs. 2, 708, 709 S. 1 ZPO). Überflüssigerweise werden insbesondere Kostenanträge in vielen Anwaltsschriftsätzen immer noch routinemäßig gestellt. Diese Folklore sollte in Anwaltsklausuren vermieden werden, weil sonst der Eindruck entsteht, man habe das System nicht verstanden.

5. Gegebenenfalls streitiger Beklagtenvortrag (Konjunktiv, indirekte Rede)

Streitiges Vorbringen des Klägers bringt ***nicht zwangsläufig*** die Darstellung streitigen Vorbringens auch auf der Beklagtenseite mit sich (deshalb „gegebenenfalls").

Nur ***bei qualifiziertem Bestreiten*** taucht die ***konkrete Gegenversion*** des Beklagten hinter den Anträgen auf. Greifen wir der Einfachheit halber das Beispiel von oben auf (Teil 3 B. III. 2. b. => Klägervortrag *„Ampel zeigte schon Rot"* / Beklagtenvortrag *„Ampel zeigte noch Grün"*):

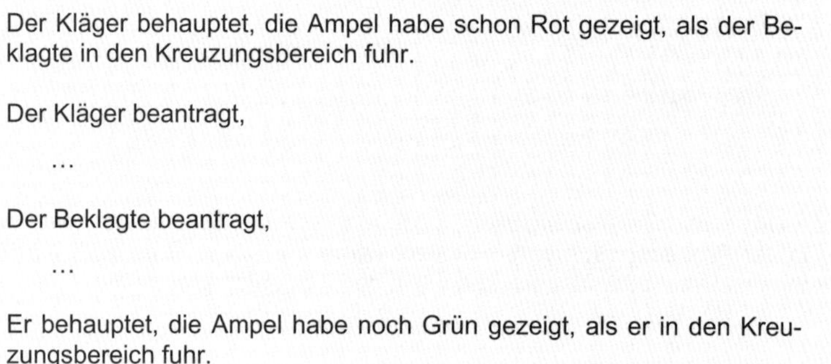

Der Kläger behauptet, die Ampel habe schon Rot gezeigt, als der Beklagte in den Kreuzungsbereich fuhr.

Der Kläger beantragt,

...

Der Beklagte beantragt,

...

Er behauptet, die Ampel habe noch Grün gezeigt, als er in den Kreuzungsbereich fuhr.

Einfaches Bestreiten ist nicht darzustellen.

Wenn der Beklagte in unserem Ampel-Beispiel nur vorträgt, die Ampel habe nicht schon Rot gezeigt, beschränkt er sich damit auf die Verneinung des Klägervortrags. Er legt sich – bewusst oder unbewusst – nicht fest, ob die Ampel noch Grün oder schon Gelb gezeigt haben soll.

An dieser Stelle steht dann auf der Beklagtenseite gar nichts. Dass der Vortrag des Klägers (*„Ampel zeigte schon Rot"*) streitig ist, zeigt sich bereits und allein daran, dass es auf der Klägerseite als Behauptung steht.

Einfaches Bestreiten wird nicht dargestellt.

Es wäre deshalb ***falsch***, zu schreiben: „Der Beklagte bestreitet, dass die Ampel schon Rot gezeigt habe, als er in den Kreuzungsbereich einfuhr."

Von Formulierungen mit ***„bestreitet"*** ist ***generell abzuraten***.

Entweder es geht um einfaches Bestreiten (dann überhaupt keine Darstellung dessen) oder um qualifiziertes Bestreiten (dann Darstellung dessen mit *„behauptet, ..."*).

In Fällen des § 138 Abs. 4 ZPO sollte man besser im Einklang mit dem Gesetzeswortlaut die Bezeichnung „Erklärung mit Nichtwissen" verwenden (siehe dazu schon Teil 3 B. III. 2. c.). Wir greifen das Beispiel aus Teil 3 B. IV. auf:

> Die Beklagte erklärt sich mit Nichtwissen dazu, mit quietschenden Reifen aus der Parklücke gefahren zu sein.

6. Gegebenenfalls Prozessgeschichte (Indikativ, Perfekt)

Die Prozessgeschichte betrifft im engeren Sinne ***Vorgänge im Prozessverlauf***.

Auch hier wird – gegebenenfalls – nur das mitgeteilt, was ***für die Entscheidung bedeutsam*** ist (§ 313 Abs. 2 S. 1 ZPO).

So kommt es etwa auf den Zeitpunkt des Eingangs von Schriftsätzen bei Gericht nur ausnahmsweise an (vgl. § 167 ZPO).

Das Datum der Zustellung der Klageschrift ist nur relevant, wenn Rechtshängigkeitszinsen zugesprochen werden (§§ 261 Abs. 1, 253 Abs. 1 ZPO / s.o. 4. zu den Anträgen, Seite 97).

Hat eine ***Beweisaufnahme*** stattgefunden, heißt es am Ende des Tatbestands beispielsweise:

> Das Gericht hat Beweis erhoben durch Vernehmung der Zeugin Helga Heide. Wegen des Ergebnisses der Beweisaufnahme wird auf das Protokoll der mündlichen Verhandlung vom 14.11.2018 verwiesen (Bl. 115 f d.A.).

Das erwähnte Protokoll (§§ 159 ff ZPO) wird übrigens gelegentlich etwas altbacken als „Sitzungsniederschrift“ bezeichnet.

Zur Prozessgeschichte im weiteren Sinne gehören ***auch Geschehnisse außerhalb des Prozesses***, die sich nach Rechtshängigkeit ereignet haben. Auch diese sind in der Zeitform der Prozessgeschichte zu schildern, nämlich in der vollendeten Gegenwartsform (im Perfekt).

Der Beklagte hat das streitbefangene Quad an den Kläger herausgegeben.

Durch die Zeitform (Perfekt) wird auch ohne Angabe eines Datums deutlich, dass sich dieses Ereignis erst im Laufe des Prozesses abgespielt hat. Dennoch kann es natürlich sinnvoll sein, das Datum anzugeben.

Ob und gegebenenfalls wo im Tatbestand in einem Urteil ***Prozessgeschichte*** erwähnt wird, ***lässt sich nicht generell sagen***.

Es gibt Urteile, die ***keine*** Prozessgeschichte enthalten, weil diese nämlich nicht entscheidungsrelevant ist.

In vielen Urteilen wird (nur) ***am Ende des Tatbestands*** Prozessgeschichte auftauchen (z.B. bezogen auf eine Beweisaufnahme / s.o.).

In manchen, durchaus klausurrelevanten Konstellationen muss Prozessgeschichte aber auch zwingend ***vor den aktuellen Anträgen*** gebracht werden. Das nennt man ***vorgezogene Prozessgeschichte***. Dabei ist aus Referendarsicht vor allem an Urteile nach zulässigem Einspruch gegen ein Versäumnisurteil zu denken (§ 343 ZPO / siehe auch § 700 Abs. 1 ZPO). Darauf und auf andere Beispiele für vorgezogene Prozessgeschichte werden wir unten weiter eingehen.

V. Die Verständnisfragen

zu Teil 4 C.: Der Tatbestand

(Antworten in Teil 8 F., ab Seite 219)

Frage 1

Welche generellen Anforderungen soll der Tatbestand erfüllen?

Frage 2

Rechtliche Wertungen gehören grundsätzlich nicht in den Tatbestand. Welche wichtige Ausnahme ist zu beachten?

Frage 3

Wie weit reicht die Beweiskraft des Tatbestands?

Frage 4

Was ist mit Blick auf die Arbeitsschritte in der Klausur die logisch zwingende Voraussetzung für einen gelungenen Tatbestand?

Frage 5

Welche Zeitformen kommen bei der Mitteilung des Sachstands vor (Geschichtserzählung)?

Frage 6

Warum erscheint in unserem ersten Anschauungsbeispiel (Teil 1 B.) streitiger Vortrag ausnahmsweise (nur) auf der Beklagtenseite?

Frage 7

Rechtsansichten gehören nur ausnahmsweise in den Tatbestand. Warum ist es jedenfalls falsch, Rechtsansichten mit *„behauptet"* zu schildern?

Frage 8

Warum sollte man nicht *„trägt vor"*, *„führt aus"*, *„wendet ein"* oder ähnliches schreiben?

Teil 4: Die Bestandteile des Urteils (§ 313 ZPO)

Frage 9

Warum ist es generell unangebracht, *„bestreitet“* zu schreiben?

Frage 10

Welche Elemente des Tatbestands sind gegebenenfalls in der vollendeten Gegenwart darzustellen (im Perfekt)?

Frage 11

In der Praxis endet der Tatbestand mitunter mit einer sogenannten salvatorischen Klausel: *„Wegen des weiteren Sach- und Streitstands wird auf die wechselseitigen Schriftsätze Bezug genommen.“* Warum sollte das jedenfalls in Klausuren unterbleiben?

D. Die Entscheidungsgründe (§ 313 Abs. 1 Nr. 6, Abs. 3 ZPO)

Im Anschluss an den Tatbestand folgen im Urteil die Entscheidungsgründe.

Nach ***§ 313 Abs. 3 ZPO*** handelt es sich dabei um eine ***kurze Zusammenfassung der Erwägungen***, auf denen die ***Entscheidung beruht***.

Die Entscheidungsgründe sollen nach § 313 Abs. 3 ZPO kurz sein und insbesondere nur das enthalten, was die Entscheidung trägt.

§ 313 Abs. 3 ZPO wird durch ***§ 286 Abs. 1 S. 2 ZPO*** ergänzt. Wenn es um die ***richterliche Überzeugung*** von Behauptungen der Parteien geht, sind die leitenden Gründe hierfür anzugeben. Das Gericht muss insbesondere bei der Würdigung von Äußerungen der Parteien und der ***Beweiswürdigung*** die wesentlichen Umstände nachvollziehbar darlegen.

Die Basis für die Entscheidungsgründe haben wir bereits mit einigen Beispielen in **Teil 2** gelegt. Schon dort sind eingehend die ***Urteilstechnik*** (das „Was" der Darstellung) und der ***Urteilsstil*** (das „Wie" der Darstellung) beschrieben worden.

Hierzu gibt es unten eine umfangreiche weitere Übung (Teil 6 A.).

Auch die ***Darstellung von Definitionen im Urteilsstil*** und das ***Zwar-aber-Phänomen*** werden jeweils als spezielle Übungen präsentiert (Teil 6 E. 1. und 2.).

I. Die Funktion und die Bedeutung der Entscheidungsgründe

In erster Linie sollen die Entscheidungsgründe – wie schon der Name sagt – das im Tenor zusammengefasste Ergebnis begründen.

Das Gericht erläutert den Parteien, warum die Entscheidung so getroffen wird, wie sie ist. Das wird naturgemäß vor allem eine unterlegene Partei interessieren. Sie steht regelmäßig vor der Frage, ob sie das Urteil akzeptieren oder ein Rechtmittel einlegen soll.

II. Die Grobgliederung der Entscheidungsgründe

Der Übersichtlichkeit halber stellen wir zunächst wieder die allgemeine ***Grobgliederung*** dar.

Die ***Entscheidungsgründe im allgemeinen Überblick***:

1. Einleitungssatz
2. Gegebenenfalls zur Zulässigkeit der Klage
3. Zur Begründetheit der Klage
4. Zu den prozessualen Nebenentscheidungen
5. Gegebenenfalls Streitwertfestsetzung im Urteil
6. Gegebenenfalls Rechtsbehelfsbelehrung
7. Unterschrift

Es gibt eine Reihe von ***Sonderkonstellationen***, die wir ***unten in*** **Teil 5** behandeln.

III. Der Aufbau und der Inhalt der Entscheidungsgründe

1. Einleitungssatz

Der ***Einleitungssatz muss das Gesamtergebnis umfassen.***

Die Klage ist zulässig und begründet.

Die Klage ist zulässig, aber unbegründet.

Die Klage ist insgesamt zulässig, aber nur teilweise begründet.

Die Klage ist unzulässig.

Dabei soll der Tenor nicht wiedergegeben werden. Das wäre keine Begründung, sondern eine überflüssige Wiederholung.

Es empfiehlt sich, die Zulässigkeit der Klage nur zu erwähnen, wenn dann auch Ausführungen dazu gemacht werden. In der Praxis wird oft die Zulässigkeit der Klage in jeder Hinsicht unproblematisch sein und im Rechtsstreit auch nicht angesprochen.

In diesen Fällen bietet es sich an, die Zulässigkeit als selbstverständlich anzusehen und auch im Einleitungssatz nicht zu erwähnen. Das ist aber Geschmacksache.

Die Klage ist begründet.

Die Klage ist unbegründet.

Die Klage ist teilweise begründet.

2. Gegebenenfalls zur Zulässigkeit der Klage

In Klausuren kann man getrost davon ausgehen, dass die ***Klage nicht insgesamt unzulässig*** ist, sondern dass allenfalls einzelne von mehreren Klageanträgen auf der Zulässigkeitsebene scheitern.

Wer nämlich die Klage insgesamt für unzulässig hält, darf im Urteil nichts mehr zur Begründetheit schreiben (vgl. abermals § 313 Abs. 3 ZPO). Dann liefe es nach den gängigen Bearbeitervermerken auf Hilfsausführungen zur Begründetheit jenseits des Urteils hinaus. Das wäre wenig elegant und entspräche sicher nicht der Wunschlösung der Prüfungsämter.

Bei mehreren Klageanträgen kann es aber schon einmal vorkommen, dass ***einzelne Anträge unzulässig*** sind.

a. Der Grundsatz: Nur problematische Zulässigkeitsfragen erwähnen

Bei Prüfungsaufgaben wird es ***oft*** – nicht immer – ***kleine Zulässigkeitshürden*** geben, die dann aber regelmäßig mehr oder weniger mühelos überwunden werden können.

Dabei kann es zum Beispiel um einen unbezifferten Antrag auf Schmerzensgeld, eine Klageänderung oder um die Feststellung einer Ersatzpflicht für künftige Schäden gehen. Auch können Zuständigkeitsfragen relevant werden, insbesondere wenn der Beklagte die Unzuständigkeit geltend gemacht hat (vgl. § 39 S. 1 ZPO).

Man geht – gegebenenfalls – immer nur auf problematische Zulässigkeitsfragen ein.

In Klausuren und Vorträgen werden ***Zulässigkeitsvoraussetzungen tendenziell zu breit geprüft***. Sie sind überhaupt nur zu erörtern, wenn zur Zeit der Bearbeitung noch ernsthafte Bedenken bestehen oder eine Partei Zulässigkeitsmängel gerügt hat und sich deshalb eine Stellungnahme dazu aufdrängt.

Diese wichtige Erkenntnis sollte man auf dem Schirm haben, wenn man sich Schemata zu den Zulässigkeitsvoraussetzungen anschaut.

Andererseits gilt:

Mancher Punkt, der in der Praxis als selbstverständlich übergangen wird, kann in Prüfungsarbeiten kurz zu erwähnen sein.

b. Ein Prüfungsschema zur Zulässigkeit

An dieser Stelle bietet sich ein Prüfungsschema an.

Wir betonen noch einmal, dass ***Zulässigkeitsfragen grundsätzlich nur*** angesprochen werden, ***wenn*** es um mehr oder weniger problematische ***Besonderheiten*** oder ***Abweichungen vom Normalfall*** geht (s.o).

Als ***allgemeine Prozessvoraussetzungen*** sind von Amts wegen zu beachten:

Deutsche Gerichtsbarkeit (Ausnahmen: §§ 18 bis 20 GVG)

Internationale Zuständigkeit (vgl. etwa Art. 3 Abs. 1 EuGVVO)

Zulässigkeit des Rechtswegs (§ 13 GVG)

Örtliche Zuständigkeit (§§ 12 ff ZPO)

Sachliche Zuständigkeit (§§ 23 ff, 71 GVG)

Ordnungsgemäße Klageerhebung (§ 253 ZPO)

Existenz und Parteifähigkeit (§ 50 ZPO / entspricht der Rechtsfähigkeit)

Prozessfähigkeit oder gesetzliche Vertretung des Prozessunfähigen (§§ 51 ff ZPO)

Prozessführungsbefugnis (vgl. § 51 Abs. 1 ZPO)

Keine entgegenstehende Rechtskraft (§ 322 ZPO)

Keine anderweitige Rechtshängigkeit (§ 261 Abs. 3 Nr. 1 ZPO)

Kein fehlendes Rechtschutzbedürfnis

Daneben gibt es besondere Voraussetzungen für entsprechend besondere Verfahrenskonstellationen, wie die Zulässigkeit einer etwaigen Klageänderung (§§ 263, 264, 267 ZPO), das Feststellungsinteresse (§ 256 Abs. 1 ZPO) oder das Erfordernis eines vorherigen Schlichtungsverfahrens nach § 15a EGZPO i.V.m. den Schlichtungsgesetzen der Länder.

In seltenen Sonderfällen können Prozesshindernisse eine Rolle spielen.

Prozesshindernisse sind Einreden des Beklagten, die also nicht von Amts wegen zu berücksichtigen sind.

Einrede des Schiedsvertrages (§ 1032 ZPO)

Einrede der mangelnden Sicherheitsleistung bei Ausländern (§§ 110 ff ZPO)

Einrede mangelnder Kostenerstattung in früherem, durch Klagerücknahme erledigtem Rechtsstreit (§ 269 Abs. 6 ZPO)

c. Die klausurbezogenen Erläuterungen

In diesem Abschnitt gehen wir allgemein auf einige ***Konstellationen*** im Bereich der Zulässigkeit ein, die erfahrungsgemäß ***gerne einmal in Prüfungsaufgaben*** vorkommen.

Zulässigkeitsfragen in weiteren ***Spezialsituationen*** werden in **Teil 5** ***gesondert*** angesprochen (insbesondere zur Widerklage und zur Klageänderung).

aa. Die Zuständigkeit

Man muss jedenfalls dann etwas zur Zuständigkeit des angerufenen Gerichts schreiben, wenn der Beklagte – wie es ***§ 39 S. 1 ZPO*** formuliert – die ***Unzuständigkeit geltend macht***.

Diese sogenannte Zuständigkeitsrüge findet im Bereich der örtlichen Zuständigkeit vor allem dann statt, wenn es um einen ***besonderen Gerichtsstand*** geht (beispielsweise § 32 ZPO, § 21 Abs. 1 ZPO oder § 29 Abs. 1 ZPO).

§ 32 ZPO ist das Paradebeispiel für eine ***qualifizierte Prozessvoraussetzung***. Schon im Rahmen der Zulässigkeit muss unter dem Merkmal „unerlaubte Handlung“ etwas geprüft werden, das bei allgemeinem Gerichtsstand nach §§ 12, 13 ZPO erst in der Begründetheit angesprochen würde. Man spricht deshalb auch von ***doppelrelevanten Tatsachen***. Auf der Zulässigkeitsebene kommt es nicht auf den Sachvortrag des Beklagten an. ***Schlüssiger Klägervortrag*** ist erforderlich, aber auch ausreichend.

In eindeutig ***unproblematischen Fällen*** ist es ***nicht nötig*** und nicht praxisgerecht, ***überhaupt etwas zur örtlichen und sachlichen Zuständigkeit*** zu schreiben.

Allenfalls kann man dann ***kurz*** die einschlägigen Vorschriften nennen und sollte sich auch darauf beschränken:

> Die Klage ist zulässig und begründet.
>
> Das Landgericht Detmold ist gemäß §§ 12, 13 ZPO örtlich und gemäß §§ 71 Abs. 1, 23 Nr. 1 GVG sachlich zuständig.
>
> Dem Kläger steht der geltend gemachte Kaufpreisanspruch aus § 433 Abs. 2 BGB zu.
>
> ...

Gelegentlich gibt es Klausuren, in denen der Rechtsstreit von einem anderen Gericht an das nunmehr erkennende Gericht verwiesen worden ist. Dann ergibt sich die Zuständigkeit schon aus der ***Bindungswirkung gemäß § 281 Abs. 2 S. 4 ZPO*** (bei der Kostenentscheidung ist wie gesehen je nach Ergebnis § 281 Abs. 3 S. 2 ZPO zu beachten).

bb. Der unbezifferte Zahlungsantrag

Die ordnungsgemäße Klageerhebung verlangt gemäß ***§ 253 Abs. 2 Nr. 2 ZPO*** u.a. einen ***bestimmten Antrag***.

Danach scheint folgender, so oder ähnlich praxisüblicher Antrag auf den ersten Blick unzulässig zu sein.

> Der Kläger beantragt, den Beklagten zu verurteilen, an ihn ein angemessenes Schmerzensgeld zu zahlen, dessen Höhe in das Ermessen des Gerichts gestellt wird.

Die ***Zulässigkeit*** solcher Anträge ist wegen der Unwägbarkeiten auf diesem Gebiet ***allgemein anerkannt***. In der Praxis ist das eine Selbstverständlichkeit. Immerhin handelt es sich aber um eine klare Abweichung vom Gesetz. Das Phänomen sollte ***in Klausuren kurz abgearbeitet*** werden. Das kann beispielsweise so aussehen:

Die Klage ist zulässig und begründet.

Der unbezifferte Zahlungsantrag ist anerkanntermaßen trotz der grundsätzlichen Anforderungen des § 253 Abs. 2 Nr. 2 ZPO zulässig, da die Bemessung des Schmerzensgeldes von Billigkeitserwägungen des Gerichts abhängt (§ 253 Abs. 2 BGB / in prozessrechtlicher Hinsicht § 287 Abs. 1 ZPO).

Dem Kläger steht ein Schmerzensgeldanspruch aus §§ 823 Abs. 1, 253 Abs. 2 BGB in Höhe von 7.000 € zu.

...

cc. Die Prozessstandschaft

Die ***Prozessführungsbefugnis*** ist ***im Regelfall*** eine (nicht zu erwähnende) ***Selbstverständlichkeit***.

Mehr oder weniger problematisch sind nur Situationen, in denen die ***Partei nicht selbst Rechtsinhaberin*** ist.

Fremde Rechte als ***Partei kraft Amtes*** macht beispielsweise der Insolvenzverwalter geltend.

Am ehesten klausurrelevant sind die Fälle der Prozessstandsschaft.

Die ***gesetzliche Prozessstandschaft*** kann sich vor allem aus ***§ 265 Abs. 2 ZPO*** ergeben.

Die ***gewillkürte Prozessstandschaft*** analog § 185 Abs. 1 BGB zeichnet sich dadurch aus, dass die Partei mit ***Ermächtigung durch den Rechtsinhaber*** klagt. So etwas kann ***bei schutzwürdigem Interesse*** des Klägers ***zulässig*** sein, wenn der Beklagte ***nicht unbillig benachteiligt*** wird. Ein Beispiel:

Ein Bauunternehmer hat seine Werklohnforderung zur Sicherheit an eine Bank abgetreten. Die Bank ermächtigt den Bauunternehmer, die Forderung wegen der deutlich größeren Sachnähe im eigenen Namen gegen den Auftraggeber geltend zu machen.

Der Kläger stellt den (näher bestimmten) Antrag auf Zahlung an die (näher bezeichnete) Bank.

Bei Prozessstandschaft muss der ***Klageantrag*** immer auf ***Leistung an den materiell Berechtigten*** gerichtet sein.

Ein stattgebender Hauptsachetenor könnte so aussehen:

> Der Beklagte wird verurteilt, 8.724,65 € nebst Zinsen in Höhe von fünf Prozentpunkten über dem jeweiligen Basiszinssatz seit dem 21.08.2018 an die Bonus-Bank AG, gesetzlich vertreten durch den Vorstand, Kapitalmarktstraße 87, 60433 Frankfurt am Main, zu zahlen.

In den ***Entscheidungsgründen*** muss ***kurz etwas*** zu einer solchen Abweichung vom Normalfall geschrieben werden.

Das gilt sowohl bei gesetzlicher als auch bei gewillkürter Prozessstandschaft.

In einem typischen Fall der gewillkürten Prozessstandschaft könnte so formuliert werden:

> Die Klage ist zulässig und begründet.
>
> Der Kläger ist prozessführungsbefugt, weil die gewillkürte Prozessstandschaft zulässig ist.
>
> Die Ermächtigung des Klägers durch die Bonus-Bank AG liegt im schutzwürdigen Interesse des Klägers, weil er den Prozess wegen ungleich größerer Sachnähe zum konkreten Werkvertrag und zu dessen Ausführung besser führen kann als die Rechtsinhaberin. Anhaltpunkte für eine unbillige Benachteiligung des Beklagten bestehen nicht. Insbesondere spricht nichts für Vermögenslosigkeit des Klägers.
>
> Der Bonus-Bank AG steht der geltend gemachte Anspruch aus § 631 Abs. 1 BGB zu.
>
> ...

dd. Das Feststellungsinteresse

Zum Feststellungsinteresse gemäß ***§ 256 Abs. 1 ZPO*** muss bei entsprechenden Anträgen immer etwas geschrieben werden, wobei oft kurze Standardausführungen genügen.

In der Praxis wie auch in Klausuren tauchen Feststellungsanträge gerne als Ergänzung eines Leistungsantrags im Zusammenhang mit Schadensersatzforderungen auf:

Die Klägerin beantragt,

die Beklagte zu verurteilen, an sie 11.244,00 € nebst Zinsen in Höhe von fünf Prozentpunkten über dem jeweiligen Basiszinssatz seit Rechtshängigkeit zu zahlen,

festzustellen, dass die Beklagte verpflichtet ist, der Klägerin sämtliche ihr künftig noch entstehenden materiellen und immateriellen Schäden aus dem Unfallereignis vom 17. August 2018 im Geschäft der Beklagten in der Ehrenstraße 37, 50672 Köln zu ersetzen, soweit die Ansprüche nicht auf einen Sozialversicherungsträger oder andere Dritte übergehen.

Hierzu könnte folgende Passage zu Beginn der ***Entscheidungsgründe*** passen:

Die Klage ist zulässig und begründet.

Für den zweiten Antrag ergibt sich das Feststellungsinteresse (§ 256 Abs. 1 ZPO) schon aus der Möglichkeit weiterer Folgeschäden, selbst wenn diese nur entfernt bestehen sollte.

Der Klägerin stehen dem Grunde nach Schadensersatzansprüche aus §§ 280 Abs. 1, 241 Abs. 2, 311 Abs. 2 Nr. 2 BGB zu.

…

Besonderheiten gibt es bei ***negativen Feststellungsklagen***.

So könnte in der oben beschriebenen Ausgangssituation auch die potenzielle Anspruchsgegnerin eine Klage erheben, die auf Feststellung gerichtet ist, dass der Beklagten (oben Klägerin) keine Schadensersatzansprüche aus dem näher bezeichneten Unfallereignis zustehen.

Das Feststellungsinteresse gemäß ***§ 256 Abs. 1 ZPO*** liegt dann darin, dass sich die ***Beklagte*** (oben Klägerin) ***eines Anspruchs „berühmt“*** hat, zum Beispiel durch eine Zahlungsaufforderung.

Erhebt der Beklagte Widerklage auf Leistung, fällt das Interesse an der negativen Feststellung weg. Spätestens wenn die Widerklage nicht mehr einseitig zurückgenommen werden kann, wird der Kläger den Rechtsstreit mit Blick auf die Feststellungsklage zweckmäßigerweise für erledigt erklären.

3. Zur Begründetheit der Klage

a. Die begründete Klage

Wenn Ansprüche gegeben sind, wird im schulmäßigen Urteil für den jeweiligen Anspruch ***nur eine einzige Anspruchsgrundlage*** erwähnt.

Das kann beispielsweise so aussehen:

> Der Schadensersatzanspruch des Klägers ergibt sich aus § 280 Abs. 1 BGB. Der Beklagte hat eine Pflicht aus dem Schuldverhältnis verletzt, wodurch dem Kläger ein Schaden entstanden ist. ... (*wird im Urteilsstil ausgeführt*)
>
> Der Zinsanspruch folgt aus §§ 291, 288 Abs. 1 S. 2 BGB.

Ob der Schadensersatzanspruch zusätzlich auf § 823 Abs. 1 BGB oder der Zinsanspruch zusätzlich auf §§ 280 Abs. 1, Abs. 2, 286 BGB gestützt werden kann, ist für das Urteil irrelevant (vgl. Teil 2 C. IV.).

Bei der einzigen Anspruchsgrundlage müssen im Fall der begründeten Klage ***alle Tatbestandsmerkmale zumindest kurz*** als gegeben ***erwähnt*** werden.

Problematische Merkmale müssen im ***Urteilsstil*** abgearbeitet werden.

b. Die unbegründete Klage

Wenn ein Anspruch nicht gegeben ist, müssen ***alle ernsthaft in Betracht kommenden Anspruchsgrundlagen*** erwähnt werden. Nach den Regeln der Urteilstechnik werden die jeweiligen Anspruchsgrundlagen ***allerdings an einem einzigen Merkmal „gekippt"*** (vgl. Teil 2. B. IV. 2.).

Ein Schadensersatzanspruch steht der Klägerin aus keiner der in Betracht kommenden Anspruchsgrundlagen zu, nämlich weder aus § 823 Abs. 1 BGB noch aus § 823 Abs. 2 BGB i.V.m. § 303 Abs. 1 StGB noch aus § 228 S. 2 BGB.

Die Klägerin hat keinen Anspruch aus § 823 Abs. 1 BGB, weil der Beklagte das Eigentum der Klägerin nicht widerrechtlich verletzt hat. Die Sachbeschädigung war gemäß § 228 S. 1 BGB gerechtfertigt. ... (*wird im Urteilsstil ausgeführt*)

Ein Anspruch aus § 823 Abs. 2 BGB i.V.m. § 303 Abs. 1 StGB scheidet ebenfalls aus, weil die Sachbeschädigung nicht rechtswidrig war (s.o.).

Schließlich steht der Klägerin auch kein Schadensersatzanspruch aus § 228 S. 2 BGB zu, weil der Beklagte die Gefahr nicht verschuldet hat. ... (*wird im Urteilsstil ausgeführt*)

c. Die teilweise begründete Klage

In dieser Konstellation werden nacheinander der erfolgreiche Teil und der erfolglose Teil der Klage begründet. Das geschieht nach den unter a. und b. genannten Regeln.

4. Zu den prozessualen Nebenentscheidungen

Zur Begründung der ***Kostenentscheidung*** und der ***Entscheidung zur vorläufigen Vollstreckbarkeit*** beschränkt man sich in der Regel darauf, ***die einschlägigen Vorschriften möglichst genau*** zu ***nennen***.

Die Kostenentscheidung folgt aus § 91 Abs. 1 S. 1 Hs. 1 ZPO.

Die Entscheidung zur vorläufigen Vollstreckbarkeit ergibt sich aus §§ 708 Nr. 11 Var. 2, 711 S. 1, 2, 709 S. 2 ZPO.

Auch eine Kostenentscheidung nach § 92 Abs. 2 Nr. 1 ZPO muss in eindeutigen Fällen nicht näher begründet werden. Wenn also z.B. die Klage nur mit Blick auf einen geringfügigen Teil der Zinsforderung abgewiesen wird, kann es heißen:

> Die Kostenentscheidung beruht auf § 92 Abs. 2 Nr. 1 ZPO.
>
> Die Entscheidung zur vorläufigen Vollstreckbarkeit folgt aus § 709 S. 1, 2 ZPO.

Man kann die Nebenentscheidungen auch zusammengefasst begründen:

> Die Nebenentscheidungen beruhen auf §§ 91 Abs. 1 S. 1 Hs. 1, 709 S. 1, 2 ZPO.

Es werden immer nur die Vorschriften genannt, auf denen die Entscheidung beruht.

Wenn also beispielsweise auf Basis des § 708 Nr. 11 Var. 1 ZPO (keine Sicherheitsleistung) wegen § 713 ZPO eine Abwendungsbefugnis nach § 711 S. 1 ZPO unterbleibt, werden am Ende der Entscheidungsgründe nur §§ 708 Nr. 11 Var. 1, 713 ZPO genannt.

Wer mit alldem inhaltlich wenig anfangen kann, sollte (nochmals) Teil 4, B. II. zur Kostenentscheidung und Teil 4 B. III. zur vorläufigen Vollstreckbarkeit lesen (siehe auch Teil 4 B. IV.).

Einer näheren Begründung bedarf die Kostenentscheidung nach § 93 ZPO oder bei teilweise übereinstimmender Erledigungserklärung (§ 91a Abs. 1 S. 1 ZPO). Darauf gehen wir unten ein.

5. Gegebenenfalls Streitwertfestsetzung im Urteil

In der Praxis ist es mehr oder weniger üblich, den ***Gebührenstreitwert*** im Anschluss an die eigentlichen Entscheidungsgründe oder gar schon am Ende des Tenors im Urteil festzusetzen.

Eine solche Streitwertfestsetzung im Urteil ist zulässig, entspricht aber nicht den Vorgaben des Gesetzes. Der Streitwert ist ***nach § 63 Abs. 2 S. 1 GKG durch Beschluss festzusetzen***. Die besagte Praxis läuft also auf eine Art Beschluss im Urteil hinaus.

In einschlägigen Prüfungsaufgaben wird regelmäßig verlangt, die Entscheidung des Gerichts zu entwerfen (Formulierung in der Einzahl). Das läuft jedenfalls bei Klausuren so gut wie immer auf einen ***Urteilsentwurf*** hinaus. Da die Streitwertfestsetzung eher Fremdkörper im Urteil als dessen natürlicher Bestandteil ist (s.o.), spricht aus Referendarsicht vieles dafür, im Examen der Einfachheit halber auf eine Streitwertfestsetzung zu verzichten. Sie ist im Zweifel fehleranfällig und kostet unnötig Zeit.

Allerdings gibt es Klausur-Bearbeitervermerke, in denen die Streitwertfestsetzung ausdrücklich erlassen ist. Das wiederum deutet darauf hin, dass sie grundsätzlich erwartet werden könnte.

Unsere Empfehlung:

> In der praktischen Ausbildung sollte man sich im Zweifel den Wünschen der Richterin oder des Richters anpassen, auch was Streitwertfestsetzungen in Urteilen angeht.
>
> Für das Examen sollte man sich rechtzeitig erkundigen, welche grundsätzliche Erwartungshaltung beim zuständigen Prüfungsamt in diesem Bereich besteht.

6. Gegebenenfalls Rechtsbehelfsbelehrung

Seit dem Jahr 2014 gilt ***§ 232 ZPO***. Erforderlich ist deshalb eine Belehrung in allen Verfahren vor dem Amtsgericht, selbst wenn dort (wie häufig) tatsächlich Anwälte beteiligt waren.

In Klausuren wird die Rechtsbehelfsbelehrung entweder ganz erlassen oder es genügt nach dem Bearbeitervermerk, dass das Rechtsmittel benannt und die einschlägige Vorschrift angegeben wird. Mitunter wird auch nach dem Rechtsmittelgericht und nach der Frist gefragt. Dann könnte man bei einem erstinstanzlichen Urteil des Amtsgerichts in der Klausur Folgendes schreiben:

> Rechtsmittelbelehrung zur Berufung (§ 511 ZPO), einzulegen bei dem zuständigen Landgericht binnen einer Notfrist von einem Monat nach Zustellung des Urteils (§§ 517 ZPO, 72 Abs. 1 S. 1 GVG).

7. Unterschrift

Nach § 315 Abs. 1 S. 1 ZPO ist das Urteil zu unterschreiben, nämlich von dem Richter, gegebenenfalls von sämtlichen mitwirkenden Richtern.

Der in Klausuren zu schreibende ***Urteilsentwurf*** trägt aber naturgemäß ***noch keine Unterschrift***.

Keinesfalls sollten deshalb Klausurbearbeiter am Ende des Urteils selbst unterschreiben oder die Richterunterschrift nachahmen.

IV. Die Verständnisfragen

zu Teil 4 D.: Die Entscheidungsgründe

(Antworten in Teil 8 G., ab Seite 221)

Frage 1

Warum werden unterlegene Parteien typischerweise besonders interessiert an den Entscheidungsgründen sein?

Frage 2

Warum sollten die Entscheidungsgründe nicht mit Sätzen wie „Die Klage ist abzuweisen.“ beginnen? Wie könnte in dieser Konstellation ein korrekter Einleitungssatz lauten?

Frage 3

Unter welchen Umständen geht man in den Entscheidungsgründen auf Zulässigkeitsvoraussetzungen ein?

Frage 4

Wodurch unterscheidet sich die Darstellung in den Entscheidungsgründen bei begründeter Klage von der bei unbegründeter Klage?

Frage 5

Warum wird bei der Begründung der Nebenentscheidungen beispielsweise § 708 ZPO nicht erwähnt, wenn im Tenor die vorläufige Vollstreckbarkeit gegen Sicherheitsleistung in Höhe von 110 % des jeweils zu vollstreckenden Betrages ausgesprochen wird?

Teil 5: Das Urteil in den wichtigsten Sondersituationen

A. Das Urteil bei Widerklage

Die ***Widerklage*** ist ein selbstständiger Angriff.

Sie ist in der Praxis wie auch in Prüfungsaufgaben ***bedeutsam***.

Die Möglichkeit der Widerklage ist im Gesetzgebungsverfahren als so selbstverständlich angesehen worden, dass hierzu ***nur Detailfragen geregelt*** sind (siehe insbesondere § 33 ZPO und schon jetzt § 145 Abs. 2 ZPO).

Der Beklagte verlässt mit der Widerklage die reine Verteidigungsposition und geht zum ***Gegenangriff*** über. Das unterscheidet die Widerklage insbesondere von der Aufrechnung. Der ***Widerklageanspruch wird rechtshängig***, anders als die zur Aufrechnung gestellte Gegenforderung (siehe dazu Teil 5 E.).

Man kann die Widerklage ***auch hilfsweise*** erheben. Das kann beispielsweise für den Fall sinnvoll sein, dass eine vorrangig erklärte Aufrechnung an einem Verbot scheitern sollte (innerprozessuale Bedingung).

Wo und wie tauchen die mit der Widerklage verbundenen Besonderheiten auf?

I. Das Rubrum

Im ***Rubrum*** – und nur dort – werden die ***Parteirollen hinsichtlich der Widerklage zusätzlich*** erwähnt:

In dem Rechtsstreit

Heinz Müller, ...

- Kläger und Widerbeklagter -

g e g e n

Erika Mustermann, ...

- Beklagte und Widerklägerin -

Im Tenor, im Tatbestand und in den Entscheidungsgründen beschränkt man sich dann konsequent auf die ursprünglichen Parteirollen. ***Kläger*** und ***Beklagter*** werden ***ab dem Tenor nur noch als solche bezeichnet***, auch wenn es in der Sache um die Widerklage geht.

Ein Sonderfall ist die sogenannte ***Drittwiderklage***. Wenn die Widerklage nicht (nur) gegen den Kläger gerichtet ist, sondern (auch) gegen einen Dritten, muss man diese Person mit ***„Drittwiderbeklagter“*** bezeichnen.

In der Praxis kommen Drittwiderklagen gar nicht so selten vor. Sie dienen in der Regel dazu, den Dritten als Zeugen „herauszuschießen“.

In Klausuren ist ***normalerweise nicht*** mit diesem Phänomen zu rechnen.

II. Die Urteilsformel (Tenor)

1. Die Hauptsacheentscheidung

Der ***Hauptsachetenor*** muss ***Klage und Widerklage getrennt*** erfassen.

Bei erfolgreicher Widerklage tenoriert man ***„Auf die Widerklage …“***.

Die Klage wird abgewiesen.

Auf die Widerklage wird der Kläger verurteilt, an die Beklagte …

oder (bei umgekehrtem Ergebnis)

Die Beklagte wird verurteilt, an den Kläger …

Die Widerklage wird abgewiesen.

oder (bei nur teilweise erfolgreicher Widerklage)

Die Klage wird abgewiesen.

Auf die Widerklage wird der Kläger verurteilt, an die Beklagte …

Im Übrigen wird die Widerklage abgewiesen.

2. Die Kostenentscheidung

Die Kostenentscheidung muss unbedingt einheitlich für den gesamten Rechtsstreit getroffen werden. Es darf also keinesfalls getrennt über die Kosten der Klage und der Widerklage entschieden werden. Wir erinnern uns an den ***Grundsatz der einheitlichen Kostenentscheidung***.

Das ist gemäß ***§ 91 Abs. 1 S. 1 Hs. 1 ZPO*** denkbar einfach, ***wenn eine Seite vollständig obsiegt***.

Ist die Klage in vollem Umfang erfolgreich und wird die Widerklage insgesamt abgewiesen, hat der Beklagte die Kosten des Rechtsstreits zu tragen.

Und umgekehrt: Wenn die Klage abgewiesen wird und die Widerklage vollständig erfolgreich ist, werden die Kosten des Rechtsstreits dem Kläger auferlegt.

Wie aber ist zu entscheiden, wenn ***Klage und Widerklage zumindest teilweise erfolgreich*** sind? Dann sind wir im Anwendungsbereich des § 92 ZPO.

Ein Beispiel:

Die Zahlungsklage ist auf 30.000 € gerichtet, hat aber nur in Höhe von 4.000 € Erfolg. Die Widerklage ist auf 20.000 € gerichtet und hat in Höhe von 14.000 € Erfolg.

Hauptsachtenor also:

Der Beklagte wird verurteilt, an den Kläger 4.000 € zu zahlen. Im Übrigen wird die Klage abgewiesen.

Auf die Widerklage wird der Kläger verurteilt, an den Beklagten 14.000 € zu zahlen. Im Übrigen wird die Widerklage abgewiesen.

Wie lautet die Kostenentscheidung?

Die einheitliche Entscheidung über die Kosten des (gesamten) Rechtsstreits ergeht hier gemäß ***§ 92 Abs. 1 S. 1 Var. 2 ZPO***.

Die ***Kostenquote*** hängt vom ***Grad des Obsiegens und Unterliegens*** der Parteien ***bezogen auf den Gesamtgebührenstreitwert*** ab.

Für den ***Gebührenstreitwert*** ist zu beachten, dass die Werte von Klage und Widerklage im gesetzlichen ***Regelfall des § 45 Abs. 1 S. 1 GKG*** addiert werden (anders als beim Zuständigkeitsstreitwert nach § 5 ZPO). Die ***Ausnahme*** des ***§ 45 Abs. 1 S. 3 GKG*** ist in unserem Fall nicht einschlägig, weil die Teilerfolge von Klage und Widerklage nur möglich sind, wenn die Ansprüche nicht denselben Gegenstand betreffen.

Damit beträgt der ***Gebührenstreitwert 50.000 €*** (30.000 € + 20.000 €).

Der Kläger obsiegt in Höhe von 10.000 € (4.000 € bei der Klage, 6.000 € bei der Widerklage).

Daraus ergibt sich welcher Tenor einschließlich ***Kostenentscheidung*** (noch ohne Ausspruch zur vorläufigen Vollstreckbarkeit)?

Der Beklagte wird verurteilt, an den Kläger 4.000 € zu zahlen. Im Übrigen wird die Klage abgewiesen.

Auf die Widerklage wird der Kläger verurteilt, an den Beklagten 14.000 € zu zahlen. Im Übrigen wird die Widerklage abgewiesen.

Die Kosten des Rechtsstreits haben der Kläger zu 80 % und der Beklagte zu 20 % zu tragen.

Das Obsiegen des Klägers (10.000 €) macht 20 % des Gesamtgebührenstreitwerts aus. Deshalb hat der Kläger 80 % der Kosten des Rechtsstreits zu tragen. Die übrigen 20 % werden dem Beklagten auferlegt.

3. Die Entscheidung zur vorläufigen Vollstreckbarkeit

Der ***Ausspruch zur vorläufigen Vollstreckbarkeit folgt allgemeinen Regeln***.

Zu beachten ist aber mit Blick auf § 708 Nr. 11 ZPO, dass unter Umständen ausnahmsweise der ***Beklagte in der Hauptsache vollstrecken*** kann, nämlich bei erfolgreicher Widerklage.

Wir greifen unser Beispiel wieder auf:

Der Beklagte wird verurteilt, an den Kläger 4.000 € zu zahlen. Im Übrigen wird die Klage abgewiesen.

Auf die Widerklage wird der Kläger verurteilt, an den Beklagten 14.000 € zu zahlen. Im Übrigen wird die Widerklage abgewiesen.

Die Kosten des Rechtsstreits haben der Kläger zu 80 % und der Beklagte zu 20 % zu tragen.

Wie lautet die Entscheidung zur vorläufigen Vollstreckbarkeit?

Wir haben zwei potenzielle Vollstreckungsverhältnisse. Wegen des Teilerfolgs sowohl der Klage als auch der Widerklage können beide Parteien auch in der Hauptsache vollstrecken.

Damit ist strukturell für beide Seiten § 708 Nr. 11 Var. 1 ZPO einschlägig. Mit 4.000 € bzw. 14.000 € ist der Grenzwert jeweils deutlich überschritten.

Für beide Vollstreckungsverhältnisse gilt § 709 S. 1, 2 ZPO. Das führt zu einem einheitlichen Standardausspruch:

Der Beklagte wird verurteilt, an den Kläger 4.000 € zu zahlen. Im Übrigen wird die Klage abgewiesen.

Auf die Widerklage wird der Kläger verurteilt, an den Beklagten 14.000 € zu zahlen. Im Übrigen wird die Widerklage abgewiesen.

Die Kosten des Rechtsstreits haben der Kläger zu 80 % und der Beklagte zu 20 % zu tragen.

Das Urteil ist gegen Sicherheitsleistung in Höhe von 110 % des jeweils zu vollstreckenden Betrages vorläufig vollstreckbar.

III. Der Tatbestand

Abstrakt kann man zwischen ***sachverhaltsverwandten*** Widerklagen und ***sachverhaltsfremden Widerklagen*** unterscheiden.

In der Praxis und erst recht in Klausuren wird es ***mit an Sicherheit grenzender Wahrscheinlichkeit*** um einen im Kern einheitlichen Sachverhalt gehen, also um eine ***sachverhaltsverwandte Widerklage***.

Dann schreibt man einen normalen ***Tatbestand aus einem Guss***, der selbstverständlich die ***Anträge zur Widerklage berücksichtigen*** muss.

Der Sachantrag zur Widerklage wird üblicherweise mit ***„Widerklagend …“*** eingeleitet.

Das sieht dann so aus:

> [Einleitungssatz]
>
> [Unstreitiger Sachverhalt, sogenannte Geschichtserzählung]
>
> [Streitiger Klägervortrag, Behauptungen des Klägers]
>
> Der Kläger beantragt,
>
> den Beklagten zu verurteilen, …
>
> Der Beklagte beantragt,
>
> die Klage abzuweisen.
>
> Widerklagend beantragt der Beklagte,
>
> den Kläger zu verurteilen, …
>
> Der Kläger beantragt,
>
> die Widerklage abzuweisen.
>
> [Streitiger Beklagtenvortrag, Behauptungen des Beklagten]

IV. Die Entscheidungsgründe

Als logische Folge der Urteilstechnik wird das ***Schicksal von Klage und Widerklage im Einleitungssatz zusammengefasst*** dargestellt:

Die Klage ist begründet, die zulässige Widerklage unbegründet.

oder

Die Klage ist unbegründet, die zulässige Widerklage begründet.

oder

Die Klage ist vollständig begründet. Die zulässige Widerklage ist nur teilweise begründet.

Nach einer solchen Einleitungspassage wendet man sich in den Entscheidungsgründen ***getrennt*** den selbstständigen Angriffen zu, üblicherweise beginnend mit der ***Klage, gefolgt von der Widerklage***.

Danach kommt dann wie gewohnt die kurze Begründung der prozessualen Nebenentscheidungen.

Zur Zulässigkeit der Widerklage werden jedenfalls in Klausuren regelmäßig Ausführungen erwartet, die allerdings fast immer kompakt gehalten werden sollten.

Hintergrund ist ein traditioneller ***Streit um die dogmatische Bedeutung des Merkmals „Zusammenhang" in § 33 Abs. 1 ZPO*** (sogenannte Konnexität).

Die ganz herrschende Lehre und einige Oberlandesgerichte in jüngeren Entscheidungen sehen darin nur die Voraussetzung für den besonderen Gerichtsstand. Das entspricht der systematischen Stellung des § 33 ZPO.

Dagegen hat der BGH in älteren Entscheidungen die Konnexität als eine besondere Prozessvoraussetzung für jede Widerklage angesehen (also unabhängig vom Gerichtsstand).

Die besseren Argumente sprechen für die herrschende Lehre. Vor allem setzt § 145 Abs. 2 ZPO sinngemäß voraus, dass Widerklagen auch zulässig sein können, wenn ausnahmsweise der Zusammenhang mit der Klage fehlt.

Die praktische Bedeutung des Streits ist schon deshalb sehr gering, weil der ***Zusammenhang in aller Regel gegeben*** sein wird. Das Merkmal ist nämlich weit auszulegen, ähnlich wie bei § 273 BGB.

Hinzu kommt, dass sich der Kläger meist rügelos auf die Widerklage einlässt (vgl. §§ 39, 295 Abs. 1 ZPO).

Solange der BGH nicht auf die moderne Sichtweise zum Merkmal „Zusammenhang" in § 33 Abs. 1 ZPO eingeschwenkt ist, sollte man unseres Erachtens ***diesen Punkt in Prüfungsarbeiten nicht unerwähnt lassen***. Eine argumentative Auseinandersetzung oder gar eine Streitentscheidung ist aber regelmäßig nicht gefragt.

Klausurformulierungen können etwa so aussehen:

> Die Widerklage ist zulässig. Zu diesem Ergebnis käme auch die Auffassung, derzufolge das Konnexitätsmerkmal über § 33 Abs. 1 ZPO hinaus als besondere Prozessvoraussetzung zu beachten sein soll. Der Gegenanspruch steht nämlich mit dem in der Klage geltend gemachten Anspruch in Zusammenhang.
>
> *oder noch kürzer*
>
> Die Widerklage ist zulässig. Der Gegenanspruch steht mit dem in der Klage geltend gemachten Anspruch in Zusammenhang (vgl. § 33 Abs. 1 ZPO).

B. Das Urteil bei Klageänderung

Klageänderungen machen üblicherweise schon deshalb ***keine großen Schwierigkeiten***, weil der Beklagte der Änderung meist nicht widerspricht. Dann gilt ***§ 267 ZPO***. Auf Sachdienlichkeit gemäß ***§ 263 ZPO*** oder die Frage nach den in ***§ 264 ZPO*** geregelten privilegierten Fällen kommt es in einer solchen Konstellation nicht an.

By the way: In der Rechtsprechung werden auch ***gewillkürte Parteiwechsel*** und ***Parteierweiterungen*** als Klageänderungen angesehen. Gegebenenfalls ist dann § 263 ZPO analog anzuwenden. Ein Parteiwechsel auf Beklagtenseite wird gegenüber dem alten Beklagten als Klagerücknahme behandelt (vgl. § 269 Abs. 1 ZPO).

I. Der Tatbestand

Im Tatbestand ist der ***ursprüngliche Sachantrag als vorgezogene Prozessgeschichte im Perfekt*** darzustellen. Der alte Antrag ist durch die Klageänderung in der Sache hinfällig geworden und wird deshalb ***nicht eingerückt***. Die „Hervorhebung" nach § 313 Abs. 2 S. 1 ZPO betrifft nur die aktuellen Anträge.

...

Der Kläger hat ursprünglich beantragt, die Schadensersatzpflicht des Beklagten bezogen auf das streitbefangene Unfallereignis festzustellen.

Nunmehr beantragt der Kläger,

> den Beklagten zu verurteilen, an ihn 4.367,58 € nebst Zinsen in Höhe von fünf Prozentpunkten über dem jeweiligen Basiszinssatz seit Rechtshängigkeit zu zahlen.

Der Beklagte beantragt,

> die Klage abzuweisen.

...

In diesem Beispiel hat sich der Beklagte ***offenbar rügelos auf die geänderte Klage eingelassen***.

Wegen § 267 ZPO ist gegebenenfalls im Tatbestand der Ausnahmefall zu erwähnen, dass nämlich der Beklagte der Änderung widersprochen hat.

II. Die Entscheidungsgründe

In der Praxis wird bei rügeloser Verhandlung (§ 267 ZPO) ebenso wie bei Normalfällen des § 264 ZPO die Klageänderung in den Entscheidungsgründen gar nicht behandelt.

In Klausuren sollte die ***Klageänderung kurz abgearbeitet*** werden. Für das oben genannte Beispiel kann das etwa so aussehen:

> Die Klage ist zulässig und begründet.
>
> Die Klageänderung ist jedenfalls gemäß § 267 ZPO zulässig (unabhängig von § 264 Nr. 2 ZPO).
>
> Der Kläger hat einen Anspruch auf Zahlung von 4.367,58 € aus § 823 Abs. 1 BGB.
>
> ...
>
> Der Zinsanspruch folgt aus §§ 291, 288 Abs. 1 S. 2 BGB. In analoger Anwendung des § 187 Abs. 1 BGB sind Zinsen seit dem Tag nach der Zustellung des klageerweiternden, erstmals auf Zahlung gerichteten Schriftsatzes vom ... zuzusprechen.
>
> ...

In Klausursachverhalten kann es gezielt so sein, dass der Beklagte der ***Änderung widerspricht***. Dann wird man regelmäßig über ***§ 264 ZPO*** oder über das Kriterium der Sachdienlichkeit gemäß ***§ 263 ZPO*** zur Zulässigkeit der Klageänderung kommen. Die Klageänderung ist ***sachdienlich***, wenn das Ergebnis der bisherigen Prozessführung verwertet werden kann und kein völlig neuer Streitstoff eingeführt wird.

Eine Klageänderung liegt übrigens auch in der einseitigen Erledigungserklärung des Klägers.

Das führt uns zum nächsten Thema ...

C. Das Urteil bei Erledigung der Hauptsache

Erledigung der Hauptsache tritt typischerweise durch Erfüllung der Klageforderung ein. Wenn beispielsweise die Zahlungsforderung mit der Wirkung des § 362 Abs. 1 BGB beglichen wird, kann der Kläger naturgemäß nicht erfolgversprechend an seinem Klageantrag festhalten.

§ 269 Abs. 3 S. 2 ZPO gilt nur für Fälle, in denen der Anlass zur Einreichung der Klage ***vor Rechtshängigkeit weggefallen*** ist.

Eine Klagerücknahme ist also unangebracht, wenn das ***erledigende Ereignis nach Rechtshängigkeit*** eingetreten ist. Der Kläger hätte dann gemäß § 269 Abs. 3 S. 2 ZPO die Kosten des Rechtstreits zu tragen. Deshalb wird er in dieser Konstellation ***den Rechtsstreit in der Hauptsache für erledigt erklären***.

Prozessrechtlich ist in erster Linie zwischen ***übereinstimmender Erledigungserklärung der Parteien*** und ***einseitiger Erledigungsklärung des Klägers*** zu unterscheiden. Beide Varianten können den gesamten Streitgegenstand betreffen (vollständige Erledigungserklärung) oder sich nur auf einen Teil der Klageforderung beziehen (teilweise Erledigungserklärung).

I. Exkurs: Der Beschluss nach § 91a Abs. 1 S. 1 ZPO

Wenn die Parteien den Rechtsstreit in der Hauptsache ***vollständig übereinstimmend*** für erledigt erklären, ist ***nach § 91a Abs. 1 S. 1 ZPO nur noch über die Kosten*** des Rechtsstreits ***durch Beschluss*** zu entscheiden. Diese Entscheidung ergeht nach billigem Ermessen unter Berücksichtigung des bisherigen Sach- und Streitstands (wie auch im Fall des § 269 Abs. 3 S. 3 ZPO).

Ein solcher Beschluss enthält ***keinen Ausspruch zur Vollstreckbarkeit***. Diese ergibt sich aus dem Gesetz, nämlich aus § 794 Abs. 1 Nr. 3 ZPO i.V.m. § 91a Abs. 2 S. 1 ZPO.

Formal unterscheidet sich ein Beschluss vom Urteil dadurch, dass er ***nicht „im Namen des Volkes"*** ergeht.

Unter der Überschrift ***„Gründe"*** folgt ***„I."*** für die ***Sachverhaltsdarstellung*** (entsprechend dem Tatbestand) und ***„II."*** für die ***Begründung im Urteilsstil*** (entsprechend den Entscheidungsgründen).

Das kann dann so aussehen:

43 C 337/18
(Geschäftsnummer)

Amtsgericht Cottbus

B e s c h l u s s

In dem Rechtsstreit

Maik Malkowitsch, Am Priorgraben 25, 03099 Kolkwitz,

- Kläger -

- Prozessbevollmächtigte: Rechtsanwältin Heidrun von der Rolle, Straße der Jugend 41, 01968 Senftenberg

g e g e n

Klaus Kleinert, Berliner Straße 7, 03046 Cottbus,

- Beklagter -

- Prozessbevollmächtigter: Rechtsanwalt Rolf Rasant, Zimmerstraße 57, 03046 Cottbus

hat das Amtsgericht Cottbus
durch die Richterin am Amtsgericht Renner
am 15. November 2018
b e s c h l o s s e n:

Die Kosten des Rechtsstreits werden gegeneinander aufgehoben.

G r ü n d e

I.

Nach vollständiger übereinstimmender Erledigungserklärung der Parteien ist nur noch über die Kosten des Rechtsstreits zu entscheiden.

Der Rechtsstreit hat sich auf ein Unfallereignis vom 09.04.2018 in der Cottbuser Bahnhofstraße auf Höhe der Hausnummer 87 bezogen. Der Kläger war als Fußgänger und der Beklagte als Fahrradfahrer beteiligt.

Der Kläger ging in Cottbus auf dem Fußgängerweg an der Bahnhofstraße entlang in Richtung Norden. Der Beklagte war ebenfalls in Richtung Norden unterwegs. Er fuhr auf dem mit roter Wegoberfläche markierten Radweg. Aufgrund im Einzelnen streitiger Umstände kam es zu einem Zusammenstoß des Klägers mit dem Fahrrad des Beklagten.

Der Kläger stürzte. Er erlitt durch den Unfall schwere Schürfwunden und Prellungen. Der Kläger hatte noch mehrere Tage nach dem Unfall starke Schmerzen, die auf ärztlichen Rat mit Tabletten behandelt wurden. Der Kläger war bis zum 19.04.2018 arbeitsunfähig krank geschrieben und konnte sich erst etwa drei Wochen nach dem Unfall wieder schmerzfrei bewegen.

Der Kläger hat behauptet, der Beklagte sei durch ein Handytelefonat während der Fahrt derart abgelenkt gewesen, dass er vom Radweg auf den Bürgersteig geraten sei. Dort sei es zu dem Zusammenstoß gekommen.

Der Kläger hat beantragt, den Beklagten zur Zahlung eines angemessenen Schmerzensgeldes in der Größenordnung von 2.000 € zu verurteilen.

Der Beklagte hat beantragt, die Klage abzuweisen.

Er hat behauptet, dass der Kläger angetrunken gewesen sei. Er sei deshalb unvermittelt auf den Radweg geraten und dem Beklagten vor das Vorderrad getaumelt.

Nach Anhörung der Parteien ist im Hinweis- und Beweisbeschluss vom 29.10.2018 (Bl. ... d.A.) die Vernehmung der Zeugen Stein und Bein über die Behauptungen des Klägers angeordnet worden.

Noch vor dem Beweistermin haben sich die Parteien außergerichtlich auf Zahlung von 1.000 € geeinigt. Der Beklagte hat diesen Betrag an den Kläger gezahlt.

Dann haben die Parteien den Rechtsstreit übereinstimmend in der Hauptsache für erledigt erklärt.

II.

Die Entscheidung beruht auf § 91a Abs. 1 S. 1 ZPO.

Sie entspricht billigem Ermessen unter Berücksichtigung des bisherigen Sach- und Streitstandes.

Die Kosten des Rechtsstreits sind gegeneinander aufzuheben (vgl. § 92 Abs. 1 ZPO), weil der Ausgang des Rechtsstreits von einer Beweisaufnahme abhängig gewesen wäre und entsprechend ungewiss war. Auf den Hinweis- und Beweisbeschluss vom 29.10.2018 wird nochmals Bezug genommen.

In einem solchen Fall sind die Kosten des Rechtsstreits wegen des naturgemäß ungewissen Ausgangs einer Beweisaufnahme in der Regel gegeneinander aufzuheben.

Auch das gleichmäßige wechselseitige Nachgeben in dem außergerichtlichen Vergleich spricht für die Kostenaufhebung gegeneinander. Die Parteien haben sich „in der Mitte getroffen". Der schließlich vereinbarungsgemäß gezahlte Betrag (1.000 €) ist halb so hoch wie die ursprüngliche Vorstellung des Klägers (Größenordnung 2.000 €).

[Rechtmittelbelehrung]

Renner

In dem Beispiel sind auch die Behauptungen der Parteien und die ehemaligen Anträge als Prozessgeschichte dargestellt (im Perfekt). Das alles ist nämlich insofern überholt, als es in ***dem Beschluss nur noch*** um die ***Kostenentscheidung*** gemäß § 91a Abs. 1 S. 1 ZPO geht.

Das war ein kleiner Ausflug in die Welt der Beschlüsse. Nun aber ***zurück zu unserem Kernthema***, dem ***Urteil***.

Die ***einseitige Erledigungserklärung*** ist im Gesetz nicht unmittelbar geregelt. Es ist aber in der Praxis selbstverständlich, dass in der Erledigungserklärung ***auch ohne ausdrückliche Formulierung*** ein ***neuer Sachantrag*** liegt. Dieser neue Antrag ist auf die ***Feststellung*** gerichtet, dass der ***Rechtsstreit in der Hauptsache erledigt*** ist.

Die mit einer solchen Standardkonstellation verbundene ***Klageänderung*** ist nach ***§ 264 Nr. 2 ZPO*** privilegiert und deshalb immer zulässig, selbst wenn der Beklagte ausnahmsweise widersprechen sollte (vgl. § 267 ZPO).

Der ***Feststellungsantrag*** ist ***begründet***, wenn die ***Klage ursprünglich zulässig und begründet gewesen*** ist und ***durch das erledigende Ereignis unzulässig oder unbegründet geworden*** ist.

Die ***Kostenentscheidung*** richtet sich bei vollständiger einseitiger Erledigungserklärung nach allgemeinen Regeln. Bei begründetem Feststellungsantrag sind dem Beklagten gemäß ***§ 91 Abs. 1 S. 1 Hs. 1 ZPO*** die Kosten des Rechtsstreits aufzuerlegen. Fehlt es hingegen an einer der Voraussetzungen für die Begründetheit des Feststellungsantrags, wird die Klage abgewiesen und die Kosten des Rechtsstreits werden folgerichtig dem Kläger auferlegt (wiederum § 91 Abs. 1 S. 1 Hs. 1 ZPO).

Ist der Rechtsstreit ***teilweise übereinstimmend in der Hauptsache für erledigt erklärt*** worden, wird ***im Urteil*** in der Sache ***über den verbliebenen Teil des Rechtsstreits entschieden***. Die ***einheitliche Kostenentscheidung beruht*** dann teilweise auf den üblichen Vorschriften (§ 91 Abs. 1 S. 1 Hs. 1 ZPO oder § 92 ZPO) und ***teilweise auf § 91a Abs. 1 S. 1 ZPO***. Diese Entscheidung nach billigem Ermessen unter Berücksichtigung des bisherigen Sach- und Streitstands muss – auch im Urteil – kurz begründet werden.

II. Die Urteilsformel (Tenor)

Gehen wir zur Übung von einer ***Klage auf Zahlung von 420.000 €*** aus.

Der Beklagte zahlt nach Rechtshängigkeit die Klagesumme in Höhe von 420.000 €. Der Kläger erklärt den Rechtsstreit in der Hauptsache (vollständig) für erledigt. Der Beklagte schließt sich der Erledigungserklärung nicht an.

a) Wie lautet der Tenor, wenn die Klage ursprünglich zulässig und begründet gewesen ist?

b) Wie lautet der Tenor, wenn die Klage ursprünglich zulässig, aber unbegründet gewesen ist?

In der ***Erledigungserklärung*** liegt wie gesagt der neue ***Sachantrag auf Feststellung, dass der Rechtsstreit in der Hauptsache erledigt ist***.

Variante a) Klage = ursprünglich zulässig und begründet

Es wird festgestellt, dass der Rechtsstreit in der Hauptsache erledigt ist.

Der Beklagte hat die Kosten des Rechtsstreits zu tragen.

Das Urteil ist gegen Sicherheitsleistung in Höhe von 110 % des jeweils zu vollstreckenden Betrages vorläufig vollstreckbar.

Variante b) Klage = ursprünglich zulässig, aber unbegründet

Die Klage wird abgewiesen.

Der Kläger hat die Kosten des Rechtsstreits zu tragen.

Das Urteil ist gegen Sicherheitsleistung in Höhe von 110 % des jeweils zu vollstreckenden Betrages vorläufig vollstreckbar.

In beiden Varianten folgt die Kostenentscheidung aus ***§ 91 Abs. 1 S. 1 Hs. 1 ZPO***.

Das Urteil ist jeweils nur wegen der Kosten vorläufig vollstreckbar (der Feststellungstenor aus Variante a) ist nicht vollstreckbar). Die Grenze des strukturell einschlägigen § 708 Nr. 11 Var. 2 ZPO ist bei diesem Streitwert klar überschritten (ursprünglich in der Stufe „bis 440.000 €“). Die Entscheidung über die vorläufige Vollstreckbarkeit richtet sich deshalb nach ***§ 709 S. 1, 2 ZPO***.

III. Der Tatbestand

Die Darstellung im Tatbestand folgt den Grundsätzen, die allgemein bei der Klageänderung gelten (siehe Teil 5 B.). Es ist wieder ***vorgezogene Prozessgeschichte*** angesagt.

Wir bleiben bei unserem Beispiel:

...

Der Kläger hat ursprünglich beantragt, den Beklagten zur Zahlung von 420.000 € zu verurteilen. Der Beklagte hat die gesamte Forderung am ... beglichen. Daraufhin hat der Kläger den Rechtsstreit in der Hauptsache für erledigt erklärt.

Er beantragt nunmehr,

festzustellen, dass der Rechtsstreit in der Hauptsache erledigt ist.

Der Beklagte beantragt,

die Klage abzuweisen.

...

IV. Die Entscheidungsgründe

In den Entscheidungsgründen wird wie üblich das Ergebnis begründet, wobei die ***Besonderheiten der Erledigungserklärung berücksichtigt*** werden müssen.

Wir beschränken uns auf die Darstellung zu Variante a) des Beispiels von oben:

Die Klage ist zulässig und begründet.

Die mit der einseitigen Erledigungserklärung anerkanntermaßen verbundene Umstellung auf den Feststellungsantrag ist gemäß § 264 Nr. 2 ZPO zulässig.

Der Feststellungsantrag ist begründet, weil die ursprüngliche Zahlungsklage zulässig und begründet gewesen ist und durch das erledigende Ereignis nach Rechtshängigkeit unbegründet geworden ist.

...

Die Kostenentscheidung folgt aus § 91 Abs. 1 S. 1 Hs. 1 ZPO.

Die Entscheidung zur vorläufigen Vollstreckbarkeit ergibt sich aus § 709 S. 1, 2 ZPO.

D. Das Urteil nach Einspruch gegen Versäumnisurteil

Versäumnisurteile können ***gegen den Kläger oder gegen den Beklagten*** ergehen (§§ 330, 331 ZPO). Sie sind als solche zu bezeichnen und enthalten normalerweise weder Tatbestand noch Entscheidungsgründe (§ 313b Abs. 1 ZPO).

Bei Säumnis des Klägers im Verhandlungstermin wird die Klage auf Antrag des Beklagten durch ***Versäumnisurteil gemäß § 330 ZPO*** abgewiesen, wenn die Klage zulässig ist und kein Versagungsgrund nach §§ 335, 337 ZPO vorliegt. Die Nebenentscheidungen richten sich nach §§ 91 Abs. 1 S. 1 Hs. 1, 708 Nr. 2 ZPO.

V e r s ä u m n i s u r t e i l

... [Rubrum]

Die Klage wird abgewiesen.

Der Kläger hat die Kosten des Rechtsstreits zu tragen.

Das Urteil ist vorläufig vollstreckbar.

... [Rechtsbehelfsbelehrung / Unterschrift]

Wesentlich häufiger ist das ***Versäumnisurteil gegen den Beklagten***, bei dem die oben genannten Voraussetzungen sinngemäß vorliegen müssen (hier Antrag des Klägers und Säumnis des Beklagten, Zulässigkeit der Klage, kein Versagungsgrund). ***Zusätzliche Voraussetzung*** ist die ***Schlüssigkeit des Klägervorbringens*** (§ 331 Abs. 2 ZPO).

In der Praxis ergehen ***die meisten Versäumnisurteile gegen den Beklagten*** nicht im Verhandlungstermin, sondern ***im schriftlichen Vorverfahren*** (§ 276 ZPO) ***nach § 331 Abs. 3 ZPO***. Dabei tritt an die Stelle der Säumnis des Beklagten der Umstand, dass der Beklagte seine ***Verteidigungsbereitschaft nicht angezeigt*** hat.

Der ***Antrag*** auf Erlass eines solchen Versäumnisurteils wird von den Rechtsanwälten fast ausnahmslos bereits ***in der Klageschrift*** gestellt (vgl. § 331 Abs. 3 S. 2 ZPO).

Ein ***Versäumnisurteil gegen den Beklagten*** kann ***beispielsweise so*** aussehen:

Versäumnisurteil

... [Rubrum]

Der Beklagte wird verurteilt, an den Kläger 3.423,97 € nebst Zinsen in Höhe von fünf Prozentpunkten über dem jeweiligen Basiszinssatz seit dem 18.10.2018 zu zahlen.

Der Beklagte hat die Kosten des Rechtsstreits zu tragen.

Das Urteil ist vorläufig vollstreckbar.

... [Rechtsbehelfsbelehrung / Unterschrift]

Was aber passiert, wenn zwar der Beklagte im Termin nicht erscheint, die ***Klage*** aber schon ***unzulässig*** oder das ***Klägervorbringen nicht schlüssig*** ist?

Es fehlt dann an zumindest einer Voraussetzung für ein Versäumnisurteil gegen den Beklagten. Die Klage muss abgewiesen werden. Das geschieht durch ***normales Urteil***, das den üblichen Regeln folgt und das deshalb auch mit der Berufung anfechtbar ist. Ein solches Urteil wird ***inoffiziell als unechtes Versäumnisurteil bezeichnet***, weil es aus einer Säumnissituation hervorgeht. Dieses ***klageabweisende Urteil*** ergeht aber nicht wegen der Säumnis des Beklagten, sondern trotz dessen Säumnis.

In der Praxis kommt es relativ häufig zu einer ***Mischform*** aus (echtem) Versäumnisurteil gegen den Beklagten und klageabweisendem „unechtem Versäumnisurteil". Das ist insbesondere dann der Fall, wenn nur ein geringfügiger Teil der Nebenforderung nicht schlüssig dargelegt ist (vgl. für das schriftliche Vorverfahren § 331 Abs. 3 S. 3 ZPO).

Wenn in einem solchen Fall die ***Klage*** nicht wegen der geringfügigen Zuvielforderung teilweise zurückgenommen wird, muss sie ***im Übrigen abgewiesen*** werden.

Dem Beklagten sind die gesamten Kosten des Rechtsstreits gemäß § 92 Abs. 2 Nr. 1 ZPO aufzuerlegen.

Die Entscheidung zur vorläufigen Vollstreckbarkeit richtet sich nach § 708 Nr. 2 ZPO und §§ 708 Nr. 11, 713 ZPO.

Wir wandeln das letzte Tenorierungsbeispiel so ab, dass zwar Zinsen für den Zeitraum ab dem 18.10.2018 beantragt werden, aber erst ab dem 25.10.2018 zugesprochen werden, weil die ***Mehrzinsforderung nicht schlüssig dargelegt*** ist:

Teilversäumnis- und Schlussurteil

... [Rubrum]

Der Beklagte wird verurteilt, an den Kläger 3.423,97 € nebst Zinsen in Höhe von fünf Prozentpunkten über dem jeweiligen Basiszinssatz seit dem 25.10.2018 zu zahlen.

Im Übrigen wird die Klage abgewiesen.

Der Beklagte hat die Kosten des Rechtsstreits zu tragen.

Das Urteil ist vorläufig vollstreckbar.

... [Rechtsbehelfsbelehrung / Unterschrift]

Das soll als erster Überblick genügen.

Wir konzentrieren uns im Folgenden auf das ***Versäumnisurteil gegen den Beklagten in Reinform***.

Statthafter Rechtsbehelf gegen das Versäumnisurteil ist nach § 338 ZPO der ***Einspruch***. Über § 700 Abs. 1 ZPO gilt das ***auch für den Vollstreckungsbescheid***.

Die ***Einspruchsfrist von zwei Wochen*** beginnt mit der Zustellung des Versäumnisurteils (§ 339 Abs. 1 ZPO).

Wichtig: ***Bei einem Versäumnisurteil im schriftlichen Vorverfahren*** gemäß § 331 Abs. 3 ZPO ***setzt erst die letzte Zustellung die Frist in Gang***, auch wenn dies die Zustellung an den Kläger sein sollte (meist an dessen Prozessbevollmächtigten gegen Empfangsbekenntnis, vgl. §§ 172 Abs. 1 S. 1, 174 ZPO). Der Hintergrund für diese auf den ersten Blick überraschende Erkenntnis ist § 310 Abs. 3 S. 1 ZPO. ***Speziell im Fall des § 331 Abs. 3 ZPO*** ist also ***nicht zwangsläufig die Zustellung an den Beklagten maßgeblich***. Vielmehr kommt es auf das ***Datum der letzten Zustellung*** an (häufige Klausurpointe).

Ein unzulässiger ***Einspruch*** wird gemäß ***§ 341 ZPO*** meist ohne mündliche Verhandlung ***durch Urteil als unzulässig verworfen*** (vgl. auch § 708 Nr. 3 ZPO).

Die ***typische Klausursituation*** sieht dagegen so aus, dass zwar bei der Zulässigkeit des Einspruchs ***Abweichungen vom Normalfall zu prüfen*** sind, der ***Einspruch aber im Ergebnis zulässig*** ist.

Die Zulässigkeit des Einspruchs kann sich auch „durch die Hintertür" über ***Wiedereinsetzung in den vorigen Stand*** gemäß § 233 S. 1 ZPO ergeben.

Der zulässige Einspruch hat nur die ***Wirkung des § 342 ZPO***. Aus dem Versäumnisurteil kann zunächst einmal munter (weiter) vollstreckt werden.

In der Praxis wird deshalb mit dem Einspruch häufig ein Antrag auf einstweilige ***Einstellung der Zwangsvollstreckung*** aus dem Versäumnisurteil gemäß ***§§ 719 Abs. 1, 707 ZPO*** verbunden sein. Aus Referendarsicht kann das insbesondere für Anwaltsklausuren relevant sein.

Nach zulässigem Einspruch wird gemäß § 341a ZPO der sogenannte ***Einspruchstermin*** bestimmt.

Erscheint der Beklagte im Einspruchstermin nicht, kann es zu einem ***zweiten Versäumnisurteil*** gemäß ***§ 345 ZPO*** kommen, durch das der ***Einspruch verworfen*** wird.

Bei einem ***Einspruch gegen einen Vollstreckungsbescheid*** muss in Säumnisfällen gemäß ***§ 700 Abs. 6 ZPO*** die Schlüssigkeit geprüft werden. Sonst darf kein zweites Versäumnisurteil ergehen, weil im Mahnverfahren keine Schlüssigkeitsprüfung stattgefunden hat (anders als bei Erlass eines ersten Versäumnisurteils gegen den Beklagten).

Es liegt nahe, aus § 700 Abs. 6 ZPO den Umkehrschluss zu ziehen, dass ***bei vorherigem Versäumnisurteil die Voraussetzungen für dessen Erlass*** (insbesondere die Schlüssigkeit) ***nicht nochmals rückblickend zu prüfen*** sind, ***damit ein zweites Versäumnisurteil ergehen kann*** (streitig).

Zurück ***zur klassischen Klausursituation*** jenseits von erneuten Säumnissituationen im Einspruchstermin:

Das reguläre ***Urteil nach zulässigem Einspruch*** muss das Versäumnisurteil berücksichtigen, so wie es ***§ 343 ZPO*** vorsieht.

Wenn und soweit das ***Versäumnisurteil gegen den Beklagten aufgehoben*** wird, muss ***zusätzlich die Klage abgewiesen*** werden. Mit der Aufhebung des Versäumnisurteils steht nämlich der Sachantrag des Klägers (wieder) im Raum. Über ihn muss dann mit entschieden werden, sonst ist der ***Tenor*** nicht ***erschöpfend***.

Unter Umständen ist bei der Kostenentscheidung ***§ 344 ZPO*** zu beachten.

Beim Ausspruch zur vorläufigen Vollstreckbarkeit darf ***gegebenenfalls § 709 S. 3 ZPO*** nicht übersehen werden (häufiger Fehler).

Teil 5: Das Urteil in Sondersituationen

I. Die Urteilsformel (Tenor)

Wir gehen die Tenorierungsmöglichkeiten bei einem ***Urteil nach zulässigem Einspruch gegen ein Versäumnisurteil*** anhand des folgenden Falles durch:

Der Beklagte wird durch Versäumnisurteil vom 14. November 2018 zur Zahlung von 8.000 € verurteilt.

Er legt form- und fristgerecht Einspruch ein.

Wie lautet der Tenor des daraufhin ergehenden Urteils, wenn die Klage im Ergebnis

a) vollständig begründet ist *oder*

b) vollständig unbegründet ist *oder*

c) lediglich in Höhe von 6.000 € begründet ist?

Wie gesagt: Anknüpfungspunkt für den ***Hauptsachetenor*** ist ***§ 343 ZPO***.

Darüber hinaus müssen wir (je nach Konstellation) die ***Besonderheiten aus § 344 ZPO und § 709 S. 3 ZPO*** im Blick haben:

Variante a) Klage vollständig begründet

Das Versäumnisurteil vom 14. November 2018 wird aufrechterhalten.

Der Beklagte hat auch die weiteren Kosten des Rechtsstreits zu tragen.

Das Urteil ist gegen Sicherheitsleistung in Höhe von 110 % des jeweils zu vollstreckenden Betrages vorläufig vollstreckbar. Die Vollstreckung aus dem Versäumnisurteil darf nur gegen Leistung der Sicherheit fortgesetzt werden.

Für den ***Hauptsachetenor*** wenden wir in Variante a) ***§ 343 S. 1 ZPO*** an.

Der ***Kostentenor*** beruht hier ausschließlich auf ***§ 91 Abs. 1 S. 1 Hs. 1 ZPO***. § 344 ZPO kommt nicht zum Zug, weil der Beklagte ohnehin die gesamten Kosten des Rechtsstreits zu tragen hat.

Beim Ausspruch ***zur vorläufigen Vollstreckbarkeit*** wird ***§ 709 ZPO insgesamt*** berücksichtigt (einschließlich S. 3 der Norm).

Und nun zu Variante b):

Variante b) Klage vollständig unbegründet

Das Versäumnisurteil vom 14. November 2018 wird aufgehoben und die Klage abgewiesen.

Der Kläger hat die Kosten des Rechtsstreits zu tragen, mit Ausnahme der durch die Säumnis verursachten Kosten, die dem Beklagten auferlegt werden.

Das Urteil ist vorläufig vollstreckbar. Der Kläger darf die Vollstreckung des Beklagten durch Sicherheitsleistung in Höhe von 110 % des für den Beklagten aufgrund des Urteils vollstreckbaren Betrages abwenden, wenn nicht der Beklagte vor seiner Vollstreckung Sicherheit in Höhe von 110 % des für ihn jeweils zu vollstreckenden Betrages leistet. Der Beklagte darf die Vollstreckung des Klägers durch Sicherheitsleistung in Höhe von 110 % des für den Kläger aufgrund des Urteils vollstreckbaren Betrages abwenden, wenn nicht der Kläger vor seiner Vollstreckung Sicherheit in Höhe von 110 % des für ihn jeweils zu vollstreckenden Betrages leistet.

Für den ***Hauptsachetenor*** wenden wir in Variante b) ***§ 343 S. 2 ZPO*** an, wobei die Klage zusätzlich abzuweisen ist (s.o.).

Der ***Kostentenor*** beruht hier auf ***§§ 91 Abs. 1 S. 1 Hs. 1, 344 ZPO***.

Beim Ausspruch ***zur vorläufigen Vollstreckbarkeit*** läuft es in beiden potenziellen Vollstreckungsverhältnissen auf §§ 708 Nr. 11 Var. 2, 711 S. 1, 2, 709 S. 2 ZPO hinaus.

Anders als in Variante a) ist § 709 S. 3 ZPO hier naturgemäß nicht einschlägig, weil das Versäumnisurteil insgesamt aufgehoben wird.

Jetzt zu Variante c):

Variante c) Klage lediglich in Höhe von 6.000 € begründet

Das Versäumnisurteil vom 14. November 2018 wird insoweit aufrechterhalten, als der Beklagte darin vorläufig vollstreckbar zur Zahlung von 6.000 € verurteilt worden ist.

Im Übrigen wird das Versäumnisurteil aufgehoben und die Klage abgewiesen.

Die Kosten des Rechtsstreits haben der Kläger zu 25 % und der Beklagte zu 75 % zu tragen, mit Ausnahme der durch die Säumnis veranlassten Kosten, die dem Beklagten vollständig auferlegt werden.

Das Urteil ist vorläufig vollstreckbar; für den Kläger gegen Sicherheitsleistung in Höhe von 110 % des jeweils zu vollstreckenden Betrages. Die Vollstreckung aus dem Versäumnisurteil darf nur gegen Leistung der Sicherheit fortgesetzt werden. Der Kläger darf die Vollstreckung des Beklagten durch Sicherheitsleistung in Höhe von 110 % des für den Beklagten aufgrund des Urteils vollstreckbaren Betrages abwenden, wenn nicht der Beklagte vor seiner Vollstreckung Sicherheit in Höhe von 110 % des für ihn jeweils zu vollstreckenden Betrages leistet.

Für den ***Hauptsachetenor*** wenden wir in Variante c) ***§ 343 S. 1 ZPO in Kombination mit § 343 S. 2 ZPO*** an, wobei die Klage wiederum abzuweisen ist, soweit das Versäumnisurteil aufgehoben wird (s.o.).

Der ***Kostentenor*** beruht hier auf ***§§ 92 Abs. 1 S. 1 Var. 2, 344 ZPO***.

Beim Ausspruch ***zur vorläufigen Vollstreckbarkeit*** gehen die beiden potenziellen Vollstreckungsverhältnisse ***getrennte Wege***. Für die Vollstreckung des Klägers ist wiederum ***§ 709 ZPO*** insgesamt einschlägig (also einschließlich S. 3, wie in Variante a). Für die Vollstreckung des Beklagten läuft es wie in Variante b) auf ***§§ 708 Nr. 11 Var. 2, 711 S. 1, 2, 709 S. 2 ZPO*** hinaus.

Wir merken uns:

Ein Ausspruch nach § 344 ZPO kommt nur in Betracht, wenn das Versäumnisurteil zumindest teilweise aufgehoben wird.

Ein Ausspruch nach § 709 S. 3 ZPO kommt nur in Betracht, wenn das Versäumnisurteil zumindest teilweise aufrechterhalten wird.

Nun noch zu einer weiteren Besonderheit:

Kommt der Beklagte nur über ***Wiedereinsetzung in den vorigen Stand*** zu einem zulässigen Einspruch, bietet es sich an, das zu Beginn des Tenors vorab auszusprechen. ***Gegebenenfalls*** ist im Tenor ***§ 238 Abs. 4 ZPO*** zu beachten (strukturell wie § 344 ZPO):

Wenn wir die **Variante b)** um den Gesichtspunkt der Wiedereinsetzung in den vorigen Stand ***ergänzen***, kann das so aussehen:

Variante b) mit Wiedereinsetzung

Dem Beklagten wird Wiedereinsetzung in den vorigen Stand wegen Versäumung der Einspruchsfrist gewährt.

Das Versäumnisurteil vom 14. November 2018 wird aufgehoben und die Klage abgewiesen.

Die Kosten des Rechtsstreits hat der Kläger zu tragen, mit Ausnahme der durch die Säumnis und die Wiedereinsetzung in den vorigen Stand entstandenen Kosten, die dem Beklagten auferlegt werden.

[vorläufige Vollstreckbarkeit wie oben in Variante b)]

II. Der Tatbestand

Nach Einspruch gegen ein Versäumnisurteil sind die aktuellen Sachanträge nur verständlich, wenn zuvor der Erlass des Versäumnisurteils und die Einspruchseinlegung dargestellt worden ist. Dies ist ein ***typischer Fall vorgezogener Prozessgeschichte***.

Wir bleiben bei dem Beispiel von oben:

...

Die Kammer hat am 14. November 2018 im schriftlichen Vorverfahren antragsgemäß Versäumnisurteil erlassen. Durch dieses Versäumnisurteil ist der Beklagte verurteilt worden, an den Kläger 8.000 € zu zahlen.

Das Versäumnisurteil ist dem Prozessbevollmächtigten des Klägers am 20.10.2018 und dem Beklagten am 22.10.2018 zugestellt worden.

Der Beklagte hat mit Anwaltsschriftsatz vom 27.10.2018 – bei Gericht eingegangen an diesem Tag – Einspruch eingelegt.

Der Kläger beantragt nunmehr,

> das Versäumnisurteil vom 14. November 2018 aufrecht zu erhalten.

Der Beklagte beantragt,

> das Versäumnisurteil vom 14. November 2018 aufzuheben und die Klage abzuweisen.

...

Man muss unbedingt darauf achten, dass bei der vorgezogenen Prozessgeschichte der ***Inhalt des Versäumnisurteils wiedergegeben*** wird. Aus den aktuellen Klageanträgen geht nämlich nicht hervor, worum es in der Sache geht (hier Zahlung von 8.000 €).

III. Die Entscheidungsgründe

In den Entscheidungsgründen müssen ***zu Beginn die Besonderheiten der §§ 342, 343 ZPO berücksichtigt*** werden, bevor man wieder in gewohntes Fahrwasser kommt.

Wir picken uns ***exemplarisch die Kombination aus § 343 S. 1 und S. 2 ZPO*** heraus:

Variante c) Klage teilweise begründet

Der Prozess ist gemäß § 342 ZPO in die Lage zurückversetzt worden, in der er sich vor Eintritt der Säumnis befand.

Der Einspruch gegen das Versäumnisurteil war zulässig, insbesondere form- und fristgerecht eingelegt.

> Das Versäumnisurteil ist gemäß § 343 ZPO teilweise aufrecht zu erhalten und teilweise aufzuheben, weil die im Anschluss an den Einspruch zu treffende Entscheidung mit der in dem Versäumnisurteil enthaltenen Entscheidung teilweise übereinstimmt.
>
> Die Klage ist zulässig und teilweise begründet.
>
> ... [wird ausgeführt]
>
> Die Kostenentscheidung beruht auf §§ 92 Abs. 1 S. 1 Var. 2, 344 ZPO.
>
> Der Ausspruch zur vorläufigen Vollstreckbarkeit folgt für die potenzielle Vollstreckung des Klägers aus § 709 ZPO und ergibt sich für die potenzielle Vollstreckung des Beklagten aus §§ 708 Nr. 11 Var. 2, 711 S. 1, 2, 709 ZPO.

Daran sehen wir, dass der normale Aufbau der Entscheidungsgründe als solcher nicht verändert wird.

Es kommt nur ***eine Art Prolog*** hinzu, der sich ***im Urteilsstil*** mit der ***Wirkung des zulässigen Einspruchs und*** mit der ***Weichenstellung des § 343 ZPO*** befasst. Erst dann macht man wie gewohnt weiter („Die Klage ist zulässig und teilweise begründet. ...“).

In Prüfungsarbeiten muss allerdings ***zur Zulässigkeit des Einspruchs in aller Regel problembezogen näher ausgeführt*** werden. Typischerweise wird es Abweichungen vom glatten Normalfall eines zulässigen Einspruchs geben.

Hier sind der Phantasie der Prüfungsämter kaum Grenzen gesetzt. Es kann ***beispielsweise*** um eine ***fehlende Unterschrift***, möglicherweise um verspätete ***Fax-Übermittlung*** der Einspruchsschrift und nicht zuletzt um ***Probleme bei der Zustellung des Versäumnisurteils*** gehen.

Manche Klausuren sind auf die bereits angesprochene ***Wiedereinsetzung in den vorigen Stand*** zugeschnitten. Es gibt aber auch Klausuraufgaben, bei denen es nach der Mainstreamlösung auf die beantragte Wiedereinsetzung nicht ankommt, zum Beispiel weil die Einspruchsfrist wegen eines Zustellungsmangels nicht zu laufen begonnen hat.

Das zentrale Merkmal in ***§ 233 ZPO*** ist ***„ohne Verschulden“*** (siehe auch § 233 S. 2 ZPO).

Hier ist oft ***§ 85 Abs. 2 ZPO*** zu beachten. ***Anwaltsverschulden*** wird ***im Zivilprozess der Partei zugerechnet***. Bei Fehlern des Büropersonals kann das Verschulden des

Rechtsanwalts ***auch*** durch ***Auswahl-, Organisations- oder Überwachungsmängel*** begründet sein.

Der ***Einspruch*** ist ein ***Rechtsbehelf***, der nur ***zulässig oder unzulässig*** sein kann. Bei zulässigem Einspruch erschöpft sich dessen Funktion in der ***Wirkung des § 342 ZPO***.

Anders als die Klage kann der ***Einspruch*** deshalb ***nicht „begründet"*** oder gleichbedeutend ***„in der Sache erfolgreich"*** sein.

Derartige Formulierungen tauchen immer wieder auf, sollten aber unbedingt vermieden werden. Sie deuten auf ein falsches Systemverständnis hin.

E. Das Urteil bei Prozessaufrechnung

Die ***Aufrechnungserklärung im Prozess*** ist ein ***besonderes Verteidigungsmittel***.

Im Tatbestand taucht die Aufrechnungserklärung demnach nicht als „Antrag" oder sonst wie hervorgehoben auf, sondern im „normalen Text" als ***Teil der Prozessgeschichte***.

Je nach Konstellation können sich ***Kostenentscheidungen*** ergeben, die ***auf den ersten Blick ungewöhnlich*** wirken. Hierbei spielt **§ 45 Abs. 3 GKG** eine zentrale Rolle.

Die Aufrechnung kann als typisches Erfüllungssurrogat nach ***§ 389 BGB*** dazu führen, dass die Klageforderung erlischt (ganz oder teilweise).

Im Gegensatz dazu ist die Widerklage ein Gegenangriff (s.o. Teil 5 A.).

Die zur Aufrechnung gestellte ***Gegenforderung muss*** entsprechend den Anforderungen des § 253 Abs. 2 Nr. 2 ZPO ***bestimmt sein***.

Wendet sich der Beklagte nur mit der Aufrechnung gegen die Klageforderung, spricht man von ***Primäraufrechnung***.

Wesentlich häufiger ist die ***Hilfsaufrechnung***. Hier möchte der Beklagte die Gegenforderung nur „opfern", wenn er mit seinem Hauptvorbringen gegen die Klage nicht durchdringt. Das ist eine ***innerprozessuale*** und damit zulässige ***Bedingung***.

Mit Blick auf diese Bedingung wird die Hilfsaufrechnung ***auch Eventualaufrechnung genannt***.

Wir bilden wieder ein kleines ***Beispiel***:

Der Kläger erhebt Klage auf Zahlung von 20.000 €. Der Beklagte wendet sich in erster Linie gegen die Klageforderung als solche und rechnet hilfsweise mit einer zwischen den Parteien ebenfalls in der Sache streitigen Gegenforderung in Höhe von 30.000 € auf.

Der zuständige Einzelrichter hält die Klageforderung für begründet, die Hilfsaufrechnung für zulässig und die so zur Aufrechnung gestellte Gegenforderung ebenfalls für begründet.

Wie lautet der Tenor?

Die Fallangaben sind darauf zugeschnitten, dass sämtliche Voraussetzungen des ***§ 45 Abs. 3 GKG erfüllt*** sind. Es handelt sich um eine ***Hilfsaufrechnung*** (nicht Primäraufrechnung), die ***Gegenforderung*** ist ***streitig*** und es ergeht eine ***der Rechtskraft fähige Entscheidung*** über die Gegenforderung.

Die Klage wird abgewiesen.

Die Kosten des Rechtsstreits werden gegeneinander aufgehoben.

Das Urteil ist vorläufig vollstreckbar. Der Beklagte darf die Vollstreckung durch Sicherheitsleistung in Höhe von 110 % des aufgrund des Urteils vollstreckbaren Betrages abwenden, wenn nicht der Kläger vor der Vollstreckung Sicherheit in Höhe von 110 % des jeweils zu vollstreckenden Betrages leistet.

Im ***Hauptsachetenor*** wird die zur Aufrechnung gestellte Forderung nicht erwähnt.

Diese ***Gegenforderung*** ist ***nicht rechtshängig*** geworden.

Auf einem anderen Blatt steht, dass die Entscheidung auch bezüglich der Gegenforderung gemäß ***§ 322 Abs. 2 ZPO rechtskraftfähig*** ist.

Der ***Kostentenor*** beruht auf ***§ 92 Abs. 1 S. 1 Var. 1 ZPO***. Die Parteien obsiegen und unterliegen zu gleichen Teilen, obwohl die Klage abgewiesen wird. Das liegt an dem gemäß ***§ 45 Abs. 3 GKG*** erhöhten Gebührenstreitwert (20.000 € + 20.000 € = 40.000 €). Der die Klageforderung übersteigende Betrag der Gegenforderung (10.000 €) bleibt unberücksichtigt (Gesetzeswortlaut „soweit"). Der Kläger ist mit seiner Klageforderung insofern durchgedrungen, als die Primärverteidigung des Beklagten nicht zum Ziel geführt hat. Erst mit der Hilfsaufrechnung ist der Beklagte zur Klageabweisung gekommen.

Am Ende der Entscheidungsgründe sollte diese besondere Kostenentscheidung kurz erläutert werden. Als Minimallösung unseres Erachtens ausreichend wäre es, die Kostenentscheidung wie sonst üblich auf die Nennung der Vorschriften zu beschränken. Wichtig ist, dass in einschlägigen Fällen ***§ 45 Abs. 3 GKG mit erwähnt*** wird.

Das kann etwa so aussehen:

Die Kostenentscheidung beruht auf § 92 Abs. 1 S. 1 Var. 1 ZPO unter Berücksichtigung des § 45 Abs. 3 GKG. Bezogen auf den Gesamtgebührenstreitwert obsiegen der Kläger und der Beklagte je zur Hälfte. Der Gebührenstreitwert hat sich angesichts der Hilfsaufrechnung von 20.000 € auf 40.000 € erhöht. Die Gegenforderung ist bestritten und es wird rechtkraftfähig i.S.d. § 322 Abs. 2 ZPO über sie entschieden.

oder noch kürzer

Die Kostenentscheidung ergibt sich aus § 92 Abs. 1 S. 1 Var. 1 ZPO i.V.m. § 45 Abs. 3 GKG.

Der ***Ausspruch zur vorläufigen Vollstreckbarkeit*** folgt standardmäßig aus ***§§ 708 Nr. 11 Var. 2, 711 S. 1, 2, 709 S. 2 ZPO***. Nur der Kläger kann angesichts § 92 Abs. 1 S. 2 ZPO in geringer Höhe vollstrecken, weil er den Gerichtskostenvorschuss geleistet hatte.

F. Das Urteil bei Haupt- und Hilfsantrag

Der ***Hilfsantrag*** wird ***nachrangig*** zum Hauptantrag gestellt.

Das Gericht darf nur über den Hilfsantrag entscheiden, wenn der ***Hauptantrag erfolglos*** bleibt (unzulässig oder unbegründet). Nur dann ist die ***innerprozessuale Bedingung*** eingetreten.

Es wäre grob falsch, das Schicksal des Hauptantrags offen zu lassen, weil jedenfalls der Hilfsantrag zulässig und begründet ist. Der ***Hauptantrag*** muss vielmehr ***vollständig abgearbeitet*** sein, bevor man – gegebenenfalls – zum Hilfsantrag kommt.

Der ***Hauptantrag*** ist in der gedanklichen Prüfung und in den Entscheidungsgründen konsequent ***vor*** dem ***Hilfsantrag*** zu behandeln!

Bei zulässigem Hauptantrag darf also insbesondere nicht die Zulässigkeit des Hilfsantrags erörtert werden, bevor man herausgearbeitet hat, dass und warum der Hauptantrag unbegründet ist (Eintritt der innerprozessualen Bedingung).

Im ***Tatbestand*** müssen gemäß § 313 Abs. 2 S. 1 ZPO die gestellten Sachanträge vollständig wiedergegeben werden.

Deshalb wird ***nach dem Hauptantrag der Hilfsantrag*** auch dann erwähnt, wenn nicht über ihn entschieden wird.

Der Kläger beantragt,

> die Beklagte zu verurteilen, ihm den Pkw Opel Crossland, Fahrzeugidentifikationsnummer WOL472398GHE9823 zu übereignen und herauszugeben,

hilfsweise,

> die Beklagte zu verurteilen, an ihn 22.564 € zu zahlen.

Die Beklagte beantragt,

> die Klage abzuweisen.

Teil 5: Das Urteil in Sondersituationen

Die ***Urteilsformel*** ist immer dann recht einfach, ***wenn eine Seite voll obsiegt***. Das ist der Fall, wenn entweder ***schon der Hauptantrag erfolgreich*** ist oder aber ***weder Haupt- noch Hilfsantrag*** zum ***Erfolg*** des Klägers führen. Die Kostenentscheidung richtet sich dann jeweils nach ***§ 91 Abs. 1 S. 1 Hs. 1 ZPO***:

> Die Beklagte wird verurteilt, an dem Kläger den Pkw Opel Crossland, Fahrzeugidentifikationsnummer WOL472398GHE9823 zu übereignen und herauszugeben.
>
> Die Kosten des Rechtsstreits hat die Beklagte zu tragen.
>
> *oder (bei gegenteiligem Ergebnis)*
>
> Die Klage wird abgewiesen.
>
> Die Kosten des Rechtsstreits hat der Kläger zu tragen.

Etwas komplizierter wird es, wenn der Kläger mit dem ***Hauptantrag scheitert***, aber mit dem ***Hilfsantrag Erfolg*** hat. Das entspricht – man ahnt es – in Klausuren häufig der Mainstreamlösung.

Im ***Hauptsachetenor*** darf dann nicht vergessen werden, die Klage im Übrigen abzuweisen:

> Die Beklagte wird verurteilt, an den Kläger 22.564 € zu zahlen.
>
> Im Übrigen wird die Klage abgewiesen.

Es wird ***nicht*** etwa der „Hauptantrag abgewiesen" und/oder die Beklagte „auf den Hilfsantrag" verurteilt (wie es gelegentlich in Klausuren zu lesen ist).

Nach allgemeinen Regeln ergibt sich aus dem Tenor nur die ***Verurteilung*** und die ***Klageabweisung „im Übrigen"***.

Die ***Kostenentscheidung*** wird in dieser Konstellation davon beeinflusst, ob eine Erhöhung des Gebührenstreitwerts stattfindet oder nicht. Gemäß ***§ 45 Abs. 1 S. 2 GKG*** wird im Grundsatz addiert, wenn über den Hilfsantrag entschieden wird. Die praktisch bedeutsame Ausnahme regelt ***§ 45 Abs. 1 S. 3 GKG***.

Im Fall des ***§ 45 Abs. 1 S. 2 GKG*** wird über ***§ 92 Abs. 1 S. 1 ZPO*** regelmäßig eine ***Kostenquote*** herauskommen, die sich aus dem Verhältnis des zugesprochenen Teils zum Gesamtgebührenstreitwert bilden lässt.

Im Fall des ***§ 45 Abs. 1 S. 3 GKG*** wird nicht addiert. Haupt- und Hilfsantrag werden meist auch ***vom Wert her identisch*** sein. Dann liegt es nahe, ***dem Beklagten die Kosten des Rechtsstreits insgesamt*** aufzuerlegen. Die Abweisung der Klage mit Blick auf den Hauptantrag fällt wirtschaftlich gesehen nicht ins Gewicht. Der Beklagte hätte gegebenenfalls durch Anerkenntnis des Hilfsantrags gemäß § 93 ZPO eine für ihn günstige Kostenentscheidung herbeiführen können.

Unserer Auffassung nach beruht eine solche Kostenentscheidung vorzugsweise auf ***§ 92 Abs. 2 Nr. 1 ZPO***. Immerhin wird die Klage „im Übrigen“ abgewiesen. Dennoch ist es weit verbreitet, bei wirtschaftlicher Identität ***§ 91 Abs. 1 S. 1 Hs. 1 ZPO*** anzuwenden, obwohl der Hauptantrag erfolglos bleibt.

Im Ernstfall sollte bei einem Erfolg des Klägers nur mit dem Hilfsantrag die ***Kostenentscheidung*** am Ende der Entscheidungsgründe ***kurz*** unter Bezugnahme auf § 45 Abs. 1 GKG ***erläutert*** werden (entweder S. 2 oder S. 3 der Norm / s.o.).

G. Das Urteil bei Vollstreckungsklagen

Vollstreckungsklagen sind prozessuale Gestaltungsklagen. Das ergibt sich u.a. aus § 775 Nr. 1 ZPO („... *Zwangsvollstreckung für unzulässig erklärt* ...“).

Wir konzentrieren uns auf die besonders prüfungsrelevanten Vollstreckungsklagen im engeren Sinne.

Das sind allen voran die ***Vollstreckungsabwehrklage*** (§ 767 ZPO), gefolgt von der ***Drittwiderspruchsklage*** (§ 771 ZPO) und – in Prüfungsaufgaben schon deutlich seltener – die ***Klage auf vorzugsweise Befriedigung*** (§ 805 ZPO).

Wegen der ***Bezüge zum materiellen Recht*** eignen sich diese Klagearten besonders gut für Klausuren.

Sie sind vor allem für diejenigen ein heißer Tipp, die sich bei entsprechenden Wahlmöglichkeiten (je nach Landesrecht) für das Zivilrecht entscheiden.

In einigen Bundesländern ist auch im Pflichtbereich eine dritte Zivilrechtsklausur vorgesehen, die dann typischerweise mit dem Zwangsvollstreckungsrecht zu tun hat.

Die ***Grobunterscheidung*** gelingt am besten, wenn man sich Folgendes verdeutlicht:

> Mit der ***Vollstreckungsabwehrklage*** geht der Schuldner ***gegen die Vollstreckung aus einem bestimmten Titel*** vor.
>
> Mit der ***Drittwiderspruchsklage*** greift ein Dritter (weder Schuldner noch Gläubiger) die ***Vollstreckung in einen bestimmten Gegenstand*** an.

Es geht hier nicht um Rechtschutzmöglichkeiten im Klauselerteilungsverfahren (siehe insbesondere §§ 731, 732, 768 ZPO) und nicht um vollstreckungsinterne Rechtsbehelfe (siehe insbesondere §§ 766, 793 ZPO).

In Sonderfällen kann an ***§ 826 BGB*** und damit an eine ***Schadensersatzklage*** zu denken sein, die auf Unterlassen der Zwangsvollstreckung gerichtet ist. Das ist dann aber eine ***normale Leistungsklage*** (keine Vollstreckungsklage).

I. Die Vollstreckungsabwehrklage (§ 767 ZPO)

Klageziel der Vollstreckungsabwehrklage (auch Vollstreckungsgegenklage genannt) ist die ***Geltendmachung materieller Einwendungen*** gegen den vollstreckbaren Anspruch. Dem Titel soll durch richterlichen Gestaltungsakt die Vollstreckbarkeit entzogen werden (also keine Durchbrechung der Rechtskraft).

Abzugrenzen ist die Vollstreckungsabwehrklage von verschiedenen anderen Rechtsbehelfen. Für Anwaltsklausuren ist neben reinen Abgrenzungsfragen vor allem wichtig, welche Kombinationsmöglichkeiten bestehen:

Die Erinnerung nach ***§ 766 ZPO und*** die Klage nach ***§ 767 ZPO schließen sich*** wegen ihres unterschiedlichen Streitgegenstands ***grundsätzlich*** gegenseitig ***aus***. Allerdings sind Überschneidungen insbesondere bei sogenannten präsent beweisbaren Erfüllungstatbeständen möglich. Damit sind § 775 Nr. 4 und Nr. 5 ZPO gemeint.

Gleichzeitig mit der Vollstreckungsabwehrklage kann die (Leistungs-)***Klage auf Herausgabe des Vollstreckungstitels*** erhoben werden. Dieser Anspruch wird nach heute ganz überwiegender Ansicht aus ***§ 371 S. 1 BGB analog*** abgeleitet. Ein Rechtsschutzbedürfnis für eine solche Klage besteht neben der Vollstreckungsabwehrklage. Ansonsten könnte der Gläubiger auch bei prozessual erfolgreichem Vorgehen des Schuldners nach § 767 ZPO mit dem Titel weitere Vollstreckungsaufträge erteilen. Diesen müsste der Schuldner über § 775 Nr. 1 ZPO begegnen (gegebenenfalls immer wieder).

Von tendenziell zunehmender Bedeutung auch im Examen ist die in der jüngeren Rechtsprechung fortentwickelte sogenannte ***Titelgegenklage analog § 767 Abs. 1 ZPO*** (prozessuale Gestaltungsklage sui generis). Diese Klage ist nach der BGH-Rechtsprechung ***auch isoliert möglich***. Es geht dabei um die ***Wirksamkeit des Titels an sich***, während § 767 Abs. 1 ZPO unmittelbar nur Einwendungen gegen den titulierten Anspruch erfasst. Wichtige Anwendungsfälle für die Titelgegenklage sind die Vollstreckung aus notariellen Unterwerfungserklärungen (§ 794 Abs. 1 Nr. 5 ZPO) oder aus Versäumnisurteilen.

Ebenfalls examensverdächtig ist die ***Vollstreckungsabwehrklage analog § 767 Abs. 1 ZPO***, wenn es um ***Verstöße gegen vollstreckungsbeschränkende Vereinbarungen*** geht.

Achtung: Das Wort „zulässig“ in § 767 Abs. 2 ZPO kann zu dem Missverständnis führen, die Frage nach der Präklusion in der Zulässigkeitsprüfung der Klage zu stellen. Die ***Präklusion*** ist aber ***in der Begründetheit zu prüfen***. Das Wort „zulässig“ bezieht sich auf die „Einwendungen“ (§ 767 Abs. 1 ZPO), nicht etwa auf die Zulässigkeit der Klage.

Die Vollstreckungsabwehrklage ist ***begründet***, wenn dem Kläger eine ***materiellrechtliche Einwendung*** gegen den titulierten Anspruch zusteht, die ***nicht*** gemäß § 767 Abs. 2 oder 3 ZPO ***präkludiert*** ist.

Dabei kann es sich um Einwendungen aller Art handeln, seien sie rechtsvernichtend oder rechtshemmend. Einige Beispiele: ***Erfüllung und Erfüllungssurrogate*** (insbesondere die Aufrechnung), Vergleich, befreiende Unmöglichkeit, Rücktritt, Wegfall der Geschäftsgrundlage, befreiende Schuldübernahme, Abtretung, gesetzlicher Forderungsübergang, Pfändung des titulierten Anspruchs, Verjährung, Zurückbehaltungsrechte, Stundung.

Typische Klausurpointen finden sich insbesondere im Zusammenhang mit der ***Präklusion nach § 767 Abs. 2 ZPO*** (nochmals: in der Begründetheit zu prüfen / s.o.):

§ 767 Abs. 2 ZPO dient dem Schutz der Rechtskraft, ist also ***bei Titeln, die nicht der Rechtskraft fähig sind, von vornherein unanwendbar***. Das wichtigste Beispiel ist der ***Prozessvergleich***, weil dieser nur bestandskräftig, nicht aber rechtskraftfähig ist.

Aus dem Wortlaut „entstanden" folgt, dass es ***für § 767 Abs. 2 ZPO*** jedenfalls grundsätzlich allein auf die ***objektive Möglichkeit*** ankommt, ***die Einwendung geltend zu machen***, Es spielt daher keine Rolle, ob der Schuldner die Einwendung kannte oder nicht.

Zu den Problemklassikern zählt die Frage nach der ***Präklusion bei Gestaltungsrechten*** (z.B. Anfechtung, Rücktritt und – insbesondere – Aufrechnung). Das Problem taucht auf, wenn das Recht zur Zeit der letzten mündlichen Verhandlung bereits bestand, aber erst nach Schluss der mündlichen Verhandlung ausgeübt wurde. Die ständige Rechtsprechung hält (schon) die objektive Möglichkeit der Ausübung des Gestaltungsrechts vor Schluss der mündlichen Verhandlung für maßgeblich. Im besonders wichtigen Fall des § 389 BGB ist dies die Aufrechnungslage.

Ist die ***Klage unzulässig oder unbegründet***, wird sie schlicht ***abgewiesen*** (wie auch sonst üblich).

Bei voller Stattgabe wird ***die Zwangsvollstreckung <u>aus</u> dem (näher bezeichneten) Titel für unzulässig erklärt***.

Ist die ***Klage nur teilweise begründet***, wird der Tenor entsprechend eingeschränkt (*„... wird wegen eines Betrages von ... € für unzulässig erklärt"*) und – nicht zu vergessen – die Klage im Übrigen abgewiesen.

Bei der ***Kostenentscheidung*** gibt es keine Besonderheiten, sie richtet sich nach den §§ 91 ff ZPO.

Bei der ***Entscheidung zur vorläufigen Vollstreckbarkeit*** (§§ 708 ff ZPO) ist wichtig, dass das stattgebende Urteil – obwohl es sich um eine Gestaltungsklage handelt – auf keinen Fall nur wegen der Kosten für vorläufig vollstreckbar erklärt werden darf.

Der Kläger (Schuldner) kann nämlich nach § 775 Nr. 1 ZPO erreichen, dass die Zwangsvollstreckung eingestellt wird. Der Beklagte (Gläubiger) muss deswegen durch Sicherheitsleistung vor drohendem Vermögensverfall des Klägers geschützt werden. Konkret bedeutet das: ***Der Wert der Forderung, wegen derer der Beklagte***

aufgrund des Urteils nicht mehr vollstrecken kann, ist in die vom Kläger zu leistende Sicherheit (§ 709 S. 1 ZPO) oder – je nach Größenordnung – in die Abwendungsbefugnis des Beklagten (§§ 708 Nr. 11, 711 S. 1 ZPO) einzubeziehen. § 709 S. 2 ZPO ist dann (beim stattgebenden Urteil / s.o.) nicht uneingeschränkt anwendbar, weil eben nicht (nur) wegen einer Geldforderung zu vollstrecken ist. Der insoweit gängige Ausspruch („ *... in Höhe von 110 % des jeweils zu vollstreckenden Betrages ...*") passt in dieser Konstellation nur mit Blick auf die Kostenentscheidung.

Ein in sich stimmiger Tenor kann beispielsweise im Fall einer teilweise erfolgreichen Vollstreckungsabwehrklage so aussehen (Erfolg in Höhe von 1.500 bei uneingeschränkter Klage gegen ein Urteil über 2.000 €):

> Die Zwangsvollstreckung aus dem Urteil des Amtsgerichts Dippoldiswalde wird wegen eines Betrages von 1.500 € für unzulässig erklärt.
>
> Im Übrigen wird die Klage abgewiesen.
>
> Die Kosten des Rechtsstreits haben der Kläger zu 25 % und der Beklagte zu 75 % zu tragen.
>
> Das Urteil ist vorläufig vollstreckbar, für den Kläger hinsichtlich der Hauptsache gegen Sicherheitsleistung in Höhe von 1.500 €, im Übrigen in Höhe von 110 % des jeweils zu vollstreckenden Betrages. Der Kläger darf die Vollstreckung des Beklagten durch Sicherheitsleistung in Höhe von 110 % des für den Beklagten aufgrund des Urteils vollstreckbaren Betrages abwenden, wenn nicht der Beklagte vor seiner Vollstreckung Sicherheit in Höhe von 110 % des für ihn jeweils zu vollstreckenden Betrages leistet.

Beachte schließlich insbesondere für Anwaltsklausuren die Möglichkeit vorläufigen Rechtsschutzes nach ***§ 769 ZPO*** (einstweilige Einstellung der Zwangsvollstreckung).

II. Die Drittwiderspruchsklage (§ 771 ZPO)

Ziel der ***Drittwiderspruchsklage*** ist es, ***die Vollstreckung in einen bestimmten Gegenstand für unzulässig zu erklären***. Diese Gestaltungsklage wird auch Interventionsklage genannt. Sie ist ein Korrektiv, mit dem die ***Formalisierung der Zugriffstatbestände in der Zwangsvollstreckung ausgeglichen*** werden kann.

Prozessführungsbefugt ist ein ***Dritter***, also weder der Gläubiger noch der Schuldner.

Wenn der Dritte auch verfahrensrechtlich beschwert ist, kommt neben § 771 ZPO die Erinnerung nach § 766 ZPO in Betracht (z.B. bei Miteigentum / Mitgewahrsam). Dem Dritten stehen dann beide Rechtsbehelfe im Rahmen ihres Anwendungsbereichs zur Wahl. Insbesondere fehlt wegen unterschiedlicher Zwecke der Rechtsbehelfe in aller Regel das Rechtsschutzbedürfnis für § 771 ZPO nicht nur deshalb, weil auch ein Vorgehen nach § 766 ZPO möglich wäre.

Materiellrechtliche, demselben Ziel wie die Drittwiderspruchsklage dienende Klagen (z.B. auf Herausgabe) sind während der Zulässigkeit der Drittwiderspruchsklage ausgeschlossen. Die Drittwiderspruchsklage ist der speziellere Rechtsbehelf.

Die Drittwiderspruchsklage ist ***begründet, wenn der Dritte (s.o.) an dem fraglichen Gegenstand ein „die Veräußerung hinderndes Recht" (Interventionsrecht) hat und dieses Recht nicht durch eine Einwendung des Beklagten ausgeschlossen ist***.

Ein ***Interventionsrecht*** liegt vor, ***wenn der Schuldner, veräußerte er den Gegenstand selbst, widerrechtlich in den Rechtskreis des Dritten*** (also des Klägers) ***eingriffe***.

Es gilt die Faustregel, dass ***nicht immer nach formaljuristischen, sondern gegebenenfalls nach wirtschaftlichen Gesichtspunkten zu entscheiden*** ist. Das klassische Interventionsrecht ist bei Sachen das ***Eigentum*** und bei Forderungen deren ***Inhaberschaft***. Nach h.M. hat sowohl der Sicherungsnehmer als auch der Sicherungsgeber ein Interventionsrecht.

Ob dem Kläger ein solches Interventionsrecht zusteht, muss mehr oder weniger kompliziert ***im Einzelfall geprüft*** werden. Hier kann es insbesondere auf sachenrechtliche Fragen ankommen.

Einwendungen des Beklagten können sich beispielsweise aus § 117 BGB, § 138 BGB und aus dem Rechtsgedanken der Dolo-agit-Einrede (§ 242 BGB) ergeben. Ist der Kläger beispielsweise Gesellschafter der Schuldnerin, kann er gemäß § 128 HGB persönlich haften. Das wirkt sich über § 242 BGB aus.

Ist die ***Klage unzulässig oder unbegründet***, wird sie schlicht ***abgewiesen*** (wie auch sonst üblich).

Bei ***Erfolg der Klage*** wird ***„Die Zwangsvollstreckung des Beklagten in ...*** (möglichst genaue Bezeichnung des Vollstreckungsgegenstands) ***für unzulässig erklärt***."

Die ***Kostenentscheidung*** folgt auch hier allgemeinen Regeln.

Bei der ***Entscheidung zur vorläufigen Vollstreckbarkeit*** (§§ 708 ff ZPO) gilt das zu § 767 ZPO Gesagte entsprechend (siehe dort). Das stattgebende Urteil darf – obwohl es sich um eine Gestaltungsklage handelt – auf keinen Fall nur wegen der Kosten für vorläufig vollstreckbar erklärt werden.

Der Kläger (hier der Dritte) kann nämlich nach § 775 Nr. 1 ZPO erreichen, dass die Zwangsvollstreckung eingestellt wird. Das bringt gemäß § 776 S. 1 ZPO die „Freigabe" des Vollstreckungsgegenstandes mit sich. Der Beklagte (Gläubiger) muss deswegen hier mit Blick auf eine etwaige Abänderung des Urteils in der Berufungsinstanz vor drohendem Verlust geschützt werden. Konkret bedeutet das: ***Der Wert der Gegenstände aus dem Hauptsachetenor ist in die vom Kläger zu leistende Sicherheit (§ 709 S. 1 ZPO) oder – je nach Größenordnung – in die Abwendungsbefugnis des Beklagten (§§ 708 Nr. 11, 711 S. 1 ZPO) einzubeziehen***. § 709 S. 2 ZPO ist dann (beim stattgebenden Urteil / s.o.) nicht uneingeschränkt anwendbar, weil eben nicht (nur) wegen einer Geldforderung zu vollstrecken ist.

Auch hierzu gibt es ein ***Tenorierungsbeispiel*** (bei unterstelltem Fahrzeugwert von 12.000 €):

> Die Zwangsvollstreckung des Beklagten in den Pkw VW Golf mit der Fahrzeugidentifikationsnummer WVGZZZITY093232 wird für unzulässig erklärt.
>
> Die Kosten des Rechtsstreits hat der Beklagte zu tragen.
>
> Das Urteil ist vorläufig vollstreckbar, hinsichtlich der Hauptsache gegen Sicherheitsleistung in Höhe von 12.000 €, im Übrigen gegen Sicherheitsleistung in Höhe von 110 % des jeweils zu vollstreckenden Betrages.

Über ***§ 771 Abs. 3 ZPO*** findet (u.a.) ***§ 769 ZPO*** Anwendung.

III. Die Klage auf vorzugsweise Befriedigung (§ 805 ZPO)

Wer Inhaber eines Grundpfandrechts oder besitzender Pfandrechtsinhaber ist, kann dieses Recht als Interventionsrecht nach § 771 ZPO geltend machen (s.o.).

Dagegen kann der ***Inhaber eines besitzlosen Pfandrechts*** (z.B. Vermieterpfandrecht, § 562 BGB) die Zwangsvollstreckung wegen einer Geldforderung in die Sache nicht verhindern (§ 805 Abs. 1 Hs. 1 ZPO).

Ihm steht aber der ***Weg über § 805 Abs. 1 Hs. 2 ZPO*** offen. Mit dieser prozessualen Gestaltungsklage kann er erreichen, aus dem Vollstreckungserlös der gepfändeten Sache in Höhe seiner Forderung ***vor dem Vollstreckungsgläubiger*** befriedigt zu werden. Damit stellt die ***Vorzugsklage ein Minus zur Drittwiderspruchsklage*** dar, sodass auch der besitzende Pfandrechtsinhaber diese Klage erheben kann.

Achtung: ***§ 805 ZPO*** gilt nur bei Vollstreckung ***wegen Geldforderungen in bewegliche Sachen***. Deshalb kann im Bereich der Herausgabevollstreckung auch der Inhaber eines nur besitzlosen Pfandrechts nach § 771 ZPO vorgehen (§ 805 Abs. 1 Hs. 1 ZPO sperrt dann nicht).

Die Klage nach § 805 Abs. 1 Hs. 2 ZPO ist ***begründet, wenn der Kläger Inhaber eines Pfand- oder Vorzugsrechts ist, das dem Recht des Vollstreckungsgläubigers im Rang vorgeht***. Das ist typischweise bei §§ 562, 592, 704 BGB der Fall (vgl. zu Vorzugsrechten §§ 50 f InsO).

Auch in diesem schon recht speziellen Bereich soll ein ***Tenorierungsbeispiel*** für eine stattgebende Entscheidung nicht fehlen:

> Der Kläger ist aus dem Reinerlös des am 19.10.2018 gepfändeten Pkw Volvo V 50 mit der Fahrzeugidentifikationsnummer YV1BCR4793F128 538 bis zum Betrag von 7.000 € vor dem Beklagten zu befriedigen.
>
> Die Kosten des Rechtsstreits hat der Beklagte zu tragen.
>
> Das Urteil ist vorläufig vollstreckbar, hinsichtlich der Hauptsache gegen Sicherheitsleistung in Höhe von 7.000 €, im Übrigen gegen Sicherheitsleistung in Höhe von 110 % des jeweils zu vollstreckenden Betrages.

H. Das Urteil im einstweiligen Rechtsschutz (Arrest und einstweilige Verfügung)

Arrest und einstweilige Verfügung sind im 8. Buch der ZPO geregelt. Das ist an sich systemwidrig, weil es in den ***§§ 916 ff ZPO*** nur punktuell um Zwangsvollstreckung geht.

Im Wesentlichen betreffen die Vorschriften ein ***summarisches Erkenntnisverfahren***. Die Besonderheit besteht in erster Linie darin, dass ***Arrestanspruch und Arrestgrund nur glaubhaft gemacht*** werden müssen (§§ 920 Abs. 2, 294 ZPO). Das gilt über § 936 ZPO entsprechend für den Verfügungsgrund und den Verfügungsanspruch.

Zur Glaubhaftmachung bezieht man sich üblicherweise auf eine ***eidesstattliche Versicherung*** (§ 294 Abs. 1 ZPO). ***Überwiegende Wahrscheinlichkeit genügt*** für die Glaubhaftmachung. Es gilt also ein im Vergleich zu § 286 Abs. 1 S. 1 ZPO ***gesenktes Beweismaß***.

Zu einem (erstinstanzlichen) ***Urteil*** kann es in diesem Bereich vor allem ***auf zwei Wegen*** kommen:

Wenn unmittelbar im Anschluss an den Antrag auf Erlass eines Arrests oder (in der Praxis weitaus häufiger) einer einstweiligen Verfügung mündlich verhandelt wird, ist die ***Ausgangsentscheidung durch Urteil*** zu erlassen (§ 922 Abs. 1 ZPO).

Wenn die Verfügung (oder der Arrest) durch Beschluss erlassen worden ist und der Antragsgegner ***Widerspruch*** eingelegt hat (§ 924 ZPO), führt dies ebenfalls zu einem ***Urteil***, durch das die ***Beschlussentscheidung bestätigt, aufgehoben oder abgeändert*** wird (§ 925 ZPO).

Bei ablehnenden oder aufhebenden Urteilen ist ***§ 708 Nr. 6 ZPO*** einschlägig, der regelmäßig zu § 711 S. 1, 2 ZPO i.V.m. § 709 S. 2 ZPO führt:

Die Verfügungsklage wird abgewiesen.

Die Kosten des Rechtsstreits hat der Verfügungskläger zu tragen.

Das Urteil ist vorläufig vollstreckbar. Der Verfügungskläger darf die Vollstreckung durch Sicherheitsleistung in Höhe von 110 % des aufgrund des Urteils vollstreckbaren Betrages abwenden, wenn nicht der Verfügungsbeklagte vor der Vollstreckung Sicherheit in Höhe von 110 % des jeweils zu vollstreckenden Betrages leistet.

oder (bei vorheriger Beschlussverfügung)

Die einstweilige Verfügung vom 16.10.2018 wird aufgehoben. Der Antrag auf ihren Erlass wird zurückgewiesen.

Die Kosten des Rechtsstreits hat der Verfügungskläger zu tragen.

Das Urteil ist vorläufig vollstreckbar. Der Verfügungskläger darf die Vollstreckung durch Sicherheitsleistung in Höhe von 110 % des aufgrund des Urteils vollstreckbaren Betrages abwenden, wenn nicht der Verfügungsbeklagte vor der Vollstreckung Sicherheit in Höhe von 110 % des jeweils zu vollstreckenden Betrages leistet.

Achtung: Wenn ***die einstweilige Verfügung*** (oder der Arrest) ***durch Urteil erlassen*** oder wenn eine ***Beschlussverfügung durch Urteil bestätigt*** wird, ***unterbleibt jeglicher Ausspruch zur vorläufigen Vollstreckbarkeit***. Die Vollstreckbarkeit ergibt sich hier aus der Natur der Sache und unmittelbar aus dem Gesetz (§§ 929, 936 ZPO). Diese Besonderheit kann und sollte am ***Ende der Entscheidungsgründe kurz klargestellt*** werden.

Das folgende Beispiel greift die praktisch wie auch in Prüfungsaufgaben häufige Konstellation einer sogenannten ***Leistungsverfügung*** auf. Anspruchsgrundlage für die ***Herausgabe an den Verfügungskläger selbst*** (nicht etwa nur an einen Sequester, vgl. § 938 Abs. 2 ZPO) ist typischerweise ***§ 861 Abs. 1 BGB***. Der Verfügungsgrund ergibt sich aus dem Bedürfnis nach effektivem Rechtsschutz gegen Akte verbotener Eigenmacht.

Der Verfügungsbeklagte wird im Wege der einstweiligen Verfügung verurteilt, den Pkw BMW 503 mit der Fahrzeugidentifikationsnummer WBABB34690A737645 an den Verfügungskläger herauszugeben.

Die Kosten des Rechtsstreits hat der Verfügungsbeklagte zu tragen.

oder (bei vorheriger Beschlussverfügung)

Die einstweilige Verfügung vom 16.10.2018 wird bestätigt.

Der Verfügungsbeklagte hat auch die weiteren Kosten des Rechtsstreits zu tragen.

Das Verfahren der §§ 916 ff ZPO ist relativ stark verästelt und gewöhnungsbedürftig.

Man bezeichnet übrigens ***ab der Terminierung*** (vgl. §§ 922 Abs. 1 S. 1, 924 Abs. 2 S. 2 ZPO) die Parteien als ***Verfügungskläger und Verfügungsbeklagter*** (gegebenenfalls Arrestkläger und Arrestbeklagter). Solange (noch) nicht terminiert ist, lautet die Parteienbezeichnung dagegen Antragsteller und Antragsgegner.

Auf zwei Optionen möchten wir noch kurz hinweisen:

Nach Erlass einer einstweiligen Verfügung (oder eines Arrests) kann die unterlegene Partei einen Antrag auf ***Anordnung der Klageerhebung in der Hauptsache*** nach ***§ 926 Abs. 1 ZPO*** stellen. Bei Untätigkeit des Antragstellers kann dies in eine Aufhebung der Eilentscheidung durch Urteil münden (§ 926 Abs. 2 ZPO).

Zum selben Ergebnis können gemäß ***§ 927 ZPO veränderte Umstände*** führen.

Teil 6: Die weiteren Übungen

In diesem Teil präsentieren wir weitere Übungen zur Wiederholung und Vertiefung.

A. Zur Urteilstechnik und zum Urteilsstil (Flugreisefall)

Die Auswirkungen der Urteilstechnik („Was") und des Urteilsstils („Wie") hatten wir in **Teil 2** ausführlich beschrieben.

Dies soll hier weiterführend an einem ***Klassiker der Juristenausbildung*** verdeutlicht werden, nämlich am berühmt-berüchtigten ***Flugreisefall*** (nach BGH NJW 1971, 609).

Er ist besonders geeignet, die Urteilstechnik zu üben.

Es kommen ***viele Anspruchsgrundlagen*** in Betracht.

Zudem gibt es ***zwei gut vertretbare, teilweise gegensätzliche Lösungen***.

Je nach Variante führt dies zu erheblichen Unterschieden bei der Darstellung der Entscheidungsgründe im Urteil.

I. Der Sachverhalt

Der Tatsachenvortag ist unstreitig (nur Sachstand). Aktenarbeit im engeren Sinne ist hier nicht gefragt. Wir fassen den ***Sachverhalt*** deshalb der Einfachheit halber ***im Stil einer Aufgabe aus dem Studium*** zusammen. Am Ende gibt es konkrete Fragen:

Der 17-jährigen M gelingt es, sich in Frankfurt am Main ohne Ticket in ein Flugzeug der Fluggesellschaft F einzuschleichen und nach Mumbai (Bombay) zu fliegen. Das Flugzeug ist nicht ausgebucht, bei entsprechender Nachfrage hätte F also zusätzliche (zahlende) Fluggäste befördern können. In Indien wird der M mangels Visums die Einreise verweigert. Die Mitarbeiter der F werden von den Behörden über die Situation informiert, erkennen M als „Schwarzfliegerin" und beschließen, sie auf dem Rückflug wieder nach Deutschland zu befördern. Auch der Rückflug ist nicht ausgebucht. Die Eltern der M ahnen zunächst nichts von den Vorfällen. Als sie von den Geschehnissen erfahren, verweigern sie die Genehmigung für sämtliche Rechtsgeschäfte, die M geschlossen haben könnte. F verlangt nun von M das übliche Entgelt (den regulären Flugpreis) sowohl für den Hinflug als auch für den Rückflug. M wendet zutreffend ein, sie wäre nicht nach Indien geflogen, wenn sie den Flug hätte bezahlen müssen.

Nachdem auf mehrere Mahnungen hin nicht gezahlt worden war und auch außergerichtliche Vergleichsverhandlungen zu keinem Ergebnis geführt haben, erhebt die F AG gegen die inzwischen volljährige M Klage auf Zahlung von 2.000 € bei dem zuständigen Amtsgericht (je 1.000 € für den Hin- und den Rückflug).

Erfolgsaussichten der Klage?

Wie lautet der Tenor des Urteils?

Welche Anspruchsgrundlagen sind in den Entscheidungsgründen je nach Ergebnis wie anzusprechen, um Urteilstechnik und Urteilsstil sauber gerecht zu werden?

Bevor wir in die konkreten Formulierungsvorschläge einsteigen, arbeiten wird den Lösungsansatz heraus:

II. Der Lösungsansatz

Es gibt im Ergebnis zwei Varianten, die sich wegen der 1.000 € für den Hinflug unterscheiden. Wir erinnern uns (oder auch nicht):

Der ***Zahlungsanspruch gegen M bezogen auf den Rückflug*** (hier 1.000 €) ist ***weitgehend unumstritten***. Er ergibt sich als ***GoA-Aufwendungsersatzanspruch*** aus § 683 S. 1 i.V.m. §§ 677, 670 BGB. Beim minderjährigen Geschäftsherrn kommt es auf den Willen der Eltern als gesetzliche Vertreter an, nicht auf den Willen des Minderjährigen selbst.

Der ***Zahlungsanspruch gegen M bezogen auf den Hinflug*** (hier 1.000 €) ist ***„männermordend“ umstritten***. Wie war das noch gleich?

Die ***entscheidende Weichenstellung*** spielt sich bei der Frage ab, auf wessen Kenntnis es für die Bösgläubigkeit i.S.d. ***§ 819 Abs. 1 BGB*** ankommt. Die Konstellation ist nicht gesetzlich geregelt. Daraus ist ein nach wie vor aktueller Meinungsstreit entstanden, der seit vielen Jahrzehnten zum Standardprogramm für die Vorbereitung auf das Erste Examen gezählt wird:

Der BGH hat seinerzeit auf die ***Kenntnis des Minderjährigen selbst*** abgestellt (einsichtsfähig i.S.d. § 827 Abs. 3 BGB). Dann kommt es zu einer ***verschärften Haftung***, die Entreicherung (§ 818 Abs. 3 BGB) kommt dem Minderjährigen nicht zugute (§§ 819 Abs. 1, 818 Abs. 4 BGB).

Interpretiert man hingegen den Minderjährigenschutz so weit, dass es für § 819 Abs. 1 BGB selbst bei einsichtsfähigen Minderjährigen auf die ***Kenntnis der gesetzlichen Vertreter*** ankommt, liegt regelmäßig ***keine verschärfte Haftung gemäß §§ 819 Abs. 1, 818 Abs. 4 BGB*** vor. Dann rettet § 818 Abs. 3 BGB den Minderjährigen. Das entspricht einer weit verbreiteten Literaturansicht.

III. Die Lösung

Einen ***vollständigen Formulierungsvorschlag im Gutachtenstil entsprechend der damaligen BGH-Entscheidung*** präsentieren wir in unserem Buch ***Die Fälle – Schuldrecht BT 2, Fall 42***.

Wir spielen ***hier im Urteilsstil*** und unter Beachtung der ***Urteilstechnik*** beide Varianten durch.

In Variante 1 hat die Klage vollen Erfolg (entsprechend der Lösung aus BGH NJW 1971, 609).

In Variante 2 bleibt es bei einer Verurteilung in Höhe von (nur) 1.000 € für den Rückflug. Zu diesem Ergebnis kommt man, wenn man unter Betonung des Minderjährigenschutzes einen Anspruch bezogen auf den Hinflug ablehnt (s.o.).

1. Die Lösung in Variante 1 (Klage vollständig begründet)

Gefragt sind der Tenor und die Entscheidungsgründe des Urteils:

a. Die Urteilsformel (Tenor)

Die Beklagte wird verurteilt, an die Klägerin 2.000 € zu zahlen.

Die Kosten des Rechtsstreits hat die Beklagte zu tragen.

Das Urteil ist gegen Sicherheitsleistung von 110 % des jeweils zu vollstreckenden Betrages vorläufig vollstreckbar.

Und weiter geht es:

b. Die Entscheidungsgründe

Wir kommen zum Kern der Übung, zu den Entscheidungsgründen in der **Variante 1**:

Entscheidungsgründe

Die Klage ist begründet.

Die Klägerin hat gegen die Beklagte einen Anspruch auf Zahlung von 1.000 €, nämlich in Höhe des üblichen Entgelts für den Hinflug aus § 812 Abs. 1 S. 1 Var. 2 BGB. Darüber hinaus hat sie einen Anspruch auf Zahlung weiterer 1.000 € für den Rückflug aus § 683 S. 1 i.V.m. §§ 677, 679 BGB.

Der Anspruch auf Zahlung der 1.000 € für den Hinflug ergibt sich aus der allgemeinen Nichtleistungskondiktion gemäß § 812 Abs. 1 S. 1 Var. 2 BGB i.V.m. § 818 Abs. 2 BGB. Die Beklagte hat als Wertersatz den üblichen Beförderungspreis für den Hinflug zu leisten.

Die Beklagte hat „etwas" erlangt, nämlich die Flugbeförderung als unmittelbaren Vermögensvorteil.

Dies ist auch „in sonstiger Weise" geschehen, also durch niemandes Leistung. Die Klägerin hat nicht geleistet. Selbst wenn dort ein genereller Leistungswille anzunehmen wäre, bezöge sich ein solcher nur auf zahlende Kunden und nicht auf die Beklagte als „Schwarzfliegerin".

Den Vorteil hat die Beklagte weiterhin auf Kosten der Klägerin erlangt. Die Beklagte hat nämlich durch das Erschleichen der Beförderung in die Vermögenssphäre der Klägerin eingegriffen. Die Entscheidung darüber, ob eine Person mit dem Flugzeug befördert wird oder nicht, ist der Klägerin zugewiesen.

Die Beklagte hat den Vorteil auch ohne rechtlichen Grund erlangt. Insbesondere ist keine vertragliche Verpflichtung entstanden, da die Eltern der damals noch beschränkt geschäftsfähigen Beklagten die Genehmigung verweigert haben und auch die Beklagte selbst nach Eintritt der Volljährigkeit den Vertrag nicht genehmigt hat (§§ 106, 108 BGB).

Gemäß § 818 Abs. 2 BGB ist der Bereicherungsanspruch auf Wertersatz gerichtet. Die Verpflichtung der Beklagten ist nicht nach § 818 Abs. 3 BGB ausgeschlossen. Die Beklagten kann sich nicht mit Erfolg auf den Wegfall der Bereicherung berufen, weil sie gemäß §§ 819 Abs. 1, 818 Abs. 4 BGB verschärft haftet. Die Beklagte kannte den Mangel des rechtlichen Grundes bei dem Empfang. Sie wusste zumindest sinngemäß, dass jedenfalls kein wirksamer Werkvertrag geschlossen worden war.

Im Zusammenhang mit § 819 Abs. 1 BGB ist in entsprechender Anwendung von § 828 Abs. 3 BGB auf die Kenntnis des Minderjährigen selbst abzustellen, nicht etwa auf die Kenntnis der gesetzlichen Vertreter entsprechend §§ 106 ff i.V.m. § 166 Abs. 1 BGB. Jedenfalls im Falle der vorsätzlichen Verwirklichung eines Straftatbestandes (hier § 265a Abs. 1 StGB) ist nicht ersichtlich, warum das Verhalten des Minderjährigen bereicherungsrechtlich nach anderen Regeln bewertet werden soll, als es im Bereich der unerlaubten Handlung der Fall ist.

Für einen Ausschluss der Verantwortlichkeit entsprechend § 828 Abs. 3 BGB gibt es keine Anhaltspunkte. Die Beklagte stand zum maßgeblichen Zeitpunkt bereits kurz vor der Volljährigkeit und ist allem Anschein nach altersgerecht einsichtsfähig.

Der Aufwendungsersatzanspruch auf Zahlung der 1.000 € für den Rückflug ergibt sich nach den Regeln der Geschäftsführung ohne Auftrag aus § 683 S. 1 i.V.m. §§ 677, 670 BGB.

Die Klägerin hat ein fremdes Geschäft besorgt.

Die Beförderung der Beklagten war eine Geschäftsbesorgung, die schon deshalb aus Sicht der Klägerin fremd war, weil sie auch im Interesse der Beklagten lag.

Dieses fremde Geschäft hat die Klägerin auch mit sogenanntem Fremdgeschäftsführungswillen besorgt, der im Umkehrschluss aus § 687 Abs. 1 BGB Anspruchsvoraussetzung ist. Mit dem Rücktransport hat sich die Klägerin gezielt auch um die Belange der Beklagten gekümmert.

Sie war dabei weder beauftragt noch in sonstiger Weise i.S.d. § 677 BGB berechtigt.

Die Übernahme der Geschäftsführung hat dem mutmaßlichen Willen des Geschäftsherrn entsprochen (§ 683 S. 1 BGB). Insoweit kommt es – anders als im Zusammenhang mit § 819 Abs. 1 BGB (s.o.) – anerkanntermaßen auf den Willen der Eltern als den gesetzlichen Vertretern der damals noch minderjährigen Beklagten an (vgl. §§ 1626 Abs. 2, 1631 Abs. 1 BGB). Es ist auf deren mutmaßlichen Willen abzustellen, weil die Eltern zum maßgeblichen Zeitpunkt der Übernahme der Geschäftsführung nichts von dem Geschehen wussten. Nach Lage der

Dinge entsprach die schnellstmögliche Rückkehr der Beklagten dem Interesse und dem mutmaßlichen Willen der Eltern.

Der Aufwendungsersatzanspruch besteht in Höhe des regulären Flugpreises. Der Anspruch erstreckt sich entsprechend § 1835 Abs. 3 BGB auf die übliche Vergütung, weil es um die Geschäftsbesorgung im Rahmen des Gewerbebetriebs der Klägerin geht.

Die Kostenentscheidung folgt aus § 91 Abs. 1 S. 1 Hs. 1 ZPO.

Die Entscheidung zur vorläufigen Vollstreckbarkeit ergibt sich aus § 709 S. 1, 2 ZPO.

So weit zur Lösung in der Variante 1.

2. Die Lösung in Variante 2 (Klage nur teilweise begründet)

Wieder geht es um den Tenor und um die Entscheidungsgründe des Urteils:

a. Die Urteilsformel (Tenor)

Die Beklagte wird verurteilt, an die Klägerin 1.000 € zu zahlen. Im Übrigen wird die Klage abgewiesen.

Die Kosten des Rechtsstreits werden gegeneinander aufgehoben.

Das Urteil ist vorläufig vollstreckbar. Die Beklagte darf die Vollstreckung durch Sicherheitsleistung in Höhe von 110 % des aufgrund des Urteils vollstreckbaren Betrages abwenden, wenn nicht die Klägerin vor der Vollstreckung Sicherheit in Höhe von 110 % des jeweils zu vollstreckenden Betrages leistet.

Wir kommen nun auch in **Variante 2** zum Kern der Übung:

b. Die Entscheidungsgründe

Die ***Entscheidungsgründe in*** **Variante 2** unterscheiden sich von Variante 1 wesentlich deshalb, weil die ***Klage (teilweise) unbegründet*** ist.

Wenn die Klage unbegründet ist (hier mit Blick auf den Hinflug), müssen auch im Urteil ***alle ernsthaft in Betracht kommenden Anspruchsgrundlagen erwähnt*** werden. Jede dieser Anspruchsgrundlagen wird aber nach den ***Regeln der Urteilstechnik an einem einzigen Merkmal „gekippt"***, wo auch immer dieses Merkmal in der klassischen Reihenfolge des Schemas für das Gutachten auftaucht.

Wenn man das beachtet, kann die Darstellung gelingen:

E n t s c h e i d u n g s g r ü n d e

Die Klage ist teilweise begründet.

Die Klägerin hat einen Anspruch auf Zahlung von 1.000 € für den Rückflug aus § 683 S. 1 i.V.m. §§ 677, 679 BGB.

Ein Anspruch auf Zahlung weiterer 1.000 € mit Blick auf den Hinflug besteht hingegen nicht.

Der Aufwendungsersatzanspruch auf Zahlung der 1.000 € für den Rückflug ergibt sich nach den Regeln der Geschäftsführung ohne Auftrag aus § 683 S. 1 i.V.m. §§ 677, 670 BGB.

Die Klägerin hat ein fremdes Geschäft besorgt.

Die Beförderung der Beklagten war eine Geschäftsbesorgung, die schon deshalb aus Sicht der Klägerin fremd war, weil sie auch im Interesse der Beklagen lag.

Dieses fremde Geschäft hat die Klägerin auch mit sogenanntem Fremdgeschäftsführungswillen besorgt, der im Umkehrschluss aus § 687 Abs. 1 BGB Anspruchsvoraussetzung ist. Mit dem Rücktransport hat sich die Klägerin gezielt auch um die Belange der Beklagten gekümmert.

Sie war dabei weder beauftragt noch in sonstiger Weise i.S.d. § 677 BGB berechtigt.

Die Übernahme der Geschäftsführung hat dem mutmaßlichen Willen des Geschäftsherrn entsprochen (§ 683 S. 1 BGB). Insoweit kommt es anerkanntermaßen auf den Willen der Eltern als den gesetzlichen Vertretern der damals noch minderjährigen Beklagten an (vgl. §§ 1626 Abs. 2, 1631 Abs. 1 BGB). Es ist auf deren mutmaßlichen Willen abzustellen, weil die Eltern zum maßgeblichen Zeitpunkt der Übernahme der Geschäftsführung nichts von dem Geschehen wussten. Nach Lage der Dinge entsprach die schnellstmögliche Rückkehr der Beklagten dem Interesse und dem mutmaßlichen Willen der Eltern.

Der Aufwendungsersatzanspruch besteht in Höhe des regulären Flugpreises. Der Anspruch erstreckt sich entsprechend § 1835 Abs. 3 BGB auf die übliche Vergütung, weil es um die Geschäftsbesorgung im Rahmen des Gewerbebetriebs der Klägerin geht.

Was dagegen den Hinflug angeht, besteht aus keiner der in Betracht kommenden Grundlagen ein Anspruch der Klägerin, nämlich weder aus § 631 Abs. 1 BGB noch aus § 683 S. 1 i.V.m. §§ 677, 670 BGB, § 823 Abs. 2 BGB i.V.m. § 265a Abs. 1 StGB oder § 812 Abs. 1 S. 1 i.V.m. § 818 Abs. 2 BGB.

§ 631 Abs. 1 BGB scheidet als Anspruchsgrundlage aus, weil zwischen der Klägerin und der damals noch minderjährigen Beklagten kein Vertragsverhältnis zustande gekommen ist. Die Eltern haben die für einen wirksamen Vertragsschluss erforderliche Genehmigung verweigert und auch die Beklagte selbst hat nach Eintritt der Volljährigkeit den Vertrag nicht genehmigt (§§ 106, 108 BGB).

Für einen Anspruch auf Aufwendungsersatz als Folge einer Geschäftsführung ohne Auftrag gemäß § 683 S. 1 i.V.m. §§ 677, 670 BGB fehlt es an dem erforderlichen Fremdgeschäftsführungswillen der Mitarbeiter der Klägerin. Insoweit besteht ein entscheidender Unterschied zwischen dem Rückflug (s.o.) und dem Hinflug. Bei dem Hinflug wollte man die vermeintliche Verpflichtung aus einem Werkvertrag erfüllen. Anders als bei dem Rückflug hielten die Mitarbeiter der Klägerin die Beklagte zunächst für einen „normalen“ Fluggast, falls sie sich überhaupt Vorstellungen darüber gemacht haben sollten.

Ein Schadensersatzanspruch aus § 823 Abs. 2 BGB i.V.m. § 265a Abs. 1 StGB besteht nicht, weil kein Schaden erkennbar ist. Ein etwaiger Schaden besteht jedenfalls nicht in Höhe des üblichen Beförderungsentgelts. Das Flugzeug war nicht ausgebucht. Das Verhalten der Beklagten hat nicht dazu geführt, dass ein anderer Passagier, der für den Flug gezahlt hätte, nicht befördert werden konnte. Für einen anderen Schaden – etwa wegen eines geringfügig erhöhten Verbrauchs von Kerosin – fehlen Anhaltspunkte.

Schließlich besteht auch weder aus § 812 Abs. 1 S. 1 Var. 1 BGB (Leistungskondiktion) noch alternativ aus § 812 Abs. 1 S. 1 Var. 2 BGB (allgemeine Nichtleistungskondiktion) ein bereicherungsrechtlicher Anspruch der Klägerin.

Eine daraus resultierende Verpflichtung zum Wertersatz gemäß § 818 Abs. 2 BGB ist nach § 818 Abs. 3 BGB ausgeschlossen. Die Bereicherung ist weggefallen, weil das Erlangte nicht zu einer vermögensrelevanten Ersparnis von Aufwendungen geführt hat. Die Beklagte hätte die Flugreise nicht unternommen, wenn sie den Flug hätte bezahlen müssen.

Der Ausschluss nach § 818 Abs. 3 BGB kommt der Beklagten zugute. Die verschärfte Haftung gemäß §§ 819 Abs. 1, 818 Abs. 4 BGB trifft sie nicht.

Die Eltern hatten keine Kenntnis von dem gesamten Geschehen. Auf die Kenntnis der seinerzeit 17-jährigen Beklagten selbst kommt es nicht an. Für § 819 Abs. 1 BGB ist entsprechend §§ 106 ff i.V.m. § 166 Abs. 1 BGB auf die Kenntnis der Eltern als damalige gesetzliche Vertreter abzustellen.

Auch im Falle der vorsätzlichen Verwirklichung eines Straftatbestandes (hier § 265a Abs. 1 StGB) ist im Zusammenhang mit § 819 Abs. 1 BGB nicht etwa in entsprechender Anwendung von § 828 Abs. 3 BGB auf die Kenntnis des Minderjährigen selbst abzustellen.

Es muss wie im Vertragsrecht auf den gesetzlichen Vertreter ankommen, weil der Wertersatz in der Regel – so auch hier – der verkehrsüblichen Gegenleistung entspricht. Ein etwaiger Kondiktionsanspruch hat in den einschlägigen Fällen nur dann eigenständige Bedeutung, wenn dem Bereicherungsgläubiger kein Schaden entstanden ist (s.o.). Dann aber ist der Gläubiger nicht sonderlich schutzwürdig.

Der aus guten Gründen im BGB ausgeprägte Gedanke des Minderjährigenschutzes überwiegt in einer solchen Konstellation auf der Ebene des Bereicherungsrechts gegenüber den Gläubigerinteressen.

Die Kostenentscheidung folgt aus § 92 Abs. 1 S. 1 Var. 1 ZPO.

Die Entscheidung zur vorläufigen Vollstreckbarkeit ergibt sich aus §§ 708 Nr. 11 Var. 1, 711 S. 1, 2, 709 S. 2 ZPO.

Die Fähigkeiten im Zusammenhang mit ***Urteilstechnik*** und ***Urteilsstil*** kann und sollte man immer wieder anhand konkreter Beispiele vertiefen.

Hier haben wir die Entscheidungsgründe eines Urteils der technischen Übung halber in zwei sehr unterschiedlichen Varianten durchgespielt.

Man kann aber auch im Rahmen eines Lösungswegs Gutachten und Urteil gegenüberstellen und beide Ansätze kombinieren (siehe oben Teil 2, B. zum Ausgangsbeispiel und C. zur ergänzenden Abwandlung).

Yoda sagt:

Üben du musst, dann lernen du wirst!

Jetzt zu etwas völlig anderem …

B. Zur Arbeit am Sachverhalt

In diesem Abschnitt kommen wir unter mehreren Aspekten weiterführend auf die Arbeit am Sachverhalt zurück.

I. Der Umgang mit angegriffenen Rechtstatsachen

Das Phänomen der Rechtstatsache hatten wir oben dargestellt (Teil 3 A. II. 3.). In unserem Beispiel zur Stoffordnung war die Rechtstatsache „Eigentum" zugestanden im Sinne des § 138 Abs. 3 ZPO (Teil 3 B. IV.).

Was aber, wenn die Rechtstatsache angegriffen wird?

Hier eine Übung dazu:

In der Praxis wird häufig auf Schadensersatz aufgrund eines Verkehrsunfalls geklagt. Die Klage kann z.B. auf Ersatz der Reparaturkosten gerichtet sein. Oft begegnet man folgendem Muster:

Der Kläger bezeichnet sich in der Klageschrift als Eigentümer des beschädigten Fahrzeugs.

In der Klageerwiderung wird „die Aktivlegitimation bestritten".

Was bedeutet dieses „Bestreiten"?

Welche Anforderungen ergeben sich daraus für die Klägerseite?

Die Lösung erschließt sich, wenn man mit sogenannten Rechtstatsachen umgehen kann:

Die bloße Angabe „Eigentümer" genügt bei isolierter Betrachtung der Klageschrift als sogenannte Rechtstatsache für schlüssigen Sachvortrag. Es handelt sich um einen allgemein bekannten und üblicherweise auch richtig verstandenen Rechtsbegriff des täglichen Lebens. Die

Rechtstatsache ersetzt (zunächst) den dahinterstehenden Sachvortrag.

Die Beklagtenseite gibt sich damit aber nicht zufrieden. Mit dem „Bestreiten der „Aktivlegitimation" wird die Rechtstatsache „Eigentümer" angegriffen. Der Kläger soll so zu konkretem, tatsächlichem Vortrag gezwungen werden.

Nun ist es also Sache des Klägers, den Rechtsbegriff „Eigentümer" mit Sachvortrag zu untermauern, wobei ihm unter Umständen § 1006 Abs. 1 S. 1 BGB zugutekommt.

Abstrakt formuliert bedeutet das: Sobald im Prozessverlauf die Verwendung des Rechtsbegriffs als sogenannte ***Rechtstatsache vom Gegner angegriffen*** wird, ist ***echter Tatsachenvortrag erforderlich***.

II. Die Stoffordnung bei dynamischem Prozessverlauf

Der Sachvortrag wird oft erst im Laufe eines Rechtsstreits konkretisiert. Der Anknüpfungspunkt für die Stoffordnung ist grundsätzlich die (letzte) mündliche Verhandlung. Überholtes Parteivorbringen ist – wie schon der Name sagt – nicht mehr zu berücksichtigen.

Eine weiterführende Übung dazu:

Der Kläger verlangt Schadensersatz wegen Zerstörung seines Autos.

In der Klageschrift führt er aus, zwei anscheinend angetrunkene Personen – darunter der Beklagte – hätten sich im Rahmen einer nächtlichen Racheaktion an dem Wagen aufgehalten, einer von ihnen hätte mit einem schweren Hammer mehrmals kräftig auf das Autodach geschlagen.

In der Klageerwiderung betont der Beklagte, nicht auf das Autodach geschlagen zu haben. Dies habe vielmehr nur die andere Person getan.

In dem darauf folgenden Schriftsatz des Klägers führt dieser aus, der Beklagte habe gezielt für die Aktion den Hammer in einem Baumarkt beschafft.

Im Folgenden gibt es keinen weiteren Vortrag der Parteien zu diesem Komplex.

Zu welchem Ergebnis und zu welcher Darstellung führt die Stoffordnung (Sach- und Streitstand)?

Ergibt sich dem Grunde nach ein Schadensersatzanspruch gegen den Beklagten?

Es fällt auf, dass sich der konkrete Beitrag des Beklagten erst im Laufe des Rechtsstreits herausstellt:

Wir haben es – bezogen auf die Beteiligung des Beklagten – mit einem ***komplett unstreitigen Sachverhalt*** zu tun.

Der Kläger hat nicht vorgetragen, dass der Beklagte selbst mit dem Hammer geschlagen habe.

Also ist die Klarstellung in der Klageerwiderung auch kein Bestreiten.

Dass der Beklagte bei der Aktion anwesend war, leugnet er nicht (§ 138 Abs. 3 ZPO).

Der Kläger hat dann als Reaktion auf die Klageerwiderung seinen Vortrag ergänzt („Hammer beschafft").

Das wiederum ist unwidersprochen geblieben (§ 138 Abs. 3 ZPO).

Auch ist der Kläger nicht mehr auf die Klarstellung des Beklagten („nicht geschlagen") eingegangen (§ 138 Abs. 3 ZPO).

Der Sachstand (unstreitiger Sachverhalt) könnte so geschildert werden:

Der Beklagte nahm zusammen mit einer anderen Person an einer Racheaktion gegen den Kläger teil. In Anwesenheit des Beklagten schlug die andere Person mit einem schweren Hammer mehrmals kräftig auf das Dach des Autos des Klägers ein. Den Hammer hatte der Beklagte gezielt für diese Aktion in einem Baumarkt beschafft.

Beachte: In der Sachverhaltsschilderung geht es grundsätzlich nicht darum, die Entwicklung des Vortrags im Rechtsstreit darzustellen. ***Es kommt nur auf den „letzten Stand" an***.

Aus dem (unstreitigen) Sachverhalt ergibt sich ein ***Schadensersatzanspruch gegen den Beklagten unter Berücksichtigung des § 830 Abs. 1 S. 1 i.V.m. Abs. 2 BGB***.

Nach Lage der Dinge wäre sogar ernsthaft an Mittäterschaft zu denken, darauf kommt es aber nicht an.

Der Beklagte ist nämlich durch die gezielte Beschaffung des Tatwerkzeugs jedenfalls Gehilfe (§ 830 Abs. 2 BGB).

Auf diesen rechtlichen Gesichtspunkt (Gehilfe) kann man sich im Rahmen der Urteilstechnik elegant zurückziehen.

III. Die Relationstechnik

Zur Übung der Relationstechnik schildern wir folgenden Sachverhalt, hier im Stil eines Urteilstatbestands:

Die Klägerin macht Schadensersatzansprüche wegen der Folgen eines Reitunfalls geltend.

Der Unfall ereignete sich im Rahmen einer Reitstunde, an der die Klägerin als Anfängerin auf dem Pferd Hoppelgalopp teilnahm.

Halter des Pferdes ist der Beklagte.

Die Klägerin ritt zunächst wie zur Übung vorgesehen in der Gangart „Schritt“. Als das Pferd gegen den Willen der Klägerin immer schneller wurde, indem es zunächst in den Trab und dann in den Galopp wechselte, konnte sich die Klägerin nicht mehr im Sattel halten, fiel vom Pferd, schlug auf den Boden auf und verletzte sich.

Die Klägerin behauptet, das Pferd habe die Hinterbeine hochgeworfen, sodass die Klägerin zunächst nach vorne auf den Hals des Pferdes und einige Meter weiter vom Pferd gefallen sei.

Die Klägerin beantragt,

> den Beklagten zu verurteilen, an sie 3.000 € zu zahlen.

Der Beklagte beantragt,

> die Klage abzuweisen.

Er behauptet, die Klägerin habe laut und hysterisch „Vorwärts Hoppelgalopp, vorwärts!“ gerufen und dadurch das Pferd angetrieben. Vom Pferd gefallen sei die Klägerin schließlich nur deshalb, weil Hoppelgalopp plötzlich stehen geblieben sei.

Der Beklagte meint, dass sich keine typische Tiergefahr verwirklicht habe. Jedenfalls könne der Anspruch nicht in voller Höhe bestehen, weil sich die Klägerin wegen der behaupteten Rufe gemäß § 254 Abs. 1 BGB einen Mitverursachungsbeitrag zurechnen lassen müsse.

<u>Weitere Vorgaben</u> (über die tatbestandsartige Schilderung hinausgehend):

Der Beklagte bietet für seine Behauptungen Beweis an, nämlich für das plötzliche Anhalten des Pferdes den Zeugen Z 1 und für die Rufe der Klägerin und die entsprechende Reaktion des Pferdes den Zeugen Z 2.

Relationstechnisch zu prüfen ist ein Anspruch aus § 833 S. 1 BGB dem Grunde nach. Auf Ausführungen zur Höhe des Schadensersatzanspruchs ist der Sachverhalt nicht zugeschnitten.

Ist das Klägervorbringen schlüssig? (Klägerstation)

Ist das Beklagtenvorbringen erheblich? (Beklagtenstation)

Ist eine Beweisaufnahme erforderlich, wenn ja, in welchem Umfang? (Beweisstation)

Die Relationstechnik dient bekanntlich dazu, einen praktischen Fall effizient zu bearbeiten. Insbesondere sollen notwendige Beweisaufnahmen als solche herausgearbeitet und überflüssige Beweisaufnahmen vermieden werden.

Nun also der Reihe nach zu den Stationen, hier weitgehend im Gutachtenstil, teilweise im Feststellungsstil:

1. Die Klägerstation

Das Klägervorbringen müsste dem Grunde nach schlüssig sein.

§ 833 S. 1 BGB setzt eine der genannten Rechtsgutverletzungen durch ein Tier voraus. Erforderlich ist ein tierspezifisches Verhalten, also eine Verursachung durch ein Tierverhalten außerhalb der menschlichen Kontrolle.

Die Körperverletzung ist nach dem Klägervortrag dadurch zustande gekommen, dass das Pferd – dessen Halter der Beklagte war – die Hinterbeine hochwarf. Das ist ein tierspezifisches Verhalten.

Ein Mitverursachungsbeitrag gemäß § 254 Abs. 1 BGB liegt nicht schon in der bloßen Teilnahme an einer Reitstunde. Ein gefahrerhöhendes Verhalten ist nach dem Klägervortrag nicht ersichtlich.

Also ist das Klägervorbringen dem Grunde nach schlüssig.

2. Die Beklagtenstation

Das Beklagtenvorbringen könnte gegenüber dem schlüssigen Klägervortrag erheblich sein.

Dazu müsste sich aus dem Tatsachenvorbringen des Beklagten eine andere rechtliche Wertung ergeben.

Fraglich ist, ob auch nach dem Beklagtenvortrag ein tierspezifisches Verhalten vorliegt. Nach der Behauptung des Beklagten warf das Pferd zwar nicht die Hinterbeine hoch, es blieb aber plötzlich stehen, wodurch die Klägerin zu Fall kam.

Auch dieses plötzliche Stehenbleiben ist ein Tierverhalten außerhalb der menschlichen Kontrolle, also ein tierspezifisches Verhalten.

Somit ergibt sich auch nach dem Beklagtenvortrag eine Haftung aus § 833 S. 1 BGB.

Allerdings könnte nach dem Beklagtenvortrag ein für § 254 Abs. 1 BGB relevanter Mitverursachungsbeitrag vorliegen. Die behaupteten lauten und hysterischen Rufe haben – so die Tatsachendarstellung des Beklagten – die Gefahr des Sturzes maßgeblich erhöht.

Danach wäre ein Mitverursachungsbeitrag gemäß § 254 Abs. 1 BGB anzunehmen.

Nach alledem ist das Vorbringen des Beklagten teilweise erheblich, nämlich bezogen auf seine Behauptung zu den Rufen der Klägerin. Bezogen auf das Verhalten des Pferdes unmittelbar vor dem Sturz der Klägerin ist das Vorbringen des Beklagten hingegen unerheblich.

3. Die Beweisstation

Aus der Schlüssigkeits- und Erheblichkeitsprüfung ergibt sich, dass mit Blick auf die Anspruchsgrundlage (§ 833 S. 1 BGB) kein Beweis zu erheben ist.

Die Tatsachen für § 254 Abs. 1 BGB hat nach allgemeinen Regeln der Anspruchsgegner zu beweisen, hier also der Beklagte.

Auf seinen Antrag hin wird deshalb (nach Anhörung der Klägerin) der Zeuge Z 2 zu vernehmen sein.

Der Zeuge Z 1 hingegen ist nur für eine unerhebliche Tatsachenbehauptung angeboten worden. Er wird nicht zu vernehmen sein.

Unser Beispiel zeigt vom Ergebnis her die Funktion der Relationstechnik in beide Richtungen auf.

Einer der angebotenen Zeugen ist zu vernehmen (Z 2).

Der andere angebotene Zeuge wird nicht vernommen (Z 1).

C. Zur Urteilsformel (Tenor)

Die Urteilsformel besteht bekanntlich regelmäßig aus der ***Hauptsacheentscheidung*** und aus den Nebenentscheidungen über die ***Kosten*** des Rechtsstreits und ***zur vorläufigen Vollstreckbarkeit***.

Der folgende Fall fordert den Bearbeiter in allen drei Bereichen, ist aber weitgehend mit Grundwissen in den Griff zu bekommen.

Der Beklagte hinterließ am 23.08.2018 als Kraftfahrzeughalter und Fahrer auf dem Grundstück der Klägerin eine großflächige Ölspur, die von einer Fachfirma (einer GmbH) auftragsgemäß beseitigt wurde.

Die Klägerin zahlte an die GmbH den Rechnungsbetrag von 1.537,80 € und forderte den Beklagten mit Schreiben vom 12.09.2018, zugegangen am 14.09.2018, vergeblich zur entsprechenden Zahlung auf.

Im Rechtsstreit hat die Klägerin der GmbH den Streit verkündet. Die GmbH ist daraufhin der Klägerin als Streithelferin beigetreten.

Die Klägerin beantragt,

> den Beklagten zu verurteilen, an sie 1.537,80 € nebst Zinsen in Höhe von vier Prozent für den Zeitraum vom 24.08.2018 bis zum 14.09.2018 und in Höhe von fünf Prozentpunkten über dem jeweiligen Basiszinssatz seit dem 15.09.2018 zu zahlen.

Wie lautet der korrekte Tenor, wenn sich die Klage hinsichtlich der Hauptforderung als vollständig begründet erweist (§ 7 Abs. 1 StVG wahlweise § 18 Abs. 1 S. 1 StVG oder auch § 823 BGB)?

Das ***Ergebnis zur Hauptforderung*** ist der Einfachheit halber ***vorgegeben***.

Wie sieht es mit der ***Zinsforderung*** aus?

Zinsen seit dem 24.08.2018 (wie beantragt) könnte es nur aus §§ 849, 246 BGB geben.

§ 849 BGB ist auch auf Gefährdungshaftungstatbestände wie § 7 Abs. 1 StVG anwendbar. Es geht hier aber nicht um Wertersatz oder Wertminderungsersatz, sondern um die Kosten der Schadensbeseitigung. Diese sind dem klaren Wortlaut nach von § 849 BGB nicht erfasst. Vertretbar ist eine analoge Anwendung der Norm. Nach deutlich herrschender und wohl auch richtiger Ansicht ist diese Regelungslücke aber nicht ungewollt.

Zinsen sind deshalb (nach der Mainstreamlösung) ***nur als Verzugsschaden gemäß §§ 280 Abs. 1, 2, 286 Abs. 1, 288 Abs. 1 BGB zuzusprechen***, in entsprechender Anwendung des ***§ 187 Abs. 1 BGB seit dem Tag nach dem Zugang der Mahnung*** (15.09.2018).

Daraus folgt welcher Hauptsachetenor?

Der Beklagte wird verurteilt, an die Klägerin 1.537,80 € nebst Zinsen in Höhe von fünf Prozentpunkten über dem jeweiligen Basiszinssatz seit dem 15.09.2018 zu zahlen.

Im Übrigen wird die Klage abgewiesen.

Es darf ***auf keinen Fall vergessen*** werden, ***die Klage im Übrigen abzuweisen***.

Ohne diese wenn auch geringfügige Klageabweisung wäre der Tenor nicht erschöpfend, es wäre nicht über den gesamten Streitgegenstand entschieden.

Die Klageabweisung „im Übrigen" bezieht sich hier auf Zinsen in Höhe von vier Prozent im Zeitraum vom 24.08.2018 bis zum 14.09.2018 (s.o.).

Kommen wir zum nächsten Schritt, dem ***Kostentenor*** ...

Die Besonderheit des Falles besteht in der ***Beteiligung der Streithelferin***.

Der Beklagte wird verurteilt, an die Klägerin 1.537,80 € nebst Zinsen in Höhe von fünf Prozentpunkten über dem jeweiligen Basiszinssatz seit dem 15.09.2018 zu zahlen.

Im Übrigen wird die Klage abgewiesen.

Die Kosten des Rechtsstreits einschließlich der Kosten der Streithelferin hat der Beklagte zu tragen.

Die nach denkbar geringfügiger Teilklageabweisung konsequente Kostenentscheidung beruht auf ***§§ 92 Abs. 2 Nr. 1, 101 Abs. 1 Hs. 1 ZPO***.

Auf Basis des Hauptsachetenors und des Kostentenors kann man sich nun schulmäßig an den ***Ausspruch zur vorläufigen Vollstreckbarkeit*** machen:

Wer kann hier was vollstrecken?

Für die Klägerin ist das Urteil auch in der Hauptsache vollstreckbar, für die Streithelferin nur wegen der Kosten, für den Beklagten gar nicht.

Wir haben also ***zwei Vollstreckungsverhältnisse*** (Klägerin gegen Beklagten und Streithelferin gegen Beklagten).

Der Reihe nach:

Für den Kläger ist strukturell § 708 Nr. 11 Var. 1 ZPO einschlägig, die dortige Grenze von 1.250 € ist aber überschritten.

Deshalb ist das Urteil ***für den Kläger gemäß § 709 S. 1, 2 ZPO gegen Sicherheitsleistung*** vorläufig vollstreckbar.

Für die Streithelferin ist strukturell § 708 Nr. 11 Var. 2 ZPO einschlägig. Die dortige Grenze von 1.500 € ist hier bei Weitem nicht erreicht, geschweige denn überschritten (Gebührenstreitwert in der Stufe „bis 2.000 €").

Deshalb ist das Urteil ***für die Streithelferin*** ohne Sicherheitsleistung vorläufig vollstreckbar.

Weil aber § 708 Nr. 11 ZPO zu § 711 S. 1, 2 ZPO führt und kein Fall des § 713 ZPO gegeben ist, ***muss*** insoweit ***nach §§ 708 Nr. 11 Var. 2, 711 S. 1, 2, 709 S. 2 ZPO tenoriert werden***.

Wir haben es also bei zwei Vollstreckungsverhältnissen mit der gängigen ***Kombination aus Sicherheitsleistung für die Klägerin und einem Ausspruch gemäß §§ 711 S. 1, 2, 709 S. 2 ZPO in dem anderen Vollstreckungsverhältnis*** zu tun.

Die Besonderheit ist nur, dass dieses zweite Vollstreckungsverhältnis aus der Perspektive des Beklagten gegenüber der Streithelferin zu betrachten ist.

Zum krönenden Abschluss der Übung hier die ***gesamte Urteilsformel***:

Der Beklagte wird verurteilt, an die Klägerin 1.537,80 € nebst Zinsen in Höhe von fünf Prozentpunkten über dem jeweiligen Basiszinssatz seit dem 15.09.2018 zu zahlen.

Im Übrigen wird die Klage abgewiesen.

Die Kosten des Rechtsstreits einschließlich der Kosten der Streithelferin hat der Beklagte zu tragen.

Das Urteil ist vorläufig vollstreckbar, für die Klägerin jedoch nur gegen Sicherheitsleistung in Höhe von 110 % des jeweils zu vollstreckenden Betrages. Der Beklagte darf die Vollstreckung der Streithelferin durch Sicherheitsleistung in Höhe von 110 % des für die Streithelferin aufgrund des Urteils vollstreckbaren Betrages abwenden, wenn nicht die Streithelferin vor ihrer Vollstreckung Sicherheit in Höhe von 110 % des für sie jeweils zu vollstreckenden Betrages leistet.

Wie gesagt: Die Besonderheit des Falles liegt in der Beteiligung einer Streithelferin. Das bringt aber bei sauberer Anwendung der allgemeinen Regeln keine großartigen Schwierigkeiten mit sich.

D. Zum Tatbestand

Wir gehen zur zusätzlichen Übung von einer ***negativen Feststellungsklage*** aus.

Der Kläger will damit der Forderung des Beklagten auf Zahlung (weiterer) 200 € entgegentreten.

1. Ausführungen des Klägers in der Klageschrift:

In einem schriftlichen Vergleich verpflichtete sich der Kläger, an den Beklagten 3.000 € zu zahlen. Als Ausdruck seines guten Willens hatte der Kläger aber bereits vor dem Vergleichsabschluss 200 € in bar angezahlt.

Die verbliebenen 2.800 € zahlte der Kläger durch Überweisung.

Der Beklagte verlangt weitere 200 €. Er meint offenbar rechtsirrig, dass ihm insgesamt 3.200 € zustünden.

2. Ausführungen des Beklagten in der Klageerwiderung:

Dem Beklagten steht die gesamte Vergleichssumme zu, sodass noch 200 € offen sind. Die vor Vergleichsabschluss gezahlten 200 € sind nicht auf die spätere Vergleichssumme anzurechnen.

Als sich der Abschluss des schriftlichen Vergleichs anbahnte und die Summe bereits mündlich ausgehandelt war, gab der Kläger in der Tat dem Beklagten 200 € mit den Worten „Ich gebe dir jetzt schon einmal das, was ich gerade in bar dabei habe, damit du meinen guten Willen siehst." Hierbei hat es sich offenbar um eine Zahlung gehandelt, die unabhängig von der danach festgelegten Vergleichssumme zu sehen ist. Wenn der Kläger den Betrag auf die spätere Vergleichssumme hätte angerechnet haben wollen, hätte er dies klar sagen müssen, spätestens vor Abschluss des Vergleichs über 3.000 €.

Im Vergleichstext findet sich dann auch kein Wort zu den angeblich „angezahlten" 200 €.

3. Ausführungen des Klägers im Folgeschriftsatz:

Es trifft zu, dass von den 200 € im Vergleichstext keine Rede ist.

Der Beklagte stellt aber selbst zutreffend dar, dass die Vergleichssumme bereits ausgehandelt war, als die 200 € in bar an den Beklagten übergeben wurden. Lediglich die schriftliche Fixierung des Vergleichs fand nach der Geldübergabe statt.

4. Ausführungen des Beklagten im Folgeschriftsatz:

Die jetzige Sichtweise des Klägers verwundert doch sehr. Wenn bei dem schriftlichen Abschluss des Vergleichs eine Anrechnung der kurz zuvor in bar übergebenen 200 € gewollt gewesen wäre, hätte naheliegenderweise die Vergleichssumme 2.800 € betragen. Es sind aber nun einmal 3.000 € vereinbart worden.

Welche Darstellung im Tatbestand bietet sich an?

Es geht hier um die Auslegung eines Vertrages anhand des Empfängerhorizonts (§§ 133, 157 BGB).

Offenbar kommen die Parteien zu unterschiedlichen Auslegungsergebnissen. Sie vertreten ***gegensätzliche Ansichten zur Rechtsfrage der Auslegung***.

Welcher ***Tatsachenvortrag*** ist ***im Tatbestand*** wie darzustellen?

Zwischen den Parteien bahnte sich ein Vergleichsabschluss an, wobei zunächst mündlich eine Zahlungsverpflichtung des Klägers in Höhe von 3.000 € ausgehandelt wurde.

Der Kläger übergab dem Beklagten 200 € mit den Worten „Ich gebe dir jetzt schon einmal das, was ich gerade in bar dabei habe, damit du meinen guten Willen siehst."

Anschließend wurde der schriftliche Vergleich über 3.000 € geschlossen. Im Vergleichstext steht nichts zu der vorherigen Zahlung.

Die tatsächlichen Geschehnisse sind unstreitig. Sie werden zweckmäßigerweise chronologisch und damit konsequent in der Zeitform der einfachen Vergangenheit dargestellt. Das geschieht im Sinne des ***§ 313 Abs. 2 S. 1 ZPO „knapp"***. Die Schilderung ist nüchtern, sachlich, ohne Brimborium. Es werden insbesondere keine Rechtsansichten „beigemengt".

Wenn im Tatbestand Rechtsansichten dargestellt werden, geschieht dies bekanntlich mit klarer Bezeichnung gesondert vor bzw. nach den Anträgen (*„Der Kläger meint, ...“* / *„Der Beklagte ist der Ansicht ...“*).

Zum ***„wesentlichen Inhalt“*** i.S.d. § 313 Abs. 2 S. 1 ZPO gehört ***hier*** die ***wörtliche Wiedergabe*** der Äußerung des Klägers im Zusammenhang mit der Zahlung in Höhe von 200 €.

Das ist erkennbar relevant für die im Zentrum des Rechtsstreits stehende Auslegung nach §§ 133, 157 BGB.

E. Zu den Entscheidungsgründen

I. Die Darstellung von Definitionen im Urteil

Elemente des Gutachtenstils schleichen sich vor allem dann ein, wenn es um Definitionen geht.

Auch diese können und sollen aber sauber in den Urteilsstil „eingebaut" werden, nämlich mit konkretem Fallbezug.

Der Ausgangspunkt für die folgende Übung ist das Merkmal „Erfüllungsgehilfe" (§ 278 S. 1 BGB).

Die gängige Definition für den Erfüllungsgehilfen i.S.d. § 278 S. 1 BGB lautet:

> ***Erfüllungsgehilfe ist, wer mit Wissen und Wollen des Geschäftsherrn in dessen Pflichtenkreis als seine Hilfsperson tätig wird.***

Wir lösen zwei Fallsituationen, die sich im Wesentlichen mit Blick auf das „Untermerkmal" Pflichtenkreis unterscheiden:

Frage 1: Ist der Fliesenleger Erfüllungsgehilfe i.S.d. § 278 S. 1 BGB im Verhältnis des Werkunternehmers zum Auftraggeber, wenn er bei den konkreten Arbeiten tätig wird?

Frage 2: Ist der Autohersteller Erfüllungsgehilfe i.S.d. § 278 S. 1 BGB im Verhältnis des Verkäufers zum Käufer?

Die Prüfung soll ***zunächst im Gutachtenstil*** stattfinden.

Daraus abgeleitet soll ***dann*** die Darstellung ***im Urteilsstil*** folgen:

 Zunächst die Darstellung im ***Gutachtenstil***:

Zu Frage 1:

Der Fliesenleger könnte Erfüllungsgehilfe i.S.d. § 278 S. 1 BGB im Verhältnis des Werkunternehmers zum Auftraggeber sein.

Erfüllungsgehilfe ist, wer mit Wissen und Wollen des Geschäftsherrn in dessen Pflichtenkreis als seine Hilfsperson tätig wird.

Der Fliesenleger ist mit Kenntnis des Werkunternehmers von ihm gewollt als dessen Hilfsperson tätig. Seine Tätigkeit diente der Herstellung des versprochenen Werks (vgl. § 631 BGB), betraf also auch unmittelbar den Pflichtenkreis des Werkunternehmers im Verhältnis zum Auftraggeber.

Somit ist der Fliesenleger Erfüllungsgehilfe i.S.d. § 278 S. 1 BGB im genannten Verhältnis.

Zu Frage 2:

Der Autohersteller könnte Erfüllungsgehilfe i.S.d. § 278 S. 1 BGB im Verhältnis des Verkäufers zum Käufer sein.

Erfüllungsgehilfe ist, wer mit Wissen und Wollen des Geschäftsherrn in dessen Pflichtenkreis als seine Hilfsperson tätig wird.

Der Verkäufer schuldet Übergabe und Übereignung der Sache (vgl. § 433 Abs. 1 BGB), nicht aber deren Herstellung. Deshalb war der Hersteller nicht im Pflichtenkreis des Verkäufers gegenüber dem Käufer tätig.

Somit ist der Autohersteller nicht Erfüllungsgehilfe i.S.d. § 278 S. 1 BGB im genannten Verhältnis.

Jetzt zur eigentlichen Aufgabe …

 Nun kommt die Darstellung im ***Urteilsstil***:

Zu Frage 1:

Der Fliesenleger ist Erfüllungsgehilfe i.S.d. § 278 S. 1 BGB im Verhältnis des Werkunternehmers zum Auftraggeber.

Er ist mit Wissen und Wollen des Geschäftsherrn in dessen Pflichtenkreis als seine Hilfsperson tätig.

Seine Tätigkeit betrifft insbesondere unmittelbar den Pflichtenkreis des Werkunternehmers. Die Tätigkeit des Fliesenlegers dient nämlich der Herstellung des versprochenen Werks (vgl. § 631 BGB).

Zu Frage 2:

Der Autohersteller ist nicht Erfüllungsgehilfe i.S.d. § 278 S. 1 BGB im Verhältnis des Verkäufers zum Käufer.

Er ist nämlich nicht im Pflichtenkreis des Verkäufers gegenüber dem Käufer tätig geworden.

Der Verkäufer schuldet nicht die Herstellung der Sache, sondern nur deren Übergabe und Übereignung (vgl. § 433 Abs. 1 BGB).

Der saubere Urteilsstil zeichnet sich durch den konkreten ***Fallbezug auch bei der Definition*** aus.

Häufig liest man dagegen in Urteilen Passagen dieser Art: *„Er wäre es nur, wenn er im Pflichtenkreis … tätig geworden wäre. Das ist nicht der Fall, weil …"*

Solche Darstellungen sind streng genommen Gutachtenstil im Mantel des Urteilsstils.

II. Das Zwar-aber-Phänomen

Begründungen mit „zwar … aber" kommen in der Praxis relativ oft vor.

Ein Beispiel:

Zwar-aber-Begründung:

§ 264 Nr. 3 ZPO fordert zwar, dass der Anlass für die Änderung des Antrags nach Rechtshängigkeit eingetreten sein muss („später"). Ausreichend ist aber anerkanntermaßen nach dem Sinn und Zweck auch, dass die Partei erst nach Rechtshängigkeit von dem objektiv vorherigen Anlass erfahren hat.

Das verstößt gegen den Urteilsstil und gegen die Urteilstechnik, weil es auf das „zwar" nicht ankommt. Die Entscheidung beruht nur auf dem „aber" (vgl. § 313 Abs. 3 ZPO).

Es hilft auch nicht viel weiter, die Warnwörter „zwar" und „aber" wegzulassen. Strukturell ändert sich dadurch nämlich nichts.

Was also tun, um „zwar ... aber" zu vermeiden?

Konsequent geht das nur, ***indem man das „zwar" schlicht weglässt***.

Für § 264 Nr. 3 ZPO genügt es nach dem Sinn und Zweck der Vorschrift anerkanntermaßen, dass die Partei erst nach Rechtshängigkeit von dem objektiv vorherigen Anlass erfahren hat.

Wer das „zwar" der Sache wegen erwähnen will, sollte ***zumindest das „aber" in den Vordergrund stellen***, also möglichst nicht mit dem „zwar" anfangen.

Für § 264 Nr. 3 ZPO genügt es anerkanntermaßen, dass die Partei erst nach Rechtshängigkeit von dem objektiv vorherigen Anlass erfahren hat, obwohl der Wortlaut der Vorschrift auf den Anlass selbst abstellt.

Auch das ist gemessen an § 313 Abs. 3 ZPO streng genommen nicht ganz sauber, liest sich aber wesentlich gefälliger als eine klassische Zwar-aber-Begründung.

Teil 7: Die häufigsten Fehler

In diesem Teil des Buchs greifen wir ***urteilsspezifische Denkfehler***, Formulierungsfehler und andere ***Darstellungsfehler*** auf, die erfahrungsgemäß insbesondere in Klausuren immer wieder auftauchen.

Allgemeine Sprachtipps wider den Juristenbarock und kritikwürdige Begriffe (wie etwa *„vorliegend“*) behandeln wir in unserem ***Basisbuch „Das Recht“*** (dort Teil 2 Abschnitt B. und Teil 6 / als ***Gratis-Download*** unter www.fall-fallag.de).

A. Die Fehler im Urteilskopf (Rubrum)

Es gibt gerade im ***Rubrum*** eine Reihe typischer Fehler, die meist Kleinigkeiten betreffen.

Die Formalia sollte man nicht überbewerten.

Andererseits ist dieser Teil des Urteils immerhin der erste, insoweit prägende Eindruck von der Klausur.

I. Prozessbevollmächtigte vergessen

Oft wird der ***Prozessbevollmächtigte auf der Beklagtenseite vergessen***. Das passiert dadurch, dass das Rubrum unreflektiert aus der Klageschrift übernommen wird.

In der Klageschrift ist meist (noch) kein Prozessbevollmächtigter auf Beklagtenseite angegeben, weil sich dieser typischerweise erst nach Zustellung der Klageschrift an den Beklagten bestellt.

In diesem Zusammenhang ist ein ***inhaltlicher Hinweis*** angebracht: Wenn in der Klageschrift sozusagen vorab ein Prozessbevollmächtigter auch auf Beklagtenseite angegeben wird, ist gemäß ***§ 172 Abs. 1 ZPO*** von vornherein an diesen zuzustellen (inzwischen gefestigte Rechtsprechung).

II. Abk. vermeiden

Abkürzungen wie „RA“ (für Rechtsanwalt), „RiLG“ (für Richter am Landgericht) und dergleichen sind im gesamten Urteil zu ***vermeiden***. Das gilt auch für das Rubrum.

III. Spruchkörper benennen

Entscheidet ein ***Spruchkörper***, muss dieser genau benannt werden. Beim Landgericht heißt der Spruchkörper ***Zivilkammer*** (im Gegensatz insbesondere zu den Strafkammern / nicht wie häufig zu lesen nur „Kammer"). Die jeweilige Zivilkammer wird mit arabischen Ziffern bezeichnet:

> hat das Landgericht Krefeld – 8. Zivilkammer –
>
> *oder*
>
> hat die 8. Zivilkammer des Landgerichts Krefeld

IV. Dienstbezeichnungen

Die ***Dienstbezeichnung*** der Richter muss stimmen. Sie ergibt sich aus dem Protokoll der mündlichen Verhandlung.

Wenn beim Landgericht nur ein Richter entscheidet, tut er das immer ***als Einzelrichter***. Das gehört aber nicht zur Dienstbezeichnung, sondern ist nachrangig anzugeben:

> durch die Vorsitzende Richterin am Landgericht Dr. Schröder als Einzelrichterin

V. Tag der mündlichen Verhandlung

Gerade von Anfängern wird in Klausuren recht häufig versehentlich der Verkündungstermin als ***Tag der mündlichen Verhandlung*** angegeben. Das passiert wahrscheinlich, weil der Verkündungstermin üblicherweise exponiert am Ende des Protokolls steht.

Diesen Flüchtigkeitsfehler kann man mit Grundverständnis und Aufmerksamkeit leicht vermeiden.

VI. Negativbeispiel / Positivbeispiel

Zur Übung noch einmal ein ***Negativbeispiel***. Finde die Fehler:

Negativbeispiel

In dem Rechtsstreit

... [Bezeichnung der Parteien und der Prozessbevollmächtigten]

hat die 5. Kammer des LG Hannover
durch den Einzelrichter am LG Hannover Schlicht
nach mündlicher Verhandlung vom 18.10.2018
entschieden:

Es muss ***Zivilkammer*** heißen.

Abkürzungen sollten vermieden werden (hier „LG“ für Landgericht).

Weder „Einzelrichter“ noch der Gerichtsort („Hannover“) gehört zur ***Dienstbezeichnung***. Nach der Dienstbezeichnung und dem Namen ist „als Einzelrichter“ hinzuzufügen.

Es wird nicht „nach mündlicher Verhandlung“ entschieden. Das Stichwort lautet vielmehr ***„auf“*** („auf die mündliche Verhandlung“ oder „aufgrund der mündlichen Verhandlung“). Zumindest an dieser exponierten Stelle ist es zudem ratsam, den Monat im Datum als solchen zu benennen (hier „Oktober“). Es soll Menschen geben, die auf so etwas Wert legen.

Der Übergang zum Tenor mag für Anfänger gewöhnungsbedürftig sein, lautet aber korrekt „für R e c h t erkannt:“.

Das Ganze als ***Positivbeispiel*** so:

Positivbeispiel

In dem Rechtsstreit

... [Bezeichnung der Parteien und der Prozessbevollmächtigten]

hat die 5. Zivilkammer des Landgerichts Hannover
durch den Richter am Landgericht Schlicht als Einzelrichter
aufgrund der mündlichen Verhandlung vom 18. Oktober 2018
für R e c h t erkannt:

B. Die Fehler in der Urteilsformel (Tenor)

I. Die Hauptsacheentscheidung

1. „Der Klage wird stattgegeben."

Wenn eine Klage Erfolg hat, wird mitunter in gedanklicher Umkehrung des Tenors *„Die Klage wird abgewiesen."* geschrieben:

> Der Klage wird stattgegeben.
>
> oder
>
> Die Klage ist begründet.

Das ist ein sehr schwerer Fehler, weil der Hauptsachetenor so ***keinen konkreten Inhalt*** hat. Leistungsurteile sind dann ***nicht vollstreckungsfähig***.

2. „Im Übrigen wird die Klage abgewiesen." vergessen

In Klausuren wird oft ***vergessen, die Klage im Übrigen abzuweisen***. Das passiert gerne, wenn die Klage überwiegend Erfolg hat, weil zum Beispiel nur der Zinsbeginn später liegt als beantragt. Aber auch bei Erfolg (nur) eines Hilfsantrags oder bei nicht beantragter Zug-um-Zug-Verurteilung besteht ein erhöhtes Risiko für diesen Fehler. Auch dies ist keine Bagatelle, weil nicht über den gesamten Streitgegenstand entschieden wird, wenn der Ausspruch „Im Übrigen wird die Klage abgewiesen." fehlt.

Bei mehreren Anträgen wird die Klage gerne an der falschen Stelle „im Übrigen" abgewiesen. Gehen wir von einem Zahlungs- und einem Feststellungsantrag aus. Die Klage wird wegen einer geringfügigen Mehrzinsforderung im Zahlungsantrag abgewiesen und hat ansonsten Erfolg. Dann darf man nicht wie folgt tenorieren:

> Der Beklagte wird verurteilt, an den Kläger ... nebst Zinsen in Höhe von fünf Prozentpunkten seit dem ... zu zahlen. Im Übrigen wird die Klage abgewiesen.
>
> Es wird festgestellt, dass der Beklagte verpflichtet ist, dem Kläger alle

> künftigen Schäden aus dem Unfallereignis vom ... zu ersetzen, soweit die Ansprüche nicht ...

Der erfolgreiche Feststellungsantrag ist Bestandteil der Klage. Deshalb muss das ***„Im Übrigen ..." ganz am Ende*** stehen, auch wenn es sich in der Sache nur auf den ersten Antrag bezieht:

> Der Beklagte wird verurteilt, an den Kläger ... nebst Zinsen in Höhe von fünf Prozentpunkten seit dem ... zu zahlen.
>
> Es wird festgestellt, dass der Beklagte verpflichtet ist, dem Kläger alle künftigen Schäden aus dem Unfallereignis vom ... zu ersetzen, soweit die Ansprüche nicht ...
>
> Im Übrigen wird die Klage abgewiesen.

3. Zinsbeginn

Sehr oft werden in Klausuren ***Zinsen*** seit Rechtshängigkeit abstrakt, also ohne ***konkretes Datum*** zugesprochen:

> Der Beklagte wird verurteilt, an die Klägerin 5.764,83 € nebst Zinsen in Höhe von fünf Prozentpunkten über dem jeweiligen Basiszinssatz seit Rechtshängigkeit zu zahlen.

Der Tenor ist dann wegen der Zinsen nicht vollstreckungsfähig.

Anders als im Klageantrag muss im Tenor ein konkretes Datum angegeben werden, wobei § 187 Abs. 1 BGB entsprechend angewandt wird. Bei Zustellung der Klage am 25.10.2018 bedeutet das:

> Der Beklagte wird verurteilt, an die Klägerin 5.764,83 € nebst Zinsen in Höhe von fünf Prozentpunkten über dem jeweiligen Basiszinssatz seit dem 26.10.2018 zu zahlen.

4. Passivformulierungen

Gelegentlich verwenden Referendarinnen und Referendare im Tenor ***Passivformulierungen***, wie sie allenfalls in den Entscheidungsgründen angebracht sind:

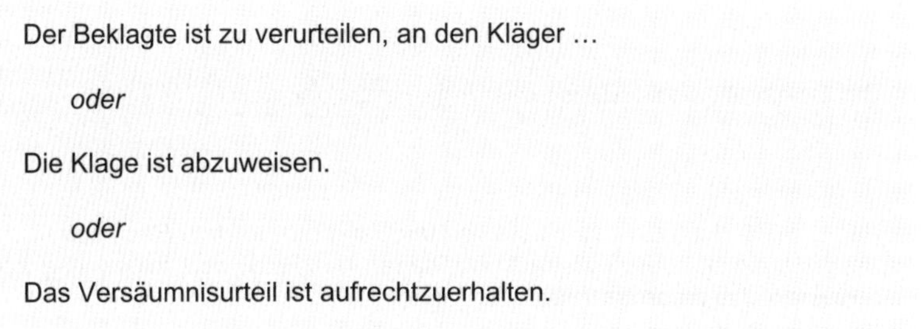

Der Beklagte ist zu verurteilen, an den Kläger …

oder

Die Klage ist abzuweisen.

oder

Das Versäumnisurteil ist aufrechtzuerhalten.

Im ***Tenor*** wird ***immer aktiv*** formuliert.

Man gibt mit dem Urteil keine Handlungsanweisungen (anders als der Gesetzgeber, vgl. beispielsweise § 343 S. 1 ZPO), sondern man handelt.

Richtig wäre also:

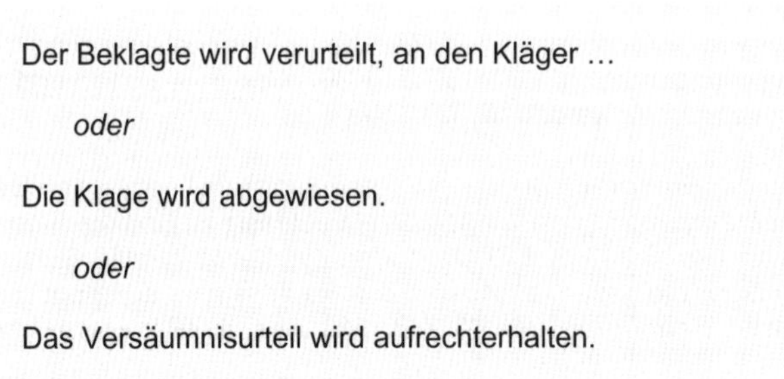

Der Beklagte wird verurteilt, an den Kläger …

oder

Die Klage wird abgewiesen.

oder

Das Versäumnisurteil wird aufrechterhalten.

II. Die Kostenentscheidung

1. Die Kosten des Rechtsstreits

Oft ist ***falsch*** von den ***„Kosten des Verfahrens“*** die Rede.

Der Beklagte hat die Kosten des Verfahrens zu tragen.

Immer dann, wenn der Text des Rubrums zutreffend mit *„In dem Rechtsstreit ...“* beginnt (das ist auch bei den Vollstreckungsklagen der Fall), wird folgerichtig ***korrekt*** über die ***Kosten des Rechtsstreits*** entschieden.

Der Beklagte hat die Kosten des Rechtsstreits zu tragen.

2. Die einheitliche Kostenentscheidung und ihre Ausnahmen

Der ***Grundsatz der einheitlichen Kostenentscheidung*** wird nicht immer beachtet. Es darf insbesondere ***auf keinen Fall*** zwischen den „Kosten der Klage“ und den ***„Kosten der Widerklage“*** differenziert werden (siehe näher Teil 5 A. II. 2.).

Wichtige ***Ausnahmen*** vom Grundsatz der einheitlichen Kostenentscheidung sind in ihrem jeweiligen Anwendungsbereich § 344 ZPO, § 281 Abs. 3 S. 2 ZPO und gegebenenfalls § 238 Abs. 4 ZPO. Sie werden oft nicht beachtet.

Wenn ***beispielsweise*** der ***Einspruch*** gegen ein Versäumnisurteil gegen den Beklagten erst über ***Wiedereinsetzung*** in den vorigen Stand zulässig ist und die Klage sich als unbegründet erweist (vgl. § 343 S. 2 ZPO), dürfen nicht etwa gemäß § 91 Abs. 1 S. 1 Hs. 1 ZPO dem Kläger die gesamten Kosten des Rechtsstreits auferlegt werden. Es muss vielmehr ***unter Beachtung der §§ 344, 238 Abs. 4 ZPO korrekt*** heißen (siehe näher Teil 5 D. I.):

Die Kosten des Rechtsstreits hat der Kläger zu tragen, mit Ausnahme der durch die Säumnis und die Wiedereinsetzung in den vorigen Stand veranlassten Kosten, die dem Beklagten auferlegt werden.

oder (inhaltlich gleichwertig)

> Der Beklagte hat die durch die Säumnis und die Wiedereinsetzung in den vorigen Stand veranlassten Kosten zu tragen. Die übrigen Kosten des Rechtsstreits werden dem Kläger auferlegt.

III. Die Entscheidung zur vorläufigen Vollstreckbarkeit

1. „in gleicher Höhe“ und „zuvor“

Besonders fehleranfällig ist erfahrungsgemäß der Ausspruch einer ***Abwendungsbefugnis*** des Schuldners in Kombination mit der darauf basierenden Vollstreckungsmöglichkeit des Gläubigers gegen Sicherheitsleistung.

Beim Ausspruch nach ***§§ 708 Nr. 11, 711 S. 1, 2, 709 S. 2 ZPO*** halten sich leider auch in der Praxis ***typischerweise zwei Fehler*** hartnäckig, die hier in Kombination zitiert und kursiv dargestellt werden:

> Das Urteil ist vorläufig vollstreckbar. Der Kläger darf die Vollstreckung durch Sicherheitsleistung in Höhe von 110 % des aufgrund des Urteils vollstreckbaren Betrages abwenden, wenn nicht der Beklagte *zuvor* Sicherheit *in gleicher Höhe* leistet.

Es geht dabei nicht etwa nur um Formulierungsfragen, sondern um ***sinn- und gesetzeswidrige Elemente*** des Tenors.

Wir verweisen zum Hintergrundverständnis auf Teil 4 B. III. 2. b., insbesondere auf das dortige Modell der drei Schritte (Seite 83).

Korrekt muss der Ausspruch lauten (Hervorhebungen und Streichungen hier nur zur besonderen Verdeutlichung):

> Das Urteil ist vorläufig vollstreckbar. Der Kläger darf die Vollstreckung durch Sicherheitsleistung in Höhe von 110 % des aufgrund des Urteils vollstreckbaren Betrages abwenden, wenn nicht der Beklagte ~~*zuvor*~~ vor der Vollstreckung Sicherheit ~~*in gleicher Höhe*~~ in Höhe von 110 % des jeweils zu vollstreckenden Betrages leistet.

2. § 709 S. 2 ZPO nur für Geldforderungen

Immer wieder wird übersehen, dass ***§ 709 S. 2 ZPO*** ausschließlich für ***Geldforderungen*** gilt.

Wenn der Beklagte in der Hauptsache beispielsweise zur Herausgabe verurteilt wird, muss sich die Anwendung des § 709 S. 2 ZPO auf die Kostenvollstreckung beschränken, während wegen der Vollstreckung in der Hauptsache die Sicherheitsleistung beziffert werden muss:

> Der Beklagte wird verurteilt, die Motoryacht Sunseeker Thunderhawk 43, Baujahr 1989, Länge 13,41 m, 2 Motoren, 272 PS, Hersteller-Identifikationsnummer TH43SR45486 an die Klägerin herauszugeben.
>
> Die Kosten des Rechtsstreits hat der Beklagte zu tragen.
>
> Das Urteil ist gegen Sicherheitsleistung vorläufig vollstreckbar. Die Sicherheit beträgt wegen der Herausgabeverurteilung 70.000 €, im Übrigen 110 % des jeweils zu vollstreckenden Betrages.

3. § 709 S. 3 ZPO beachten

Wenn ein ***Versäumnisurteil*** ganz oder teilweise aufrechterhalten wird und nach allgemeinen Regeln eine Sicherheitsleistung auszusprechen ist, wird immer wieder ***§ 709 S. 3 ZPO übersehen***.

Der Ausspruch betrifft auch das aufrechterhaltene Versäumnisurteil, aus dem bislang ohne Sicherheitsleistung vollstreckt werden konnte (vgl. Teil 5 D. I.). Es muss deshalb in der besagten Konstellation ***vollständig*** heißen:

> Das Urteil ist gegen Sicherheitsleitung in Höhe von 110 % des jeweils zu vollstreckenden Betrages vorläufig vollstreckbar. Die Vollstreckung aus dem Versäumnisurteil darf nur gegen Leistung der Sicherheit fortgesetzt werden.

C. Die Fehler im Tatbestand

I. Unangebrachte Einleitungssätze

Ab und zu werden in Klausuren ***Einleitungssätze*** verwendet, die ***keinen neuen Informationsgehalt*** bieten:

> Die Klägerin ist eine Bank, die Beklagte betreibt ein Autohaus.

Diese Informationen ergeben sich typischerweise ***schon*** aus dem ***Rubrum***.

> Der Kläger verlangt Zahlung Zug um Zug gegen Herausgabe eines Pkw.

Das Klagebegehren steht ***bei Erfolg der Klage schon*** im ***Hauptsachetenor*** (deutlich präziser als im Einleitungssatz).

Bei Klageabweisung mag ein solcher Satz sinnvoll sein (vgl. Teil 4 C. IV. 1.).

II. Zeitformfehler

Ein guter Tatbestand zeichnet sich nicht zuletzt durch richtige Aussageweisen und Zeitformen aus (vgl. eingehend Teil 4 C. III. und IV.).

Ungereimtheiten ergeben sich gerne ***bei zeitlichen Rückgriffen***, die deshalb in den meisten Fällen besser vermieden werden sollten. Das kann in aller Regel verständlich durch konsequent chronologische Darstellung gelingen. Auf diese Weise kommt es nicht zu dem ***fehleranfälligen Wechsel der Zeitformen*** (einfache Vergangenheit und Vorvergangenheit, vgl. Teil 4 C. IV. 2).

Bestimmte Teile der ***Prozessgeschichte*** sind im Tatbestand darzustellen. Die richtige Zeitform dafür ist die ***vollendete Gegenwart*** (Perfekt / vgl. Teil 4 C. IV. 6.).

Besonders bei vorgezogener Prozessgeschichte wird das oft nicht beachtet und im ***„Trott" der einfachen Vergangenheit*** weitergeschrieben:

Die Kammer erließ am ... im schriftlichen Vorverfahren ein Versäumnisurteil, in dem der Beklagte verurteilt wurde, an die Klägerin 7.500 € zu zahlen.

Das Versäumnisurteil wurde dem Beklagten am ..., dem Prozessbevollmächtigten der Klägerin am ... zugestellt.

Mit Schriftsatz vom ... bei dem Landgericht Bremen eingegangen am ... legte der Prozessbevollmächtigte des Beklagten Einspruch gegen das Versäumnisurteil ein.

Der Kläger beantragt nunmehr,

> das Versäumnisurteil vom ... aufrechtzuerhalten.

Der Beklagte beantragt,

> das Versäumnisurteil vom ... aufzuheben und die Klage abzuweisen.

Und nun die vorgezogene Prozessgeschichte (bis zu den aktuellen Anträgen) ***korrekt im Perfekt*** dargestellt:

Die Kammer hat am ... im schriftlichen Vorverfahren ein Versäumnisurteil erlassen, in dem der Beklagte verurteilt worden ist, an die Klägerin 7.500 € zu zahlen.

Das Versäumnisurteil ist dem Beklagten am ..., dem Prozessbevollmächtigten der Klägerin am ... zugestellt worden.

Mit Schriftsatz vom ... bei dem Landgericht Bremen eingegangen am ... hat der Prozessbevollmächtigte des Beklagten Einspruch gegen das Versäumnisurteil eingelegt.

Der Kläger beantragt nunmehr,

> das Versäumnisurteil vom ... aufrechtzuerhalten.

Der Beklagte beantragt,

> das Versäumnisurteil vom ... aufzuheben und die Klage abzuweisen.

III. „Nichtereignisse“

Es kommt immer wieder vor, dass in Klausurtatbeständen auch ***Informationen*** mitgeteilt werden, die ***ersichtlich keine Rolle*** spielen. ***Vorsicht*** ist vor allem bei der ***Schilderung negativer Tatsachen*** geboten. Sie können und sollten im Licht des § 313 Abs. 2 S. 1 ZPO („dem wesentlichen Inhalt nach knapp“) meist ersatzlos weggelassen werden:

Der Beklagte zahlte auf die Mahnung des Klägers nicht.

Wenn er gezahlt hätte, gäbe es vermutlich diesen Rechtsstreit nicht. Die „Nichtzahlung“ ist keine Schlüssigkeitsvoraussetzung. Nur eine etwaige Zahlung wäre gemäß § 362 Abs. 1 BGB zu beachten. Dann aber hätten wir es mit einer positiven Tatsache zu tun.

„Nichtereignisse“ wie auch andere ***überflüssige Informationen*** werden ***meist aus Anwaltsschriftsätzen*** in den Tatbestand übernommen.

Der Rechtsanwalt des Klägers mag seinem Mandanten gefallen, wenn er betont, dass der Beklagte („das Schwein!“) trotz Mahnung nicht zahlte. Es liegt in der Natur der Sache, dass sich Rechtsanwälte weniger oder auch gar nicht an dem ***für Urteile*** geltenden ***Knappheitsgebot*** orientieren.

Aus der Perspektive des Gerichts zählt aber allein die vielzitierte Vorgabe des ***§ 313 Abs. 2 S. 1 ZPO*** (s.o.).

IV. Rechtstatsachen in problematischen Bereichen

Rechtstatsachen dürfen und sollen der Einfachheit halber im Urteilstatbestand vorkommen.

Voraussetzung ist aber, dass der zusammenfassende ***rechtliche Begriff unproblematisch*** ist und deshalb den dahinterstehenden Sachverhalt ersetzen kann (siehe näher Teil 3, A. II. 3.).

Steckt hinter dem Begriff im Einzelfall ein ***Problem***, darf man sich an dieser Stelle ***nicht schon im Tatbestand festlegen***. Der betreffende Rechtsbegriff muss dann als solcher in den Entscheidungsgründen problematisiert werden.

Wer sich bereits im Tatbestand juristisch zu weit aus dem Fenster lehnt, erzeugt einen Widerspruch zu den Entscheidungsgründen, selbst wenn der verwendete Rechtsbegriff im Ergebnis stimmen sollte.

Ist beispielsweise eine ***Zustellung problematisch***, darf ***nicht*** geschrieben werden:

> Das Versäumnisurteil ist dem Beklagten am 13.08.2018 zugestellt worden.

Es muss dann beispielsweise ***korrekt*** heißen:

> Der Beklagte ist in seiner Wohnung am 13.08.2018 nicht angetroffen worden. Das Versäumnisurteil ist daraufhin der 17-jährigen Tochter des Beklagten zum Zwecke der Zustellung übergeben worden.

Ob dieser Vorgang eine (wirksame) Zustellung gemäß § 178 Abs. 1 Nr. 1 ZPO gewesen ist, muss geprüft werden. Es ist jedenfalls nicht der unproblematische Normalfall einer Zustellung.

In den Entscheidungsgründen ist das vom Ergebnis her darzustellen (Urteilsstil):

> Das Versäumnisurteil ist am 13.08.2018 wirksam gemäß § 178 Abs. 1 Nr. 1 zugestellt worden. Die 17-jährige Tochter ist ein erwachsener Familienangehöriger des Beklagten. „Erwachsen" bedeutet nicht notwendigerweise volljährig. Eine 17-jährige Minderjährige wird regelmäßig die geistige Reife haben, den Zweck der Zustellung zu erkennen und die Sendung dem Adressaten auszuhändigen.

Wir kommen zu einem weiteren häufigen Beispiel für eine unzulässige Darstellung als Rechtstatsache, diesmal mit Bezug zum materiellen Recht. Wenn über den ***Fortbestand eines Mietvertragsverhältnisses*** gestritten wird, darf es ***nicht*** heißen:

> Der Beklagte kündigte das Mietverhältnis zum 31.12.2018.

Richtig ist vielmehr:

> Der Beklagte erklärte die Kündigung des Mietverhältnisses zum 31.12.2018.

V. Rechtsansichten wie Tatsachen dargestellt

Bis in das Examen hinein werden ***Rechtsansichten*** mit der Formulierung „behauptet" wie Tatsachen dargestellt. Hier ein besonders deutliches, so eher anfängertypisches Beispiel:

> Der Kläger behauptet, ihm stehe ein Schmerzensgeldanspruch in Höhe von mindestens 9.000 € zu.

Das mag auch daran liegen, dass Rechtansichten in Anwaltsschriftsätzen gerne „bestritten" werden, was so natürlich auch unsinnig ist.

Im Tatbestand sollen wenn überhaupt ***nur zurückhaltend Rechtsansichten*** mitgeteilt werden.

Es sollte immer eine bewusste Entscheidung sein, eine Rechtsansicht in den Tatbestand aufzunehmen (u.a. dazu Teil 4 C. IV. 3.).

So kann es beispielsweise bei einem unbezifferten Zahlungsantrag angebracht sein, die Vorstellungen des Klägers zur Größenordnung zu erwähnen (vgl. Teil 4 D. III. 2. c. bb.).

Dann muss es korrekt heißen:

> Der Kläger meint, ihm stehe ein Schmerzensgeldanspruch in Höhe von mindestens 9.000 € zu.
>
> *oder*
>
> Der Kläger ist der Ansicht, …

VI. Unzureichende Trennung von streitigen und unstreitigen Tatsachen

Im Tatbestand drückt sich oft aus, dass die Arbeit am Sachverhalt zu wünschen übrig lässt (zur Arbeit am Sachverhalt eingehend Teil 3, dort insbesondere zum Thema „streitig / unstreitig" Teil 3 B.).

Fehler in diesem Bereich werden meist in eine bestimmte Richtung gemacht (nur selten umgekehrt):

Es wird nicht erkannt, dass eine ***Tatsache unstreitig*** ist. Unstreitige Tatsachen werden gerne ***als streitig dargestellt***.

Wenn in Klausuren das Wort ***„behauptet"*** geschrieben wird, ist erfahrungsgemäß die ***Gefahr der Falschdarstellung*** groß.

Noch einmal unser Tipp:

Prüfe bei „behauptet" immer gedanklich,

ob es sich an dem jeweiligen Punkt wirklich um eine ***Tatsache*** handelt (nicht nur um eine Rechtsansicht, siehe dazu soeben V.)

und ob diese Tatsache wirklich ***streitig*** ist.

VII. Einfaches Bestreiten dargestellt

Noch einmal, weil es so wichtig ist und immer wieder falsch gemacht wird:

Nur bei qualifiziertem Bestreiten taucht eine ***Gegenversion*** im Tatbestand auf:

> Der Kläger behauptet, die Hecke sei 1,80 m hoch.
>
> Er beantragt,
>
> den Beklagten zu verurteilen, die Hecke an der Grundstücksgrenze ... [nähere Beschreibung] in der gesamten Länge auf eine Höhe von 1,50 m zurückzuschneiden.
>
> Der Beklagte beantragt,
>
> die Klage abzuweisen.
>
> Er behauptet, die Hecke sei nur 1,40 m hoch.

Einfaches Bestreiten zeigt sich dagegen schlicht daran, dass es auf der Seite der beweisbelasteten Partei (meist ist dies die Klägerseite) als Behauptung auftaucht. Einfaches Bestreiten wird also ***nie als solches dargestellt***.

Wird in unserem Beispiel vom Beklagten keine konkrete Heckenhöhe genannt (kein qualifiziertes Bestreiten), steht dazu nach dem Klageabweisungsantrag gar nichts. Es gibt dann – jedenfalls zu diesem Punkt – ***keinen streitigen Beklagtenvortrag*** im Tatbestand.

Insbesondere also ***nicht*** so:

> Der Beklagte bestreitet, dass die Hecke 1,80 m hoch sei.
>
> *oder*
>
> Der Beklagte behauptet, die Hecke sei nicht 1,80 m hoch.

Überhaupt sollte man aus unserer Sicht das Wort ***„bestreitet"*** in Urteilstatbeständen ***konsequent vermeiden***. Das funktioniert ausnahmslos, wenn man die Fälle des § 138 Abs. 4 ZPO dem Gesetzeswortlaut entsprechend als „Erklärung mit Nichtwissen" bezeichnet (vgl. zum Ganzen Teil 4 C. IV. 5.).

VIII. Hilfsanträge „ausgelagert“

Ein ***Hilfsantrag gehört zur Klage***.

Deshalb sind Darstellungen wie die folgende ***schief***:

> Der Kläger beantragt,
>
> die Beklagte zu verurteilen, an ihn … herauszugeben.
>
> Die Beklagte beantragt,
>
> die Klage abzuweisen.
>
> Hilfsweise beantragt der Kläger,
>
> die Beklagte zu verurteilen, an ihn … zu zahlen.
>
> Die Beklagte beantragt,
>
> den Hilfsantrag abzuweisen.

Korrekt sieht es dagegen so aus:

> Der Kläger beantragt,
>
> die Beklagte zu verurteilen, an ihn … herauszugeben
>
> hilfsweise,
>
> die Beklagte zu verurteilen, an ihn … zu zahlen.
>
> Die Beklagte beantragt,
>
> die Klage abzuweisen.

Es heißt also auch nicht etwa „die Klage einschließlich des Hilfsantrags abzuweisen“ (so oder ähnlich mitunter in Klausuren zu lesen / vgl. zu Haupt- und Hilfsantrag Teil 5 F.).

IX. Aufrechnung als Antrag

Wenn der Beklagte die ***Aufrechnung*** erklärt (meist hilfsweise), ist dies ein ***Verteidigungsmittel, kein Antrag*** (siehe eingehend schon Teil 5 E.).

Es darf ***also*** beispielsweise ***keinesfalls*** heißen:

> Der Kläger beantragt,
>
> die Beklagte zu verurteilen, an ihn … zu zahlen.
>
> Die Beklagte beantragt,
>
> die Klage abzuweisen und hilfsweise aufzurechnen.

Die Aufrechnungserklärung (hier im Prozess) wird im Anschluss an den Klageabweisungsantrag dargestellt.

Korrekt etwa so:

> Der Kläger beantragt,
>
> die Beklagte zu verurteilen, an ihn … zu zahlen.
>
> Die Beklagte beantragt,
>
> die Klage abzuweisen.
>
> Hilfsweise hat sie die Aufrechnung mit einer von ihr angenommenen Gegenforderung in Höhe von … erklärt. Diese Forderung soll sich nach Ansicht der Beklagten daraus ergeben, dass …

X. Salvatorische Klausel

In der Praxis enthalten immer noch viele Urteile ***am Ende des Tatbestands*** eine sogenannte salvatorische Klausel.

Solche oder ähnliche Formulierungen gehören gewissermaßen zur Gerichtsfolklore:

> Wegen des weiteren Sach- und Streitstands wird auf die wechselseitigen Schriftsätze Bezug genommen.

Jedenfalls ***in Klausuren*** sollte man ***die Finger von solchen Beschwörungsformeln lassen***.

Konkrete Verweisungen i.S.d. § 313 Abs. 2 S. 2 ZPO sind derartige Formulierungen eindeutig nicht.

Was aber könnte damit „gerettet“ werden? Nichts!

Der Tatbestand soll doch das Parteivorbringen gerade nicht in jeder Hinsicht vollständig wiedergeben, sondern gemäß ***§ 313 Abs. 2 S. 1 ZPO*** nur *„dem wesentlichen Inhalt nach knapp“*. Dieses auch von uns fast schon gebetsmühlenartig wiederholte ***Knappheitsgebot*** will ernst genommen werden.

Der Tatbestand hat dementsprechend grundsätzlich ***keine negative Beweiskraft*** (vgl. Teil 4 C. I.).

Das Berufungsgericht hat also gegebenenfalls ohnehin über die positiven Feststellungen des Tatbestands hinaus den gesamten Akteninhalt zu beachten (wenn es denn relevante „Lücken“ im Urteilstatbestand sieht).

Deshalb sind ***salvatorische Klauseln*** nicht nur überflüssig, sondern deuten auf ein ***falsches Systemverständnis*** hin.

Diese ***Floskeln*** sind ***objektiv unangebracht***.

Natürlich sollte man auch bei der Bewertung dieses Fehlers die Kirche im Dorf lassen. Vor allem im Bereich der Tenorierung gibt es ungleich Wichtigeres.

Allerdings stellt man immer wieder ein deutliches Unverständnis gegenüber dieser anscheinend „unausrottbaren“ Praxis fest. Schon vor über 30 Jahren hat beispielsweise das OLG Oldenburg neben der Überflüssigkeit die *„ganze Hohlheit dieses Rituals“* angeprangert.

D. Die Fehler in den Entscheidungsgründen

I. Bestandteile des Tenors nicht angesprochen

Was im Tenor steht, muss ***in den Entscheidungsgründen*** zumindest kurz mit einschlägigen Vorschriften ***erwähnt*** werden.

Vor allem die Begründungen der ***Zinsforderung*** und der ***Nebenentscheidungen werden gerne „vergessen"***. Vollständig kann das Ende der Entscheidungsgründe etwa so aussehen:

> Die Zinsforderung folgt aus §§ 280 Abs. 1, 2, 286 Abs. 1 S. 1, 288 Abs. 1 BGB.
>
> Die Kostenentscheidung beruht auf § 91 Abs. 1 S. 1 Hs. 1 ZPO.
>
> Die Entscheidung zur vorläufigen Vollstreckbarkeit ergibt sich aus § 709 S. 1, 2 ZPO.

II. Vorschriften nicht genannt

Es fällt immer wieder auf, dass in Klausuren ohne Not darauf „verzichtet" wird, einschlägige ***Vorschriften*** zu ***nennen***.

Kernaufgabe der Juristen ist es selbstverständlich, ***möglichst nah am Gesetz*** zu arbeiten. Die Entscheidungsgründe sollen das erkennen lassen.

Die unterlegene Partei wird die für sie ungünstige Entscheidung eher akzeptieren können, wenn die einschlägigen ***Vorschriften möglichst genau genannt*** werden.

Also bei einem ***Feststellungsantrag nicht*** so:

> Das Feststellungsinteresse des Klägers ist gegeben, weil die Möglichkeit künftiger Schäden besteht.

Sondern so:

> Das nach § 256 Abs. 1 ZPO erforderliche Feststellungsinteresse …

Im Falle der ***Aufrechnung nicht*** so:

> Der Beklagte kann erfolgreich gegen die Klageforderung aufrechnen.

Wie bei allen Gestaltungsrechten ist auch bei der Aufrechnung mit einem ***Einstieg über die gesetzliche Rechtsfolgeanordnung*** zu beginnen:

> Die Klageforderung ist gemäß § 389 BGB durch Aufrechnung erloschen.

III. Verstöße gegen die Regeln der Urteilstechnik

In Prüfungsarbeiten werden oft ***Erwägungen*** geschildert, ***auf denen die Entscheidung nicht beruht***. Das sind Verstöße gegen die Regeln der Urteilstechnik (vgl. § 313 Abs. 3 ZPO / eingehend zu Urteilstechnik und Urteilsstil Teil 2).

Als Beispiel ziehen wir eine einfache Anspruchsgrundlage heran. Wenn ein Anspruch aus § 985 BGB verneint wird, ist es ***nicht regelgerecht***, zu schreiben:

> Es besteht kein Herausgabeanspruch der Klägerin aus § 985 BGB.
>
> Der Beklagte ist nicht mehr Besitzer des streitgegenständlichen Fahrrads, seit er es bei der städtischen Müllannahmestelle zur Entsorgung abgegeben hatte.
>
> Die Klägerin war aber auch nicht Eigentümerin des Fahrrades. Wegen § 935 Abs. 1 S. 1 BGB konnte die Klägerin nicht gemäß §§ 929 S. 1, 932 Abs. 1 S. 1 BGB gutgläubig von D Eigentum erwerben. D hatte das Fahrrad der Eigentümerin F gestohlen.

Hier haben wir es mit einer der Urteilstechnik nicht entsprechenden ***Doppelbegründung*** zu tun. Wenn eine der beiden Tatbestandsvoraussetzungen des § 985 BGB nicht erfüllt ist (Eigentum des Anspruchstellers / Besitz des Anspruchsgegners), gibt es keinen Herausgabeanspruch.

Wer die Urteilstechnik ernst nimmt, muss sich in dieser Konstellation entscheiden, ob er die Entscheidung (nur) auf Nichteigentum der Klägerin oder (nur) auf Nichtbesitz des Beklagten stützt.

Noch ***schlimmer*** als eine Doppelbegründung ist dieses Phänomen (inhaltlich eine Abwandlung ohne § 935 BGB):

> Es besteht kein Herausgabeanspruch der Klägerin aus § 985 BGB.
>
> Die Klägerin war Eigentümerin des Fahrrades. Sie hat gemäß §§ 929 S. 1, 932 Abs. 1 S. 1 BGB gutgläubig von D Eigentum erworben. ... [wird ausgeführt]
>
> Der Beklagte ist aber nicht mehr Besitzer des streitgegenständlichen Fahrrads, seit er es bei der städtischen Müllannahmestelle zur Entsorgung abgegeben hatte.

Das ist eine klassische, hier sicher unangebrachte ***Zwar-aber-Begründung***.

Die Klägerin ist zwar Eigentümerin, der Beklagte aber kein Besitzer mehr. ***Nur das „aber" trägt die Entscheidung*** (siehe näher zu diesem Phänomen Teil 6 E. II.).

IV. Verstöße gegen den Urteilsstil

Gutachtenstil ganz zu vermeiden, gelingt in Klausursituationen selten absolut konsequent (eingehend u.a. zum Gutachtenstil im Gegensatz zum Urteilsstil Teil 2).

Bis in das Examen hinein schleichen sich immer wieder ***Warnwörter*** ein, die den Gutachtenstil prägen:

> müsste, könnte, möglicherweise, deshalb, demnach, also, folglich, mithin, somit, daher, nach alledem

Gerade in diesem Bereich gilt für die Bewertung das Motto:

Die Dosis macht das Gift.

Wenn in den umfangreichen Entscheidungsgründen der Klausur ***ein oder zwei Ausrutscher*** in den Gutachtenstil vorkommen und sonst der Urteilsstil bei Beachtung der Urteilstechnik (s.o.) gut zum Ausdruck kommt, ist das ***kein echtes Problem***.

Wenn sich dagegen mehr oder weniger durchgehend zeigt, dass offenbar das ***Prinzip nicht richtig verstanden*** wird, ist das ***gravierend***.

Besonders deutlich wird der Gutachtenstil an einem in der Praxis gelegentlich immer noch verwendeten Schlusssatz der Entscheidungsgründe:

Nach alledem war wie erkannt zu entscheiden.

Davon ist ***in Klausuren strikt abzuraten***.

Das Ergebnis steht so (nochmals) am Ende der Entscheidungsgründe. Das ist ein klassisches ***Element des Gutachtenstils***.

Hinzu kommt, dass dieser Standardsatz ***inhaltlich*** vollkommen ***nichtssagend*** ist. Wenn anders als im Tenor „erkannt" zu entscheiden gewesen wäre, hätte man das doch wohl getan, oder?

V. Misslungene Schwerpunktsetzung (meist Zulässigkeit zu breit)

Misslungene Schwerpunktsetzung drückt sich in den Entscheidungsgründen typischerweise dadurch aus, dass auch in ersichtlich unproblematischen Konstellationen ***mehr oder weniger gleichförmig breit zur Zulässigkeit*** der Klage ausgeführt wird.

Im schlimmsten Fall wird der Katalog der Prozessvoraussetzungen schriftlich abgearbeitet.

Dann bleibt in der Klausursituation nahezu zwangsläufig ***zu wenig Zeit*** für die wichtigen Punkte.

Man sollte im Laufe der Ausbildung ein ***Gespür*** dafür entwickeln, ***wann und gegebenenfalls in welchem Umfang*** zu ***Zulässigkeitsfragen*** auszuführen ist.

Hilfreich dafür sollten unsere Ausführungen in Teil 4 D. III. 2. sein.

VI. Erfolg des Einspruchs „in der Sache“

Eine typische, besonders häufige Klausursituation ist der ***zulässige Einspruch*** gegen ein ***Versäumnisurteil*** (vgl. eingehend Teil 5 D. / dort III. zu den Entscheidungsgründen).

In der Praxis wie in Klausuren liest man dann immer wieder Folgendes:

> Der Einspruch ist auch begründet.
>
> *oder*
>
> Der Einspruch hat aber in der Sache keinen Erfolg.

Im Gegensatz zur Klage kann der ***Einspruch*** vom systematischen Ansatz her ***nicht „begründet“*** oder (gleichbedeutend) ***„in der Sache erfolgreich“*** sein.

Der ***Einspruch*** ist ein ***Rechtsbehelf***, der nur ***zulässig oder unzulässig*** sein kann.

Bei zulässigem Einspruch erschöpft sich dessen Funktion in der ***Wirkung des § 342 ZPO***.

Anders ausgedrückt:

> Es gibt keine „Begründetheit“ des Einspruchs, die Frage nach dem Erfolg „in der Sache“ kann sich nicht stellen.

In **Teil 8** gibt es umfangreiche Antworten auf die Verständnisfragen.

Teil 8: Die Antworten auf alle Verständnisfragen

In diesem Teil werden die Antworten auf all die Verständnisfragen gegeben, die wir im jeweiligen Sachzusammenhang am Ende der Teile oder Abschnitte gestellt haben.

A. Antworten auf die Verständnisfragen zu Teil 2: Die Urteilstechnik und der Urteilsstil (siehe Seite 34)

Antwort auf Frage 1

In der Abwandlung (mit Genehmigung) ist die Klage begründet. Bei begründeter Klage wird der Anspruch ohnehin immer nur auf eine Anspruchsgrundlage gestützt. Ob für einen Anspruch mehrere Anspruchsgrundlagen in Betracht kommen, spielt im Urteil vom logischen Ansatz her nur bei unbegründeter Klage eine Rolle (so im Ausgangsbeispiel).

Antwort auf Frage 2

Die für sich stehende Formulierung „Die Zahlung des Herrn Forelle ist eine Leistung im bereicherungsrechtlichen Sinne." ist eine bloße Feststellung. Dieses Merkmal ist in unserem Beispiel so selbstverständlich, dass es an dieser Stelle bei der erstrebenswerten Schwerpunktsetzung keiner Begründung bedarf. Man verwendet also den Feststellungsstil. Passagen im Feststellungsstil tauchen im Gutachten wie im Urteil gleichermaßen auf.

Antwort auf Frage 3

In der Urteilsformulierung zum Ausgangsfall (ohne Genehmigung) kommt es auf das Merkmal „Leistung im bereicherungsrechtlichen Sinne" nicht an, weil der Anspruch aus § 816 Abs. 2 BGB an einem anderen Merkmal „scheitert". Die Leistung ist nämlich gegenüber der Klägerin (der Berechtigten) nicht wirksam.

Antwort auf Frage 4

In der Fallabwandlung ist die Verfügung wegen der erklärten Genehmigung gemäß § 185 Abs. 2 BGB wirksam, sodass es auf § 407 Abs. 1 BGB als andere – im Gutachten vorrangige – Möglichkeit der Wirksamkeit nicht ankommt. Im Ausgangsfall lag hingegen keine Genehmigung vor. In der Gesamtbetrachtung „greift" im Ausgangsfall weder § 407 Abs. 1 BGB noch § 185 Abs. 2 BGB. Deshalb mussten in der dazugehörigen Urteilsversion beide Möglichkeiten für die Wirksamkeit begründet abgelehnt werden.

B. Antworten auf die Verständnisfragen zu Teil 3 A.: Der Unterschied zwischen Tatsachen und Rechtsansichten (siehe Seite 38)

Antwort auf Frage 1

a. Schlüssig ist ein „tatsächliches Vorbringen", das „den Klageantrag rechtfertigt" (so die Formulierung in § 331 Abs. 1 S. 1, Abs. 2 ZPO).

b. Rechtsansichten müssen nicht mitgeteilt werden, weil das Gericht das Recht kennen und beachten muss.

Antwort auf Frage 2

a. In unserem „Wurlitzer-Beispiel" ist zur Sittenwidrigkeit des Kaufvertrages nicht schlüssig vorgetragen. Der Kläger gibt lediglich den Gesetzeswortlaut wieder, schildert aber keine entsprechenden Tatsachen.

b. Der Begriff „sittenwidrig" kann auch nicht als Rechtstatsache behandelt werden. Es ist kein einfacher Rechtsbegriff des täglichen Lebens (wie etwa „Kauf" oder „Eigentum"), sondern ein abstraktes Merkmal des § 138 Abs. 1 BGB. Was die „Sittenwidrigkeit" im Einzelfall ausmachen soll, muss im Prozess durch konkreten Tatsachenvortrag beschrieben werden (vgl. auch § 138 Abs. 2 BGB).

Antwort auf Frage 3

a. Tatsachen sind konkrete Geschehnisse und Zustände, die wahr oder unwahr sein können. Sie müssen nicht äußerlich wahrnehmbar sein, es gibt auch innere Tatsachen (z.B. die Vorstellungen einer Person).

b. Rechtsansichten sind nicht real im engeren Sinne. Meinungen, Folgerungen, rechtliche Einschätzungen kann man jeweils für richtig oder falsch halten. Als bloße Ansichten können sie aber nicht wahr oder unwahr sein.

c. Zur möglichst zielsicheren Unterscheidung zwischen Tatsachen und Rechtsansichten müssen wir uns klarmachen, dass Tatsachen dem Beweis zugänglich sind, Rechtsansichten dagegen nicht.

Am besten stellt man sich also die Situation einer Beweisaufnahme vor.

Könnte ein Zeuge sinnvoll zu dem betreffenden Vortrag der Partei befragt werden und aussagen, handelt es sich um eine Tatsache.

Wenn ein hypothetischer Zeuge dagegen nicht sinnvoll befragt werden könnte, geht es um eine Rechtsansicht.

So käme kein vernünftiger Richter auf die Idee, einen Zeugen mit der Frage zu konfrontieren, ob ein Vertrag sittenwidrig ist oder nicht. Möglicherweise kann der Zeuge zu Tatsachen bekunden, die den rechtlichen Schluss auf Sittenwidrigkeit zulassen. Solche Tatsachen müssen aber im Zivilprozess von der darlegungsbelasteten Partei vorgetragen werden (siehe schon die Antwort zu Frage 2 a.).

Antwort auf Frage 4

Die sogenannte Rechtstatsache ersetzt den dahinterstehenden Sachvortrag nur, solange sie nicht in Frage gestellt wird. Sobald im Prozessverlauf die Verwendung eines Rechtsbegriffs vom Gegner angegriffen wird, ist Tatsachenvortrag erforderlich. Als Reaktion auf das „Bestreiten der Aktivlegitimation“ sollte der Kläger also echten Tatsachenvortrag bringen, aus dem sich seine Eigentümerstellung ergibt (siehe hierzu auch Teil 6, B. I. mit dem Beispiel eines Verkehrsunfallprozesses).

C. Antworten auf die Verständnisfragen zu Teil 3 B.: Der Unterschied zwischen streitigen und unstreitigen Tatsachen (siehe Seite 48)

Antwort auf Frage 1

Für die Zuordnung der vorgetragenen Tatsachen zum Sach- oder Streitstand ist grundsätzlich der Zeitpunkt der (letzten) mündlichen Verhandlung maßgeblich. Im Laufe des Rechtsstreits können die Parteien ihren Sachvortrag ergänzen und ändern. Sogenanntes überholtes Parteivorbringen spielt für das Urteil keine Rolle mehr.

Antwort auf Frage 2

a. Unstreitige, dem Sachstand zuzuordnende Tatsachen entstehen regelmäßig so, dass der Sachvortrag des Gegners nicht bestritten wird (Geständnisfiktion des § 138 Abs. 3 ZPO).

b. Relativ selten kommt es zu übereinstimmendem Parteivortrag oder zu einem Geständnis i.S.d. § 288 ZPO. Beide Möglichkeiten führen aber ebenfalls zu unstreitigem Tatsachenvortrag.

c. Pauschales Bestreiten liegt vor, wenn der gesamte Sachvortrag des Gegners undifferenziert geleugnet wird, z.B. mit der Formulierung „Das Vorbringen des Gegners wird bestritten, soweit es nicht ausdrücklich zugestanden wird.“ Pauschales Bestreiten ist prozessual unbeachtlich, wie sich an § 138 Abs. 2 und Abs. 3 ZPO zeigt.

Antwort auf Frage 3

Im Rahmen der prozessualen Wahrheitspflicht geht es um subjektive Wahrhaftigkeit. Die Partei darf auch lediglich vermutete Tatsachen behaupten. Sie muss sich nicht sicher sein, dass der Sachvortrag wahr ist. Dagegen darf die Partei nicht lügen, also nicht wider besseres Wissen vortragen.

Antwort auf Frage 4

a. Qualifiziertes oder substanziiertes Bestreiten zeichnet sich im Gegensatz zu einfachem Bestreiten dadurch aus, dass der Vortrag des Gegners nicht geleugnet wird, sondern dass ihm eine konkrete Version entgegengesetzt wird („die Ampel zeigte nicht nur nicht Rot, sondern sogar noch Grün").

b. Es genügt für den Gegner der darlegungsbelasteten Partei ausnahmsweise nicht, sich auf einfaches Bestreiten zu beschränken, wenn ihn die sogenannte sekundäre Darlegungslast trifft. Das ist dann der Fall, wenn sich Geschehnisse nicht in der Sphäre der (primär) darlegungsbelasteten Partei abgespielt haben. Dann ist der Gegner ausnahmsweise gehalten, qualifiziert vorzutragen (Schulbeispiel ist das Merkmal „ohne Rechtsgrund").

Antwort auf Frage 5

Gemäß § 138 Abs. 4 ZPO ist eine Erklärung mit Nichtwissen dem (einfachen) Bestreiten gleichgestellt, wenn es weder um eigene Handlungen der erklärenden Partei noch um Umstände ihrer eigenen Wahrnehmung geht. Dann ist die Erklärung mit Nichtwissen „zulässig".

D. Antworten auf die Verständnisfragen zu Teil 3 C.: Der Umgang mit streitigen Tatsachen / Relationstechnik

(siehe Seite 54)

Antwort auf Frage 1

Mit der Relationstechnik werden erhebliche Tatsachen von unerheblichen Tatsachen unterschieden. Auf diese Weise können nötige Beweisaufnahmen als solche herausgearbeitet werden und unnötige Beweisaufnahmen vermieden werden.

Antwort auf Frage 2

Ein Klägervorbringen ist schlüssig, wenn es den Klageantrag rechtfertigt (vgl. § 331 Abs. 2 i.V.m. Abs. 1 S. 1 ZPO). Die Schlüssigkeitsprüfung findet im ersten Schritt der Relation statt, nämlich in der sogenannten Klägerstation.

Antwort auf Frage 3

a. Relationstechnisch dringt man nur zur Beklagtenstation vor, wenn das Klägervorbringen zumindest teilweise schlüssig ist. Wenn der Kläger trotz erteilter Hinweise nicht schlüssig vortragen hat, ist die Sache zu seinen Lasten entscheidungsreif. Die Klage wird abgewiesen.

b. In der Beklagtenstation wird die Erheblichkeit des Beklagtenvorbringens geprüft, indem man den unstreitigen Vortrag (Sachstand) und den streitigen Vortrag des Beklagten rechtlich würdigt.

c. Führt diese Prüfung zur selben rechtlichen Wertung wie in der Klägerstation, ist der Beklagtenvortrag unerheblich. Bleibt es auch nach Hinweisen dabei, wird der Klage entsprechend dem schlüssigen Klägervorbringen stattgegeben. Ist der Beklagtenvortrag erheblich (gegebenenfalls nur teilweise), gelangt man zur Beweisstation.

Antwort auf Frage 4

Vorrangig ist in der Beweisstation die Notwendigkeit einer Beweisaufnahme zu prüfen. Beweis über eine streitige, rechtlich erhebliche und beweisbedürftige Tatsache ist dann zu erheben, wenn zumindest auch die beweisbelastete Partei hierzu ordnungsgemäß Beweis beantragt hat.

Antwort auf Frage 5

a. Zentrale Vorschrift für die richterliche Überzeugung ist § 286 ZPO.

b. Die richterliche Überzeugung im Sinne des § 286 Abs. 1 S. 1 ZPO erfordert subjektive Gewissheit aufgrund objektiv sehr hoher Wahrscheinlichkeit. Es dürfen keine vernünftigen Zweifel bestehen.

E. Antworten auf die Verständnisfragen zu Teil 4 B.: Die Urteilsformel / Tenorierung (siehe Seiten 88, 89)

Antwort auf Frage 1

Der Tenor ist der wichtigste Teil des Urteils (Rechtskraftwirkung, § 322 Abs. 1 ZPO / Grundlage für die Zwangsvollstreckung).

Antwort auf Frage 2

Die Urteilsformel besteht regelmäßig aus der Hauptsacheentscheidung und den prozessualen Nebenentscheidungen. Die Nebenentscheidungen sind standardmäßig die Kostenentscheidung und die Entscheidung über die vorläufige Vollstreckbarkeit.

Antwort auf Frage 3

Die Urteilsformel sollte generell knapp, eindeutig, vollstreckungsfähig (bei Leistungsurteilen) und erschöpfend sein. Die zuletzt gestellten Anträge müssen vollständig „abgearbeitet“ sein. Auch bei noch so geringen Zuvielforderungen darf auf keinen Fall vergessen werden, die Klage *„im Übrigen“* abzuweisen.

Antwort auf Frage 4

Es gibt Leistungsklagen, Feststellungsklagen und Gestaltungsklagen.

Antwort auf Frage 5

Wenn *„Zinsen seit Rechtshängigkeit“* beantragt werden, muss in der Urteilsformel ein konkretes Datum genannt werden. Sonst ist der Tenor zu unbestimmt, nicht aus sich heraus verständlich und insoweit nicht vollstreckungsfähig. Man setzt in entsprechender Anwendung des § 187 Abs. 1 BGB den Tag nach Zustellung der Klageschrift ein (vgl. §§ 261 Abs. 1, 253 Abs. 1 ZPO).

Antwort auf Frage 6

Die wichtigsten Regelungen zur Kostentrennung sind in § 281 Abs. 3 S. 2 ZPO, § 344 ZPO und in § 238 Abs. 4 ZPO getroffen. Bei Streithelfern ist § 101 ZPO zu beachten.

Antwort auf Frage 7

Wenn die Voraussetzungen des § 93 ZPO erfüllt sind, werden in einem Anerkenntnisurteil (§ 307 ZPO) ausnahmsweise die Kosten des Rechtsstreits dem Kläger auferlegt, obwohl er in der Hauptsache obsiegt.

Antwort auf Frage 8

§ 92 ZPO sieht in Abs. 1 S. 1 Kostenquoten (Var. 2 „verhältnismäßig zu teilen“) und die Kostenaufhebung gegeneinander vor (Var. 1). Nach § 92 Abs. 2 ZPO kann eine Partei die gesamte Kostenlast trotz Teilobsiegens treffen.

Antwort auf Frage 9

Zuvielforderungen bis zu 10 % (gemessen am Gebührenstreitwert) werden üblicherweise als verhältnismäßig geringfügig i.S.d. § 92 Abs. 2 Nr. 1 ZPO angesehen.

Antwort auf Frage 10

a. Die Baumbach'sche Kostenformel wird aus §§ 92 Abs. 1 S. 1, 100 ZPO abgeleitet. Sie betrifft die nicht geregelte Situation des Teilobsiegens gegenüber einzelnen Streitgenossen. Im einfachsten Fall obsiegt der Kläger gegenüber einem Beklagten, während er gegenüber dem anderen Beklagten unterliegt.

b. Für die außergerichtlichen Kosten der Beklagten zählen dann die Einzelangriffe, wobei die Kosten des einen Beklagten niemals dem anderen auferlegt werden dürfen (kein Prozessrechtsverhältnis). Die Aufteilung der außergerichtlichen Kosten des Klägers und der Gerichtskosten bemisst sich nach einem fiktiven Streitwert. Werden beispielsweise zwei Beklagte als Gesamtschuldner in Höhe von 10.000 € verklagt, beträgt der fiktive Streitwert 20.000 €. Darauf bezogen ist das Unterliegen und Obsiegen des Klägers ins Verhältnis zu setzen.

Antwort auf Frage 11

Alle Endurteile sind im Grundsatz für vorläufig vollstreckbar zu erklären (vgl. § 704 ZPO), weil sie entweder einen vollstreckungsfähigen Ausspruch zur Hauptsache haben oder zumindest eine Kostenentscheidung, die Grundlage der Vollstreckung ist (vgl. § 708 Nr. 11 ZPO in seinen beiden Varianten).

Antwort auf Frage 12

Im Fall einer Herausgabeverurteilung ist § 709 S. 2 ZPO bezogen auf den Hauptsachetenor nicht anwendbar. Die Sicherheitsleistung muss beziffert werden. Wegen der Kostenvollstreckung kann aber zweckmäßigerweise von § 709 S. 2 ZPO Gebrauch gemacht werden:

Das Urteil ist gegen Sicherheitsleistung vorläufig vollstreckbar. Die Sicherheit beträgt der Höhe nach wegen der Herausgabevollstreckung … €, im Übrigen 110 % des jeweils zu vollstreckenden Betrages.

Antwort auf Frage 13

a. Der Ausspruch nach §§ 708 Nr. 4 bis 11, 711 S. 1, 2, 709 S. 2 ZPO lautet (hier Kläger Schuldner / Beklagter Gläubiger):

Das Urteil ist vorläufig vollstreckbar. Der Kläger darf die Vollstreckung durch Sicherheitsleistung in Höhe von 110 % des aufgrund des Urteils vollstreckbaren Betrages abwenden, wenn nicht der Beklagte vor der Vollstreckung Sicherheit in Höhe von 110 % des jeweils zu vollstreckenden Betrages leistet.

b. Damit sind drei Schritte abgebildet:

Der Gläubiger (in unserem Beispiel der Beklagte) darf grundsätzlich vollstrecken, ohne Sicherheit leisten zu müssen.

Der Schuldner (in unserem Beispiel der Kläger) darf die Vollstreckung durch Sicherheitsleistung bis auf Weiteres verhindern.

Der Gläubiger kann dann seinerseits Sicherheit leisten und so den Weg zur Vollstreckung wieder frei machen.

Antwort auf Frage 14

Der Tenor zur vorläufigen Vollstreckbarkeit beschränkt sich auf den Satz „*Das Urteil ist vorläufig vollstreckbar.*“, wenn weder eine Sicherheitsleistung für den Gläubiger auszusprechen ist (sämtliche Fälle des § 708 ZPO) noch ein Ausspruch nach § 711 S. 1, 2 ZPO in die Urteilsformel aufzunehmen ist. Das ist zunächst bei § 708 Nr. 1 bis 3 ZPO so, weil sich § 711 S. 1 ZPO vom Ansatz her nur auf § 708 Nr. 4 bis 11 ZPO bezieht (z.B. beim Versäumnisurteil gemäß § 708 Nr. 2 ZPO). Aber auch in den Konstellationen der Nr. 4 bis 11 des § 708 ZPO ist § 711 S. 1 ZPO unter Umständen nicht anwendbar, wenn nämlich die Gegennorm § 713 ZPO einschlägig ist.

Antwort auf Frage 15

a. Ein Urteil kann mehrere Vollstreckungsverhältnisse beispielsweise aufgrund einer Kostenquote gemäß § 92 Abs. 1 S. 1 Var. 2 ZPO oder auch bei getrennter Kostenentscheidung etwa nach § 281 Abs. 3 S. 2 ZPO oder nach § 344 ZPO hervorbringen.

b. Mehrere Vollstreckungsverhältnisse sind unbedingt getrennt zu behandeln und zu tenorieren.

c. Bei zwei Vollstreckungsverhältnissen sind drei Kombinationen denkbar, nämlich vorläufige Vollstreckbarkeit

- in beiden Verhältnissen für den Gläubiger gegen Sicherheitsleistung (§ 709 S. 1, 2 ZPO),
- in beiden Verhältnissen die Situation einer Abwendungsbefugnis für den Schuldner (§§ 708 Nr. 4 bis 11, 711 S. 1, 2, 709 S. 2 ZPO),
- für die eine Partei Sicherheitsleistung (§ 709 S. 1, 2 ZPO), für die andere gemäß § 708 Nr. 4 bis 11 ZPO ohne Sicherheitsleistung, aber regelmäßig mit Abwendungsbefugnis (§§ 711 S. 1, 2, 709 S. 2 ZPO).

F. Antworten auf die Verständnisfragen zu Teil 4 C.: Der Tatbestand (siehe Seiten 101, 102)

Antwort auf Frage 1

Der Tatbestand soll den Sach- und Streitstand geordnet, übersichtlich und objektiv darstellen. Dabei ist in erster Linie auf Verständlichkeit zu achten. Sprachlich liegt der Schlüssel dazu vor allem in aktiven Formulierungen bei eher kurzen Sätzen. Im Regelfall bietet sich eine konsequent chronologische Darstellung an.

Antwort auf Frage 2

Die Verwendung von Rechtsbegriffen als sogenannte Rechtstatsachen ist keine verbotene rechtliche Wertung, sondern in Tatbeständen üblich und im Einzelfall geboten.

Antwort auf Frage 3

Der Tatbestand des erstinstanzlichen Urteils hat grundsätzlich nur positive Beweiskraft (§ 314 S. 1 ZPO). Wenn etwas nicht im Tatbestand steht, heißt das also nicht, dass es nicht vorgetragen worden ist (das wäre negative Beweiskraft).

Teil 8: Die Antworten

Antwort auf Frage 4

Die rechtliche Lösung muss dem Klausurbearbeiter jedenfalls in den Grundzügen klar vor Augen stehen, damit beurteilt werden kann, was der „wesentliche Inhalt des Sach- und Streitstands" ist (§ 313 Abs. 2 S. 1 ZPO).

Antwort auf Frage 5

Grundsätzlich ist der unstreitige Sachverhalt (Sachstand) bei der sogenannten Geschichtserzählung in der einfachen Vergangenheit zu schildern (im Imperfekt). Wenn etwas in die Gegenwart fortwirkt, verwendet man im Einklang mit dem allgemeinen Sprachgefühl die Gegenwartsform (Präsens). Zeitliche Rückgriffe können regelmäßig durch chronologische Schilderung vermieden werden. Wenn sie aber vorkommen, ist das frühere Ereignis in der Zeitform der Vorvergangenheit zu schildern (im Plusquamperfekt).

Antwort auf Frage 6

Bei unserem ersten Anschauungsbeispiel (Teil 1 B.) ging es um die tatsächlichen Voraussetzungen für einen die freie Willensbestimmung der Beklagten ausschließenden Zustand (§ 104 Nr. 2 BGB oder § 105 Abs. 2 BGB). Hier lag die Darlegungs- und Beweislast naturgemäß bei der Beklagten. Deshalb tauchte die Behauptung dort konsequenterweise nur auf der Beklagtenseite auf. In diesem Urteil gibt es ausnahmsweise keinen streitigen Klägervortrag.

Antwort auf Frage 7

Rechtsansichten dürfen nicht mit *„behauptet"* geschildert werden, weil dieser Begriff streitige Tatsachen kennzeichnet. Auf die Schilderung von Rechtsansichten kann ohnehin meist gut und gerne verzichtet werden. Gegebenenfalls muss es bei Rechtsansichten *„meint"*, *„ist der Ansicht"* oder *„vertritt die Auffassung"* heißen.

Antwort auf Frage 8

Bezeichnungen wie *„trägt vor"*, *„führt aus"* oder *„wendet ein"* sind indifferent und zu vage. Es wird dabei insbesondere nicht klar, ob es um Tatsachen (korrekt *„behauptet"*) oder Rechtsansichten (korrekt *„meint"* o.ä.) geht.

Antwort auf Frage 9

Sätze mit *„bestreitet"* sind generell unangebracht. Entweder geht es um einfaches Bestreiten (dann überhaupt keine Darstellung dessen) oder es geht um qualifiziertes Bestreiten (dann Darstellung der konkreten Gegenversion mit *„behauptet"*). In den Fällen des § 138 Abs. 4 ZPO sollte man besser korrekt *„erklärt sich mit Nichtwissen"* schreiben.

Antwort auf Frage 10

In der vollendeten Gegenwart (im Perfekt) ist alles Relevante zu schildern, wenn es sich zeitlich gesehen nach Rechtshängigkeit abgespielt hat. Das kann Prozessgeschichte im engeren Sinne sein (z.B. eine Beweisaufnahme), kann sich aber auch zunächst hinter den Kulissen des Rechtsstreits abgespielt haben (*„Der Beklagte hat die Klageforderung beglichen.“*).

Antwort auf Frage 11

Eine sogenannte salvatorische Klausel am Ende des Tatbestands sollte jedenfalls in Klausuren unterbleiben. Pauschale Formulierungen wie *„Wegen des weiteren Sach- und Streitstands wird auf die wechselseitigen Schriftsätze Bezug genommen.“* sind gerade keine konkreten Verweisungen i.S.d. § 313 Abs. 2 S. 2 ZPO. Sie laufen § 313 Abs. 2 S. 1 ZPO zuwider (*„dem wesentlichen Inhalt nach knapp“*). Der Tatbestand soll Ergebnis einer gezielten Auswahl sein. Es geht bekanntlich gerade nicht darum, das Parteivorbringen in jeder Hinsicht vollständig wiederzugeben.

G. Antworten auf die Verständnisfragen zu Teil 4 D.: Die Entscheidungsgründe (siehe Seite 116)

Antwort auf Frage 1

Die Entscheidungsgründe werden unterlegene Parteien typischerweise besonders interessieren, weil sie vor der Frage stehen, ob sie das für sie unerfreuliche Urteil akzeptieren oder ein Rechtsmittel einlegen sollen. Obsiegende Parteien werden sich die Entscheidungsgründe meist weniger zu Herzen nehmen. Sie haben ja zumindest erstinstanzlich einen Erfolg errungen.

Antwort auf Frage 2

Die Entscheidungsgründe sollten nicht mit Sätzen wie *„Die Klage ist abzuweisen.“* beginnen, weil das eine überflüssige Wiederholung des Tenors wäre. Die Begründung beginnt mit Einleitungssätzen wie *„Die Klage ist zulässig, aber unbegründet.“*

Antwort auf Frage 3

Zulässigkeitsvoraussetzungen sind in den Entscheidungsgründen nur anzusprechen, wenn zur Zeit der Bearbeitung noch ernsthafte Bedenken bestehen oder eine Partei Mängel gerügt hat und sich deshalb eine Stellungnahme dazu aufdrängt.

Antwort auf Frage 4

Bei begründeter Klage darf wegen § 313 Abs. 3 ZPO nach den Regeln der Urteilstechnik für den jeweiligen Anspruch nur eine Anspruchsgrundlage herangezogen werden, zu der dann aber sämtliche Tatbestandsvoraussetzungen zumindest kurz erwähnt werden müssen. Bei unbegründeter Klage müssen alle ernsthaft in Betracht kommenden Anspruchsgrundlagen angesprochen werden, die dann aber jeweils an einem einzigen Merkmal „gekippt“ werden.

Antwort auf Frage 5

Wenn das Urteil im Tenor gegen Sicherheitsleistung in Höhe von 110 % des jeweils zu vollstreckenden Betrages für vorläufig vollstreckbar erklärt wird, beruht die Entscheidung nur auf § 709 S. 1, 2 ZPO. Dass kein Fall des § 708 ZPO gegeben ist, ist nur eine Vorüberlegung dafür, dass es sich um ein „anderes Urteil“ i.S.d. § 709 S. 1 ZPO handelt.

Bitte umblättern ...

Gesetzesverzeichnis

Das Verzeichnis bezieht sich auf die jeweiligen Seitenzahlen !!!

BGB

EGZPO

GKG

Gesetzesverzeichnis

Das Verzeichnis bezieht sich auf die jeweiligen Seitenzahlen !!!

GVG

HGB

InsO

RVG Anlage 1
Vergütungsverzeichnis

RVG Anlage 2
Gebührentabelle

StGB

StVG

ZPO

Gesetzesverzeichnis

Das Verzeichnis bezieht sich auf die jeweiligen Seitenzahlen !!!

Gesetzesverzeichnis

Das Verzeichnis bezieht sich auf die jeweiligen <u>Seitenzahlen</u> !!!

Sachverzeichnis

Das Verzeichnis bezieht sich auf die jeweiligen Seitenzahlen !!!

1-2-3

„ … “

A

Sachverzeichnis

Das Verzeichnis bezieht sich auf die jeweiligen <u>Seitenzahlen</u> !!!

B

C

D

Sachverzeichnis

Das Verzeichnis bezieht sich auf die jeweiligen <u>Seitenzahlen</u> !!!

E

Das Verzeichnis bezieht sich auf die jeweiligen Seitenzahlen !!!

F

G

Sachverzeichnis

Das Verzeichnis bezieht sich auf die jeweiligen Seitenzahlen !!!

H

I

J

K

Sachverzeichnis

Das Verzeichnis bezieht sich auf die jeweiligen <u>Seitenzahlen</u> !!!

L

Sachverzeichnis

Das Verzeichnis bezieht sich auf die jeweiligen Seitenzahlen !!!

M

N

O

P

Das Verzeichnis bezieht sich auf die jeweiligen Seitenzahlen !!!

Q

R

Sachverzeichnis

Das Verzeichnis bezieht sich auf die jeweiligen Seitenzahlen !!!

S

T

Das Verzeichnis bezieht sich auf die jeweiligen Seitenzahlen !!!

U

Sachverzeichnis

Das Verzeichnis bezieht sich auf die jeweiligen <u>Seitenzahlen</u> !!!

W

Das Verzeichnis bezieht sich auf die jeweiligen Seitenzahlen !!!

Y

Z

Und jetzt noch die Werbung …

vorgenommen.

Create your own header ...